「東国の雄」上杉景勝

謙信の後継者、屈すれども滅びず

今福 匡

JN054052

角川新書

はじめに——一代笑顔を見たる者なし

上杉《うえすぎ》景勝《かげかつ》（一五五五～一六二三）は、越後《えちご》の戦国大名上杉謙信《けんしん》の甥《おい》であり、その後継者である。謙信には実子がなかったが、同族の長尾《ながお》政景《まさかげ》に嫁いだ姉（仙洞院《せんとういん》）があり、その間に生まれた男子を養子とした。これが景勝（初名顕景《あきかげ》）である。幼い頃から叔父《おじ》謙信に連れられて戦場へ出ていたらしく、十二歳ぐらいの景勝（当時、顕景と署名）が部下に発給した感状数通が残っている。

謙信はその生涯を戦場に送ったような人だったが、その最期も、関東進攻の大動員令をかけた直後におとずれた。一般的に、謙信が家督継承者を指名していなかったため、その死の直後、景勝と同じく養子に迎えられていた景虎《かげとら》（北条《ほうじょう》氏康《うじやす》の子）との間で跡目争い（御館《おたて》の乱）がおこったといわれている。

景勝は一年余りの抗争の結果、景虎を滅ぼし、越後を再び平定する。つづく織田《おだ》信長《のぶなが》の攻勢によって絶体絶命のピンチに立たされたが、本能寺《ほんのうじ》の変によって死地を脱する。

景勝は、信長なき後の天下取りに名乗りをあげた羽《は》柴《しば》秀吉《ひでよし》に臣従し、豊臣《とよとみ》政権の東国支配における取次的な立場になる。その後、秀吉の命で越後から会津《あいづ》へ国替えとなり、徳川家康《とくがわいえやす》、毛利輝元《もうりてるもと》に次いで百二十万石を領する大大名となった。

秀吉没後、関ヶ原《せきがはら》の合戦がおこり、徳川家康が勝利した。上杉家は敗者の側に連なったため、会津から米沢《よねざわ》三十万石に減転封された。

作家司馬遼太郎《しばりょうたろう》は紀行文学『街道をゆく』の中で「私は、上杉景勝という人物を、謙信や直江兼続《なおえかねつぐ》の華やかさよりも好きであるかもしれない」(「羽州街道」)と書いている。

現在、山形県米沢市では、長尾家から上杉家を継承した謙信を「家祖」と呼称し、景勝を「藩祖」と位置づける説明がなされている。そして「上杉の城下町」を冠して、上杉氏ゆかりの史跡なども観光資源の柱のひとつとなっている。しかし、米沢の町づくりは、景勝の家老直江兼続の功績として語られがちである。謙信や直江兼続にくらべて「華やかさ」がないといわれる景勝は、いったいどのような人物なのか。

寛文《かんぶん》元年(一六六一)に上杉家中の丸田友輔《まるたともすけ》が著したという『北越耆談』には、景勝について次のような記述がある。

「景勝は、素性詞寡《ことばすくな》く、一代笑顔を見たる者なし。常に刀・脇差に手を懸けて居らる。或《ある》時に、常々手馴《てな》れて飼ひ給ひける猿、景勝の脱ぎて措《お》き給ひける頭巾《ずきん》を取り、樹の上へ昇り坐《ざ》して、彼頭巾を蒙《こうむ》り、手を扠《あざ》へて、座席の景勝へ向ひて点頭《うなず》きたるを見て、莞爾《かんじ》と咲《わら》ひ給ひたるを、近習の者共、初めて見たるとなり」

景勝は生まれつき言葉数が少なく、その笑顔を見た者はいないほどであった。彼は常に刀・脇差に手をかけており、近寄りがたい雰囲気があった。ある時、景勝が飼っていた猿が主の頭巾を奪い、木の上に座して頭巾を被《かぶ》り手を合わせて御辞儀をする真似をした。それを見た景勝が思わず笑った。主の様子をうかがっていた近習たちが、景勝が笑うところをはじめて見て驚いた、という逸話である。

他にも、上杉家の行列は景勝の輿《こし》のまわりは言うにおよばず、全員無言で咳払《せきばら》いひとつせず、足音ばかりが響いていたとか。また、川を渡る折、供の人数が多すぎて舟が沈みかけた際、景勝が杖《つえ》を振り上げると、皆々川中へ飛び込んだ。「士卒共、景勝を恐るゝこと此《かく》の如し」とある。さらに、戦場においても景勝が前線視察に回ると、兵たちは皆見《み》咎《とが》められるのではないかと竹盾の外に出たという。当然、敵の矢弾にさらされることになるが、兵たちにとっては敵より自分たちの主人のほうが恐ろしかったためだという。

前述の逸話にあるような「素性詞寡く、一代笑顔を見たる者なし」といった心底をうかがい知れない景勝像とは対照的に、股《こ》肱《こう》の臣である直江兼続は、よく知られる「愛」の前立の兜《かぶと》といった可視的な素材と相俟《あいま》って、人間味のある人物像として描かれがちである。たとえば彼の兜の前立「愛」は「愛民」の意である、とする説がひろまったのもその一端を示している。上杉の城下町・米沢で、町づくりをした人物として先に直江兼続が「再発見」されたのも当然のように思われる。その実像は「秀吉に頼りにされた」とか「家康に怖れられた」といったキャッチフレーズや、史実かどうか確認し得ない逸話をも取り込み、少しずつ変容していった。

しかし、そうした兼続の書状の多くが実務的で、現代のビジネス文書のような内容が多いのに対して、景勝のそれは、叔父謙信ゆずりの罵詈《ばり》雑言、滅亡するかもしれない瀬戸際に達観したような決意宣言、息子に対する子煩悩な一面と、陰影に富んだ人柄を思わせるものが多く残っている。その点で読んでいて面白いと感じるのは、兼続よりも断然、景勝の書状である。

『新潟県史』資料編は、県内・外の上杉関係文書を蒐《あつ》めているが、景勝と兼続の発給文書がどのくらい収録されているかご存知だろうか。書状は、景勝が約二百五十通、兼続が約六十通である。これに朱印状、起請文《きしようもん》、制札などを加えれば、景勝は四百六十通以上、兼続は百通に満たない。米沢藩で編纂《へんさん》された『歴代古案』で比較しても、景勝が三百通以上、兼続が七十通ほどと圧倒的である。伝存しているものに限って言えば、景勝は兼続の四倍以上の文書を発給しているのである。

それらの史料を骨子として、上杉景勝の生涯を描くことにより、謙信亡き後の上杉家の舵《かじ》取りがいかに行われてきたか、そして戦国大名から近世大名へ転身していったか、「無口で笑顔を見せない」というイメージがはたして実像に近いのか、諸々《もろもろ》、再確認できるのではないだろうか。

本書の構成は、戦国大名としての時期、秀吉に臣従した豊臣大名となる時期、そして徳川幕府のもとで近世大名に転身していく後半生に大別されている。

戦国大名は、その一定の領域（地域国家）を一円的・排他的に支配する存在（領域権力）であり、その領国に対しては、たとえ将軍や管領《かんれい》・守護であったとしても、一切介入することができない性格を有していた。つまり戦国大名としての上杉家を最高支配権者として、本国越後を中心に、謙信以来の領土である越中《えっちゅう》、信濃《しなの》、上野《こうずけ》といった、在番衆が置かれたり、従属国衆がいる領域に影響を及ぼす権力体だった。第一章では、景勝が上位権力を戴《いただ》かず、自立性（自律性）をもっていた時代を描く。

第二章では、本能寺の変を経て、景勝が危地を脱し、やがて上洛《じょうらく》して秀吉に臣従し、豊臣政権下の一大名となる過程を描く。豊臣政権の天下「惣無事《そうぶじ》」の構想により、景勝は越後国内の反乱も独力で鎮圧させることはできなくなる。排他的に支配していた領国に、中央政権の介入がはじまったのである。

第三章では、越後から会津への国替えを命じられ、秀吉の没後におこった権力抗争、関ヶ原の合戦までを描く。会津移封によって環境が激変する中、景勝は秀吉の信任を得て豊臣家五大老の一角を占める。しかし、秀吉の死によって迷走する豊臣政権の抗争に巻き込まれる。上洛命令を拒絶した景勝は、徳川家康率いる「豊臣軍」の征伐を受けることになる。

やがて、関ヶ原合戦の結果、上杉家は米沢三十万石に減転封という処分が下される。景勝は大名としての地位は保全されながらも「敗者」としての戦後を生きる。第四章、第五章では、徳川幕府との関係構築、新領国の基盤づくり、次世代へ上杉家を継承させるといった課題に挑む景勝の後半生を追う。

目次

図版作成／小林美和子

【凡　例】

引用史料中、主要なものは略称で示した。

『新潟県史』→『新潟』＋文書番号
『上越市史』→『上越』＋文書番号
『仙台市史』→『仙台』＋文書番号
『鹿児島県史料』→『鹿児島』＋文書番号
『（大日本古文書）上杉家文書』→『上杉』＋文書番号
『戰國遺文　真田氏編』→『戰真』＋文書番号

なお、依拠した刊本『上杉家御年譜』は、謙信、景勝の巻を問わず、一括して『御年譜』と記載した。本文上では、必要に応じて「謙信公御年譜」「景勝公御年譜」と表記してある。

序章

上杉景勝の実家、上田長尾一族

長尾政景墓（龍言寺跡）

現在の墓塔は３代目。近くに残る１代目には、長尾越前守の名と天正６年の年紀が刻まれている。

「越後長尾殿之次第」の由来

弘化《こうか》四年（一八四七）、米沢《よねざわ》藩御右筆《ゆうひつ》御記録方の寺島貞経は、上杉《うえすぎ》家・長尾《ながお》家の系譜を調査していた。その折、寺島は家中の福王寺氏が所蔵していた「越後長尾殿之次第」の写しを見出《みいだ》す。

天正《てんしょう》十四年（一五八六）夏、越後春日山《かすがやま》城主上杉景勝《かげかつ》は、はじめて上洛《じょうらく》を果たした。七月六日に帰国した後、景勝は右筆宇津江《うつえ》九右衛門に命じて自家の系譜を作成させ、上田庄《うえだのしょう》（南《みなみ》魚沼《うおぬま》市）にある福聚山楞厳寺《ふくじゅさんりょうごんじ》に奉納した。楞厳寺は、長尾政景《まさかげ》（景勝実父）が開基となって、父越前守《えちぜんのかみ》房長《ふさなが》の菩提《ぼだい》を弔うために建立した寺である。

景勝が奉納した「越後長尾殿之次第」原本は、江戸時代、上杉家当主の上覧に供することもあったが、江戸桜田《さくらだ》にあった上杉邸が火災に遭った際に失われてしまった。しかし、それ以前の寛永《かんえい》三年（一六二六）、上杉定勝《さだかつ》（景勝嫡男、二代米沢藩主）が大小姓大石右馬允《うまのじょう》に命じて写しを作成させていた。定勝は謙信や景勝に関係する文書整理および書写を行っており、その過程で「越後長尾殿之次第」を見出したと考えられる。

定勝が作成させた写しは龍言寺《りゅうごんじ》（楞厳寺の後身として米沢に移る）に納められた後、末尾に同書の素性を記すとともに、「後世に至るまで俗世間にひろめず、内容を秘すべし」と書き加え、秘蔵されてきたらしい。

福王寺氏は、代々上田長尾氏に仕えた家柄であり、龍言寺の檀家《だんか》という関係で写しを所有していたと考えられる。同書を発見した寺島が着目したのは、次の記述だった。

當丙戌五月御上洛
　六月廿二日参内　正四位左近衛権少将拝任
　七月六日御帰国

寺島はさっそく同書を書写し、末尾に「丙戌《ひのえいぬ》は天正十四年である。しかれば本書は同年秋に記されたものであろう。越後長尾家の系譜編集に際して、最も依拠すべき白眉《はくび》の書である」と書き入れている。藩の御右筆御記録方たる彼の目利きにしたがって、当該史料に沿って上杉景勝の実家上田長尾氏の系譜をたどってみよう。

長尾氏の出自

長尾氏は、桓武平氏《かんむへいし》の流れを汲《く》む鎌倉《かまくら》氏の一流で、相模《さがみ》国鎌倉《かまくら》郡長尾庄《ながおのしょう》（横浜市栄《さかえ》区長尾《ながお》台町《だいちょう》）が名字の地とされる。鎌倉幕府成立後は有力御家人三浦《みうら》氏の配下に属していた。しかし、三浦氏は執権北条《ほうじょう》氏との抗争（宝治《ほうじ》合戦）に敗れ、一族のほとんどが討たれてしまった。長尾氏もまた三浦氏にしたがっていたため、没落の憂き目にあってしまう。

わずかに生き残った長尾一族は、幕府があらたに六代将軍として迎えた宗尊《むねたか》親王（後嵯峨《ごさが》天皇第一皇子）に随従して鎌倉入りした藤原重房《ふじわらのしげふさ》に仕えることになる。重房は所領があった丹波《たんば》国何鹿《いかるが》郡上杉庄《うえすぎのしょう》（京都府綾部《あやべ》市上杉町《うえすぎちょう》）にちなんで、上杉を称した。ここに、上杉氏と長尾氏の関係がはじまった。

文永《ぶんえい》三年（一二六六）に宗尊親王は京都へ送還されるが、重房はそのまま鎌倉にとどまり、足利《あしかが》氏に仕える。そして、重房の孫清子《きよこ》は、足利貞氏《さだうじ》に嫁ぎ、尊氏《たかうじ》・直義《ただよし》の兄弟を産んだ。以降、上杉一族は尊氏・直義兄弟にしたがって鎌倉幕府の打倒、新政権の発足に尽力することになる。

尊氏と直義が対立した際（観応《かんのう》の擾乱《じょうらん》）、上杉氏は直義方についたため、いったん政治の中枢から退けられるが、やがて室町幕府の関東統治の拠点である鎌倉府が成立すると、これを補佐することになった。この役職を関東執事という。後の関東管領《かんれい》上杉氏の誕生である。

上杉氏に仕えていた長尾一族も関東にあって勢力を扶植していたが、越後との関わりが生じるのは、南北朝時代になってからである。建武《けんむ》四年（一三三七）五月十九日、足利直義は上杉憲顕《のりあき》に対し、越後でおこった反乱を「守護代」とともに鎮圧せよ、と命じている。名前こそあがっていないが、この「守護代」こそ長尾氏のことであろう。「越後長尾殿之次第」は、修阿弥陀佛なる人物を系譜の冒頭に置いている。鎌倉幕府滅亡の後、上杉氏の被官として活躍した長尾景為《かげため》と考えられる。彼に男子ふたりがあり、嫡男教阿弥陀佛が「関東惣祖」、弟の弾正左衛門尉《だんじようさえもんのじよう》（春阿弥陀佛）が「越州初祖」とされている。すなわち、兄が関東長尾氏、弟が越後長尾氏の祖となったのである。

上杉景勝の実家・上田長尾

上田庄は越後国魚沼《うおぬま》郡、現在の南魚沼市を中心とする一帯に位置した。平安時代末期の記録に「越後国壱処　魚野郡殖田村」とあるのが、上田庄の初見とされる。上野《こうずけ》国と境を接する地域であるため、とりわけ関東とのつながりも深かった。

南北朝期に入ると、足利尊氏・直義兄弟の従兄弟《いとこ》である上杉憲顕が越後守護に任じられた。これにともない、守護代長尾景忠《かげただ》が越後へ入国し、南朝方と戦った。この景忠が「越後長尾殿之次第」にみえる教阿弥陀佛である。後に景忠は弟弾正左衛門尉に後事を託して関東へ戻った。

弾正左衛門尉の嫡男新左衛門尉は越後国内の南朝方勢力と戦って戦死した。次男は豊前守《ぶぜんのかみ》景春《かげはる》（皐山道継）といい、彼が古志《こし》長尾、上田長尾、両方の祖となった。ちなみに、上杉謙信を出すことになる府中《ふちゅう》長尾氏は、弾正左衛門尉の三男高景《たかかげ》の系統にあたる。

上田庄をおさめた長尾氏については、「上田初行事」として景春次男兵庫助《ひょうごのすけ》景実《かげざね》（興嶺統関）が見える。景実は応永《おうえい》十一年（一四〇四）二月二十日、普光寺《ふこうじ》（南魚沼市浦佐《うらさ》）に御仏供田を寄進していることが確認できる（『六日町』四三）。しかし、男子がなかったため、その弟で古志長尾家を継承していた宗景の子を養子に迎えた。これが、肥前守房景《ひぜんのかみふさかげ》（太年寶重）である。房景は享徳《きょうとく》四年（一四五五）三月二十六日、普光寺の少輔房祐栄に別当職を安堵《あんど》している（『六日町』五六）。康正《こうしょう》二年（一四五六）二月二十六日、山内《やまのうち》上杉氏にしたがって深巣《ふかす》（群馬県前橋市《まえばしし》）に出陣し、古河公方《こがくぼう》の兵と戦っている（『六日町』五八）。房景が没したのは、文明《ぶんめい》七年（一四七五）十月七日である。

米沢藩では、この房景の没年月日を「栖吉城主長尾肥前守顕吉」のものとする誤謬《ごびゅう》をおかしている（「外姻譜略」ほか）。長尾肥前守顕吉《ひぜんのかみあきよし》とは房景の孫であるが、どちらも「肥前守」の官途を用いている。加えて「豊前守」房景《ふさかげ》という人物が戦国期初頭、古志長尾家に存在していた。このため、上田長尾の肥前守房景は孫の顕吉と混同され、さらには古志長尾の当主とする誤認識がひろがったと考えられる。上杉謙信の生母が古志長尾家出身であったとする説もここから生じたのだろう。

房景の子兵庫助（月舩舜泰）は父に先立って亡くなったらしい。息子に兵庫助憲長（岱山義秀）、肥前守顕吉（寶樹永珎）のふたりがあった。兄の憲長は上条《じょうじょう》上杉家から室を迎えたが、家督を継ぐ前に早世した。あとに残された「上条殿」（好心贊公大禅定尼）は、憲長との間にできた男子（景勝の祖父房長）を連れて義弟顕吉に再嫁することになる。

肥前守顕吉は、先に述べたように祖父房景の没年月日と取り違えられ、さらに祖父と同名の人物が古志長尾家に存在したため、古志長尾氏の居城栖吉《すよし》城の城主と記録されてしまった。しかし、顕吉は、祖父房景と同様に、上田庄の普光寺別当職安堵状を発給している（『六日町』八六、九四）。古志長尾氏が上田長尾領内の寺院に別当職の安堵状を出すのは不自然であり、顕吉が古志長尾家の人間ということはあり得ない。

顕吉には「上条殿」の連れ子房長のほかに、男子三人、女子二人があった。このうち房長同様に「上条殿」の所生が右京亮《うきょうのすけ》景明、玖圓侍者、天甫喜清の三人である。そして、天甫喜清について「先代管領御母儀　御當代外祖母」と記す（「越後長尾殿之次第」）。先代管領とは謙信を、御當代は景勝を指す。後に越後守護代長尾為景《ためかげ》に嫁ぎ、晴景《はるかげ》、仙洞院《せんとういん》（景勝生母）、景虎《かげとら》（上杉謙信）たちを産む女性である。「御前様（仙洞院）は肥前様（顕吉）の御外孫で、政景公にとっていとこなり。弥六郎殿様（晴景）・謙信公は御前様と御一腹の御所生なり」（「越後以来穴澤先祖留書」）とする記述もそれを裏付けている。

越後の動乱

この頃、越後府中では五十年近くにわたって守護の座にあった上杉房定《ふささだ》が亡くなり、大きな転換期にさしかかっていた。

京都の将軍に対抗意識を持ち続けた鎌倉公方と、これを抑える関東管領上杉氏の対立に端を発した戦乱は、三十年近くにおよんだ（享徳の乱）。やがて、京都の将軍と下総《しもうさ》古河に移った足利成氏《しげうじ》との間で和睦《わぼく》が成る（都鄙《とひ》の合体）。これを斡旋《あっせん》したのが、越後守護上杉房定であった。上杉房定の息子のひとりは山内上杉家を継承して関東管領上杉顕定《あきさだ》となる。また、その弟房能《ふさよし》は父の後を継いで越後守護となった。その房能と対立したのが、守護代長尾為景である。

永正《えいしょう》四年（一五〇七）八月、長尾為景は、越後守護上杉房能を自害に追い込み、新たな守護として上杉定実《さだざね》を立てた。弟を討たれた関東管領上杉顕定は越後へ進攻するが、この時、拠点となったのが上田庄であった。

顕定と為景は当初から敵対していたわけではなかった。しかし、為景は上条上杉氏出身の定実を傀儡《かいらい》としており、さらに顕定と対立する伊勢宗瑞《いせそうずい》（北条早雲《そううん》）と結んでいた。越後が敵対勢力に変わることを見過ごせず、顕定は出兵に踏み切ったのであろう。

顕定は上田庄に拠点をおき、府中を制圧し、為景を国外へ逐《お》った。しかし、勢いをもりかえした為景の反攻によって関東へ敗走途中、長森原《ながもりはら》（南魚沼市）で追いつかれ戦闘となった。顕定軍を追撃したのは、長尾為景、高梨政盛《たかなしまさもり》らで、永正七年六月二十日の戦闘で顕定は討死した。上田長尾家の動向は明らかではないが、長尾為景とは和睦したと考えられる。

享禄《きょうろく》三年（一五三〇）に顕吉が亡くなり、その後を継いだ越前守房長（月洲暉清大禅定門）は、上杉一門上条定憲《さだのり》に味方して府中長尾氏と対立した（享禄・天文《てんぶん》の乱）。

上杉謙信肖像（東大史料編纂所所蔵模写）

天文十年（一五四一）に為景が没すると、後を継いだ晴景は上田長尾との関係改善を図った。為景の娘（仙洞院）が房長の嫡男政景に嫁いだのはこの頃であろう。仙洞院は慶長《けいちょう》十四年（一六〇九）に八十二歳で亡くなったとする説に拠《よ》れば、享禄元年の生まれである。

晴景の後、弟の景虎（後の上杉謙信）が守護代の地位についた。長尾政景は当初、景虎と対立していたがやがて府中に出仕した。上田長尾の存続に安堵したかのように、房長は、天文二十一年八月十五日に没した。

長尾政景は、景虎が国外へ出兵中、しばしば越後府中の留守居をつとめている。それほど信頼されていたのであろう。また、政景は景虎が国主の仕事を投げ出して出奔した際、これを説得して国主の座にひきもどしたこともあった。まさに上杉の副将格と言えよう。

天文二十四年七月、景虎は信濃《しなの》へ出陣し、甲斐《かい》武田《たけだ》勢と対峙《たいじ》した。これが川中島《かわなかじま》合戦の第二回戦と称されている。百日余におよぶ対陣の結果、越甲両軍は駿河《するが》今川義元《いまがわよしもと》の仲介によって和議を結び、互いに兵を退《ひ》いた。

天文二十四年は十月二十三日に改元がなされ、弘治《こうじ》元年となる。本書の主人公上杉景勝は、この年に生を享《う》けた。

第一章
戦国大名・景勝

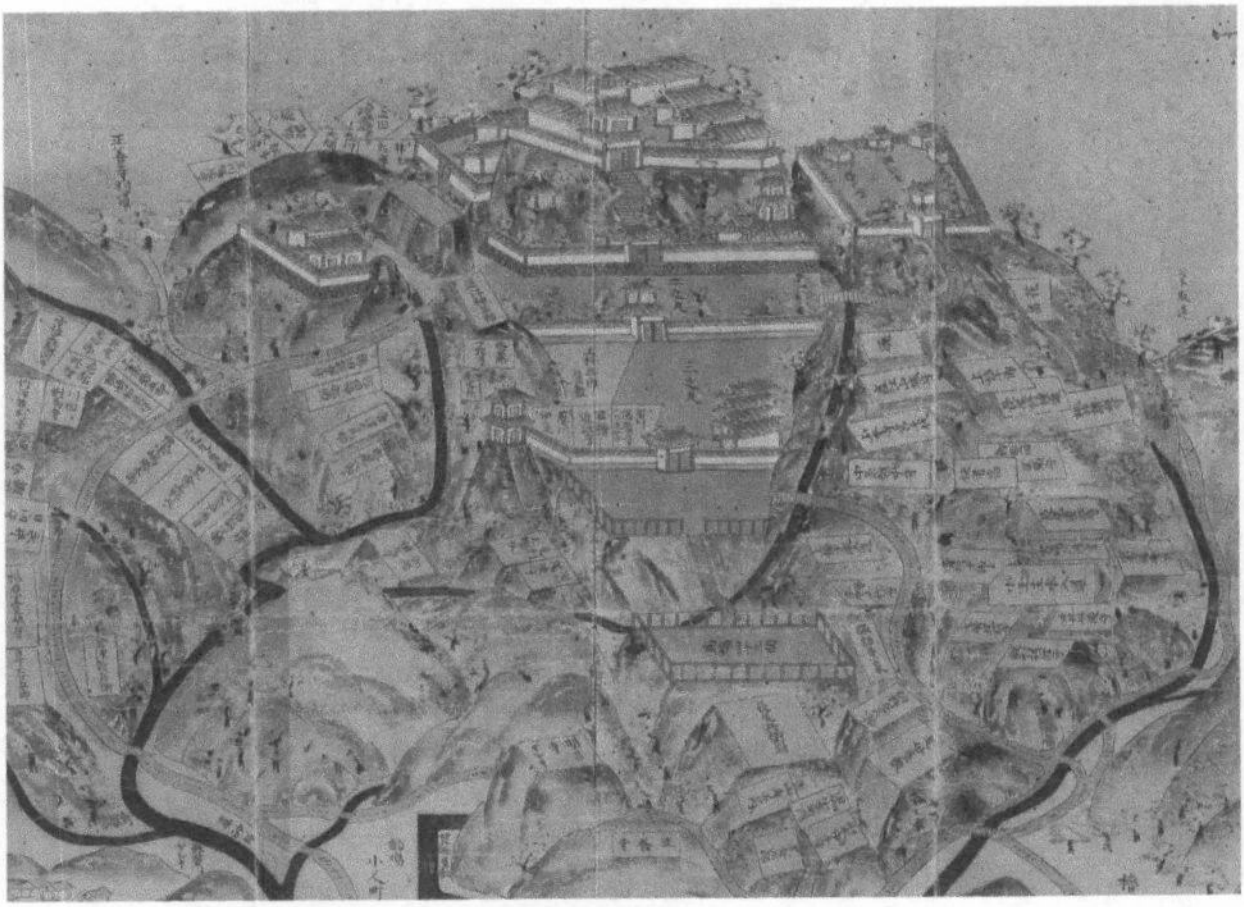

春日山古城図（柏崎市立図書館所蔵）
謙信の父長尾為景の代に記録にあらわれる、標高180m、2.5km四方に及ぶ広大な山城。城名は、奈良春日大社から勧請した春日神社にちなむ。「御館の乱」では景勝方の拠点となり、義兄三郎景虎が拠る「御館」と対峙した。

一、生い立ち

景勝の家族

長尾喜平次《きへいじ》顕景《あきかげ》、後の上杉景勝が誕生したのは、弘治元年（一五五五）十一月二十七日辰《たつ》の刻（午前八時前後）という。この年は、乙卯《きのとう》であった。卯松《うのまつ》という幼名は干支《えと》にちなんだものであろう。

しばらくは、史料からの引用等を除いて、通称の「喜平次」で統一する。父は上田長尾家の当主越前守《えちぜんのかみ》政景、母は長尾景虎（上杉謙信）の姉（長尾為景娘、仙洞院）である。生まれた場所は坂戸《さかど》城（南魚沼市坂戸）とも、少し南の樺沢《かばのさわ》城（南魚沼市樺野沢《かばのさわ》）ともいわれている。樺沢城内には地元で喜平次のものと伝える胞衣《えな》塚が残っている。

喜平次には右京亮義景という兄がいたという記述が後年の編纂《へんさん》物で散見されるが、同時代の記録には見えない。米沢藩で編纂された『上杉家御年譜』（以下、『御年譜』）などは喜平次を次男としており、長男の義景は早世したとする説もあるが、序章で述べた「越後長尾殿之次第」にも記載がない。「越後長尾殿之次第」にある房長（喜平次祖父）の異父弟に右京亮景明があり、また、景勝の実父政景を義景と記す軍記物もあり、系譜上の混乱がみられる。

長尾政景夫妻肖像（東大史料編纂所所蔵模写）

なお、天文十年（一五四一）二月二十一日に「上田長尾真六（法名超億宗了）」という人物を供養した記事が「越後過去名簿」に見える。喜平次の祖父房長、父政景いずれも「新六」を通称としているため、この「長尾真六（新六）」なる人物が嫡男義景ではないか、とする説もある。しかし、これが義景のことだとすると、政景十五歳の時に誕生し、すぐに亡くなったことになってしまう。

幼少期に亡くなったりした場合、法名には「幻」や「露」といった儚《はかな》さを表現する字が用いられ、下に「童子」「童女」が付けられることが多かった。「上田長尾真六（法名超億宗了）」の法名はどうもそれらしくない。「上田長尾真六」は、むしろ政景の兄とするほうが蓋然《がいぜん》性があるが、現在のところ特定されていない。

喜平次の確実な兄弟姉妹としては、上杉一門の上条政繁《まさしげ》（宜順《ぎじゅん》）に嫁いだ姉（上条《じょうじょうの》 大方《おおかた》、仙洞院《せんとういん》殿）、後に喜平次と争うことになる三郎《さぶろう》景虎《かげとら》（北条氏康《ほうじょううじやす》の子）に嫁いだ妹（華渓昌春大姉）がある。

　元服前の喜平次の周囲には、どのような人々が仕えていたのかよくわからないが、その中で大井田平右衛門という人物が傅役《もりやく》となっている。喜平次が生後半年を迎えた頃、「上田後室」つまり、長尾政景室（仙洞院）の頼みによって「懐中御五ツ年迄坂戸山ニ而守立申」とある（「大井田権右衛門由緒書」）。大井田は、後に喜平次が謙信のもとに引き取られた際もこれに従い、春日山城に入っている。また、宮島三河守《みやじまみかわのかみ》も謙信が上田より呼び寄せて喜平次付きにしたといわれる。

　雲洞庵《うんとうあん》十三世通天存達《つうてんそんたつ》は、長尾政景の兄であり、喜平次にとっては伯父《おじ》にあたる（「雲洞庵歴世過去帖」）。天正十四年（一五八六）五月に、喜平次こと上杉景勝がはじめて上洛《じょうらく》するが、「越後長尾殿之次第」によれば、「當戌入洛参内」とあり、通天存達もこれに随行したとする。そして、七月十三日に通天存達に対して賜号仏恵普明禅師が勅許されている。喜平次の働きかけによるものであろう。

　上杉輝虎《てるとら》（謙信）は、越山の際にはしばしば長尾政景を府中留守居に任じている。しかし、上田衆は関東へ帯同した。つまり、上田長尾家の当主として同家に従属していた国衆・土豪たちに対する命令権は失われていたことになる。政景は府中政権へ参画しながらも、自律性

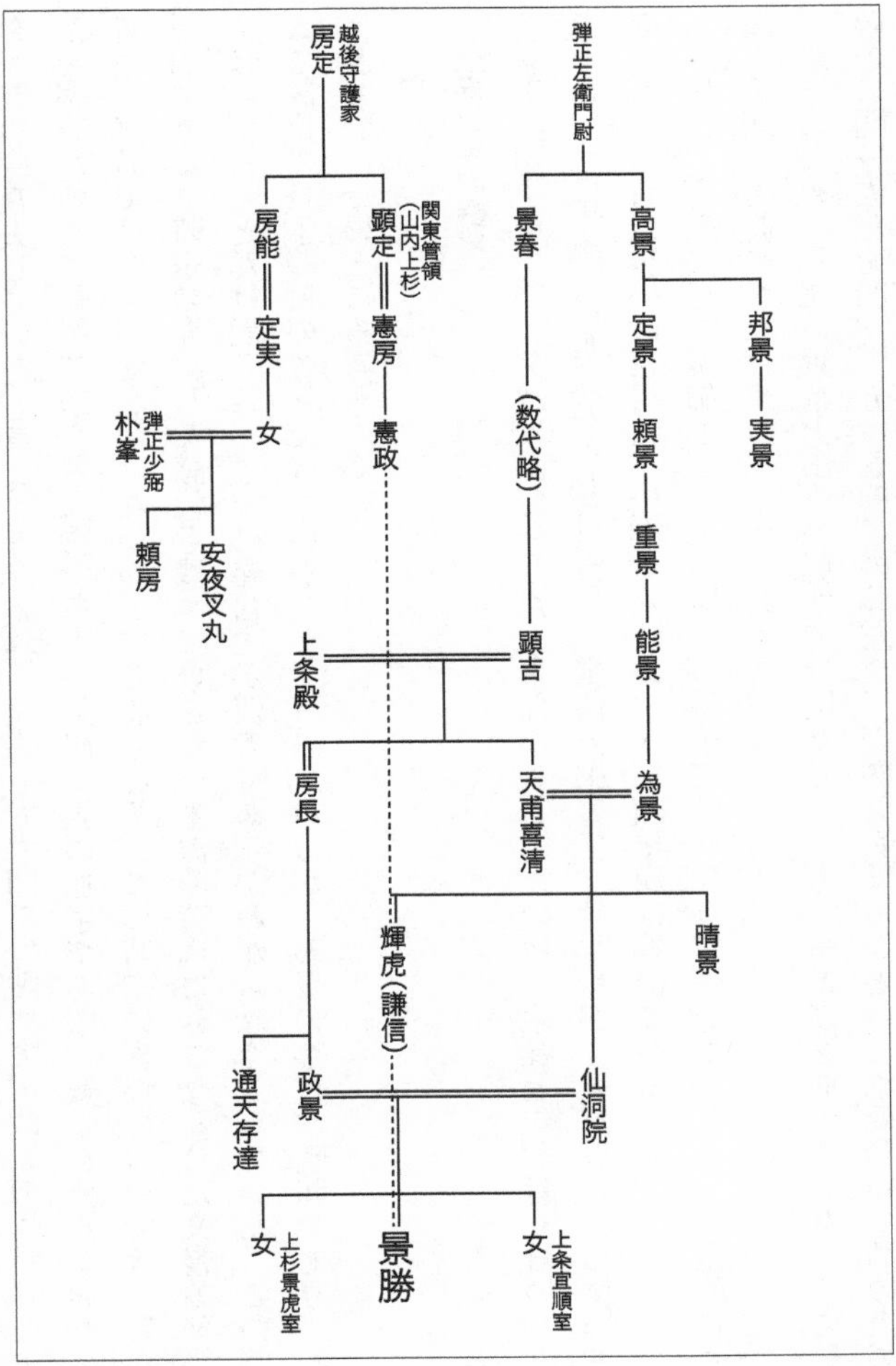
弾正左衛門尉
高景
景春
邦景
実景
定景
頼景
重景
能景
為景
(数代略)
顕吉
越後守護家
房定
関東管領(山内上杉)
顕定
憲房
憲政
房能
定実
女
弾正少弼
朴峯
安夜叉丸
頼房
上条殿
房長
天甫喜清
晴景
輝虎(謙信)
政景
通天存達
仙洞院
女
上条宜順室
景勝
女
上杉景虎室

長尾・上杉系図

を一定程度喪失していたと言えよう。永禄《えいろく》七年（一五六四）の時点で、政景の代わりに上田衆を率いたのが、長尾時宗なる人物である。長尾一族の通字である「景」を持たないため、時宗は実名ではなく、幼名ではないかとする説もある。この時宗の素性については、現在も不明である。時宗の発給した感状も残っているが、米沢藩時代におこなわれた文書整理の際には「御書」とだけ記され、すでに発給主が何者であるかわからなくなっていた。この時宗こそ政景の長子義景のことではないか、とする説もあるが、義景の存在が曖昧《あいまい》であり、時宗＝義景説は今のところ考えにくい。

永禄七年の奇禍

喜平次が十歳の時、父政景が急死した。事件がおこったのは、永禄七年七月五日のことであった。『御年譜』は永禄四年七月四日、『謙信公御書集』は永禄四年七月五日としている。しかし、これ以後の政景書状が伝存するため、永禄四年説は誤伝である。

政景は、恵天長可を導師として上田城下の長尾家の菩提寺《ぼだいじ》楞厳寺に葬られ、宗得院殿匠山道宗《どうそう》大居士と諡《おくりな》された。享年三十九であった。

避暑のため、長尾政景は上田庄野尻《のじり》池で近臣たちとともに舟遊びを催していた。その最中《さなか》、政景は関谷佐左衛門、国分彦五郎《こくぶんひこごろう》、内藤左京、売間又次郎らとともに溺死《できし》した。酒の上の喧《けん》嘩《か》であったか、事故であったか、あるいは謀殺であったのかはわからない。

この時、いっしょに溺死した国分彦五郎という者の母が現場へ駆けつけ、政景の遺体を実見している。彼女の言葉を記録した「国分威胤見聞録」によれば、はじめ彦五郎の事故を聞いてかけつけたところ、目にした遺体は政景で、その肩の下には傷跡がみとめられたという。

場所や背景については諸説ある。巷間《こうかん》伝えられているところによれば、輝虎に謀反《むほん》を企《たくら》んでいる政景を、宇佐美駿河守定満《うさみするがのかみさだみつ》（あるいは定行《さだゆき》）が未然にこれを討ち果たしてともに死んだということになっている。のちに紀州徳川家《きしゆうとくがわ》お抱えの軍学者宇佐美定祐が、先祖と称する宇佐美駿河守が輝虎の命を受けて謀反人政景を葬る忠義話に仕立て上げたものが、流布して伝えられたと考えられる。

また、政景とともに没したのは宇佐美ではなく、家臣下平修理亮《しただいらしゆりのすけ》とする説もあり（『謙信公御書集』）、修理亮の遺児源右衛門は下平の姓を憚《はばか》って今井を称した。信憑《しんぴよう》性としては宇佐美定満よりもむしろこちらのほうが高いのではないかと思われる。楞厳寺に伝わった「福聚山楞厳禅寺大檀那御回向ノ次第」には、

当寺開基宗得院殿匠山道宗大禅定門
永禄七年七月五日大檀那　長尾越前守平政景

当寺三世恵天長可代　下平依慮外如是也

とあり、末尾には、下平の慮外な振る舞いによって最期を遂げたということが記されている。

さらに、政景と下平の確執について、気になることがある。長尾景虎は、関東管領上杉憲《のり》政《まさ》から越山要請があった際、出撃拠点として上野国に接する上田庄を重視し、一時的に収公した形跡をうかがわせる史料がある。永禄四年に比定される上杉政虎《まさとら》条書がそれで、その第一条には「上田越前守ニ依可返」とあり、これによって上田の給人たちの替地を三百貫ほど見計らうように蔵田《くらた》五郎《ごろう》左衛門尉《ざえもんのじょう》に指示している（『六日町』二三〇）。

「上田の給人」とは政景から収公した上田庄を支配した政虎の家臣たちであろう。上田庄を政景に返還することになり、政虎は彼らの替地を用意する必要が生じたのである。日付は十月十三日であり、越山および川中島での合戦後のことである。政虎の外征中、春日山城留守居をつとめた政景はその間、領地から切り離されていたことになる。しかも、政虎は越山後の永禄四年三月十一日、「上田庄・妻有庄《つまりのしょう》・藪神《やぶかみ》」の三地域に徳政令を出している（『六日町』二二八）。いずれも上田長尾家の勢力圏だが、越山や信濃出兵はこの後も継続したわけで、政虎の命に従う政景と下平たちの間で上田庄の収公をめぐって対立が生じていたのかもしれない。

二、謙信と喜平次

長尾喜平次顕景と名乗る

長尾政景が没した時、上田長尾家に男子は十歳の喜平次（景勝）ひとりしかいなかった。元服の時期も明らかではないが、永禄九年には顕景と署名した感状を発給しているため、十二歳頃までに元服をすませ、喜平次顕景と名乗っていた。

この顕景という名は、曾《そう》祖父にあたる肥前守顕吉が一時、名乗ったことがある。上田長尾氏は代々、関東管領山内上杉氏から偏諱《へんき》を受けており、「顕」一字も当時の関東管領であった上杉顕定（越後守護上杉房定の子）から与えられたと考えられる。祖父房長は上杉憲房《のりふさ》から、父政景は上杉憲政からの偏諱であろう。

喜平次が元服した頃には、すでに長尾景虎は上杉憲政から上杉の名字を譲られ、上杉政虎、ついで足利義輝《よしてる》より偏諱を受け、上杉輝虎となっている。

顕景が春日山に移った際には、四十三名の侍分が上田より召し寄せられ、輝虎の旗本に加えられたという（「古代史籍」）。

永禄八年五月十九日、京都では将軍足利義輝が三好《みよし》・松永《まつなが》勢の襲撃によって討たれた。奈良興福寺から脱出した一乗院覚慶（義輝弟。後の足利義昭）は、八月五日、輝虎に対して、将軍義輝の無念を晴らすことができるよう入魂《じっこん》を求める御内書《ごないしょ》を送った。

輝虎はいったんは上洛を約しながらも、小田原《おだわら》北条氏と対峙《たいじ》する状況が続いていた。輝虎は十月に越山、上州《じょうしゅう》沼田《ぬまた》に着陣し、関東で越年した。

永禄九年三月十日、足利義秋《よしあき》（覚慶から還俗《げんぞく》。後に義昭）は輝虎に「相・越和談」の使者を北条氏へ遣わしたことを知らせた。足利義秋は輝虎が北条氏と和睦《わぼく》し、早々に上洛してくれることを期待していたのである。そして、同じ日付で、喜平次に対しても義秋の御内書、大《だい》覚寺《かくじ》義俊《ぎしゅん》の副状《そえじょう》が出されている（『上越』四九三～四九八）。輝虎および喜平次に出された御内書・副状はいずれも「就御出張之儀」あるいは「就出張之儀」としてあり、前年秋に水原祐阿を使者として遣わした事情が示されている。この時、喜平次は輝虎の越山に同行したと考えられる。

父政景の横死後、喜平次はほどなく叔父《おじ》輝虎に引き取られたとされるが、具体的な時期などは不明である。しかし、足利義秋から御内書を下されるなど、上方においても相応の政治的地位にあることが認識されていた。これは、すでに喜平次が輝虎の養子分となっていた傍証と言えるだろう。

顕景と上田衆

現在、確認できるもっとも早い文書発給は、永禄九年四月二十日付けで「顕景」と署名した広居又五郎宛、および下平右近允《じょう》宛の二通の感状と思われる（『六日町』二六三、二六四）。「臼井之地」を攻めた際のもので、広居宛のものには花押も据えられている。下平宛のものは負傷しながらも奮戦したことを賞した内容になっている。

この時、顕景は、輝虎にしたがって関東へ出陣したのであろう。輝虎が下総臼井《うすい》城（佐倉《さくら》市）を攻撃したのは同年三月二十三日のことである。しかし、落城させるには至らず、四月はじめに上州厩橋《まやばし》へ撤退した。

なお、輝虎は旗本以外で、固有の軍勢を率いる一門・国衆については「山本寺《さんぽんじ》」「十郎《じゅうろう》」「山吉《やまよし》」「河田《かわだ》」などその名を冠している。一方、そうした国衆が不在、もしくはさまざまな理由で在地領主と切り離されている場合は「〇〇衆」と呼称することがある。かつて下田長《しただ》尾氏、古志長尾氏の麾下《きか》であった「下田衆」「古志衆」や、輝虎自身が若い頃に在番していた「栃尾衆《とちお》」などがそうである。

上田長尾の麾下については、政景の存命中に「上田衆」と呼称されている例がある。これは、政景が輝虎から留守居を任された時のもので、上田衆が輝虎の指揮下に入っており、政景の命令系統からは分離されていたと考えられる。

さて、顕景が春日山に引き取られた後、先の臼井城攻めに続いて、永禄十一年にも上田衆に対して出兵命令が出されている。揚北《あがきた》衆の本庄繁長《ほんじょうしげなが》が謀反をおこしたため、これを鎮圧すべく輝虎が出陣した。輝虎は上田衆にも動員をかけ、三ケ津（沼垂《ぬったり》・蒲原《かんばら》・新潟）への集結を求めたのである（『上越』六二〇）。この時、上田衆を率いていたのは、栗林《くりばやし》次郎左衛門尉政頼《まさより》であったが、顕景からも出陣命令を出させていたらしい（「従喜平次所も雖申越」）。まだ、顕景と上田衆の関係性は保持されているのがうかがえる。

しかし、次第に上田衆は上田長尾家の麾下から、越後上杉家の一軍団へとその性格を変えていくのである。そして、南北朝期に越後へ入った長尾一族のうち、古志長尾家は戦国期初頭に断絶した。府中長尾家を継承した長尾景虎は上杉氏の名跡を譲られ、上杉輝虎となった。残る上田長尾家も顕景が輝虎の養子となり、上杉景勝となることによって事実上、消滅する。

輝虎のもとへ顕景が祈念した巻数《かんじゅ》（経文の目録）を送ったのは、永禄十二年の本庄攻めの折であろうと思われる。その輝虎の返書が今に残っている。

　返々、細々いんしんよろこひ入候、手弥あかり候へは、手本まいらせ候、以上、
入心さひ〱音信、ことに為祈念まほり巻数、よろこひ入候、爰元やかて隙あけ、帰府のうへ可申候、謹言、

二月十三日　　　　　　　　輝虎（花押）

喜平次殿

（『上越』三〇八）

祈禱《きとう》した証明である「巻数」を送ってくれたことに対する礼を述べた輝虎の返書である。追而書《おってがき》には「字もますます上手になっていますので、手本を差し上げましょう」とある。実際、上杉家には顕景に与えられたという手本が数点伝来している。

本状には「早虎」と署名してあるが、これは「テルトラ」とよむ。この署名は永禄十二年（一五六九）から元亀《げんき》元年（一五七〇）のごくわずかな期間に用いられたものである。二月に輝虎と顕景が離れた場所にいたのは、永禄十二年二月となる（元亀元年には顕景は輝虎にしたがって関東へ出兵していた）。したがって、本状は永禄十二年に比定できる。

三郎景虎の越後入りと天正三年の画期

永禄十一年、武田信玄《しんげん》の駿河侵攻によって武田・北条・今川の三国同盟が破綻《はたん》した。今川、北条は信玄に対抗するべく、輝虎に対して同盟を打診する。紆余《うよ》曲折の末、上杉・北条間で「越相《えつそう》一和」が締結された。この時の条件のひとつに証人の交換があった。上杉家からは重臣柿崎景家《かきざきかげいえ》の子晴家《はるいえ》が送られ、北条家からは北条氏康の七男三郎が証人として越後へ赴いた。輝虎は北条三郎に姪《めい》（景勝の妹）を娶《めと》らせ、さらに自らの初名を与え、上杉三郎景虎と名乗らせた。

しかし、「越相一和」の国分け問題については、関東の国衆たちの思惑もあって難航した。加えて、北条氏が求める武田領への出兵を輝虎はなかなか実行に移そうとしなかった。結局、北条氏康が死去し、息子氏政《うじまさ》は上杉との同盟を見限り、ふたたび武田氏と結んだ。三郎景虎は実家に帰されることはなかったが、以後の動向は謙信没後までうかがえなくなる。

天正元年（一五七三）、織田信長と対決すべく西上の途についた武田信玄が陣没した。

天正三年正月十一日、謙信（輝虎より改める）は長尾喜平次顕景に名字と官途を与え、名乗りを改めるよう命じた。

撰吉日良辰、改名字官途、上杉弾正少弼与成之候、彼官途者、先　公方様江深忠信之心馳依有之、被仰立被下候条、不安可被思事、目出度候、恐々謹言、

正月拾一日　　謙信（花押）

長尾喜平次殿

（『上越』一二四一）

任今日吉日、改名乗、景勝与可然候、恐々謹言、

正月拾一日　　　　　謙信（花押）

上杉弾正少弼殿

（『上越』一二四二）

最初の文書は、長尾喜平次顕景に対して、名字を長尾から上杉へ改め、官途を与えるとしたもので、弾正少弼《しょうひつ》という官途についての心構えを説いている。

次の同日の文書は、名乗りを景勝に改めるようにと命じたものである。つまり、天正三年正月十一日以降、長尾喜平次顕景は上杉弾正少弼景勝となったわけである（本書においても以降、景勝と記す）。弾正少弼の官途は、天文二十一年（一五五二）五月に、謙信が従五位下の位階とともに得たものである。

ところが、『新潟県史』は、前掲の正月十一日付けの二通の謙信書状を、景勝の筆によるものとしている。つまり、この二文書は、景勝が謙信の後継者であることを正当化する目的で後年になって創作したものではないか、ということである。この考えの裏には、景勝が謙信の正統な後継者ではなかったのではないか、という疑念がある。

しかし、二文書ともに景勝の創作であるとするならば、最初の文書に長尾から上杉に名字を改めることまで記すであろうか。また、「彼官途者」以下の文言もわざわざ挿入する意識がはたらくものであろうか。ここにみえる「先　公方様」とは十年前に亡くなった足利義輝のことである。

足利義輝との接点がない景勝が、「弾正少弼という官途は、先の公方様に対して深い忠信を示したことで下されたものである（彼官途者、先　公方様江深忠信之心馳依有之）」といった部分を創作することは考えにくい。この部分は謙信の個人的思い入れが強く反映された箇所であり、『新潟県史』の指摘どおり、先の二文書が景勝の自筆であったとしても、元の謙信の譲状を忠実に写し取ったと考えたほうが自然ではないだろうか。

天正三、四年頃の足利義昭や幕臣からの文書の宛名の問題もある。景勝宛のものには、足利義昭は「弾正少弼とのへ」、奉公衆は「弾正少弼殿」と宛名書きしている。同様に、謙信宛のものは、足利義昭は「不識院」、奉公衆は「不識院大和尚法印御房」が使用されている。

さらに足利義昭は、上杉家中に宛てた書状中において謙信のことを「弾正少弼入道」と表記しているが、時間の経過に応じて、「輝虎」、「謙信」、「弾正少弼入道」と変化しており、双方の使者往来によって、謙信が入道して不識院《ふしきいん》と号したこと、弾正少弼の官途が甥《おい》景勝に譲られたことなど、上杉方の事情が判明していったことを示している。

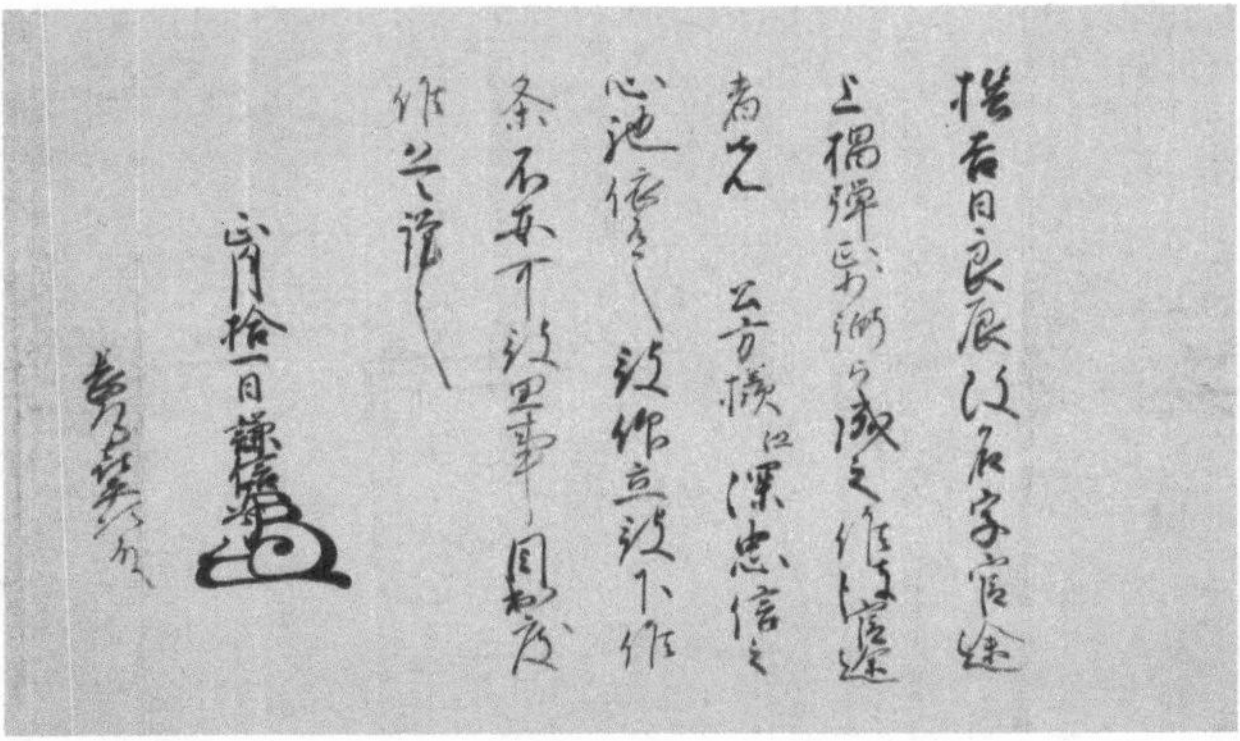

上杉謙信書状（上杉弾正少弼譲状）（米沢市上杉博物館所蔵）

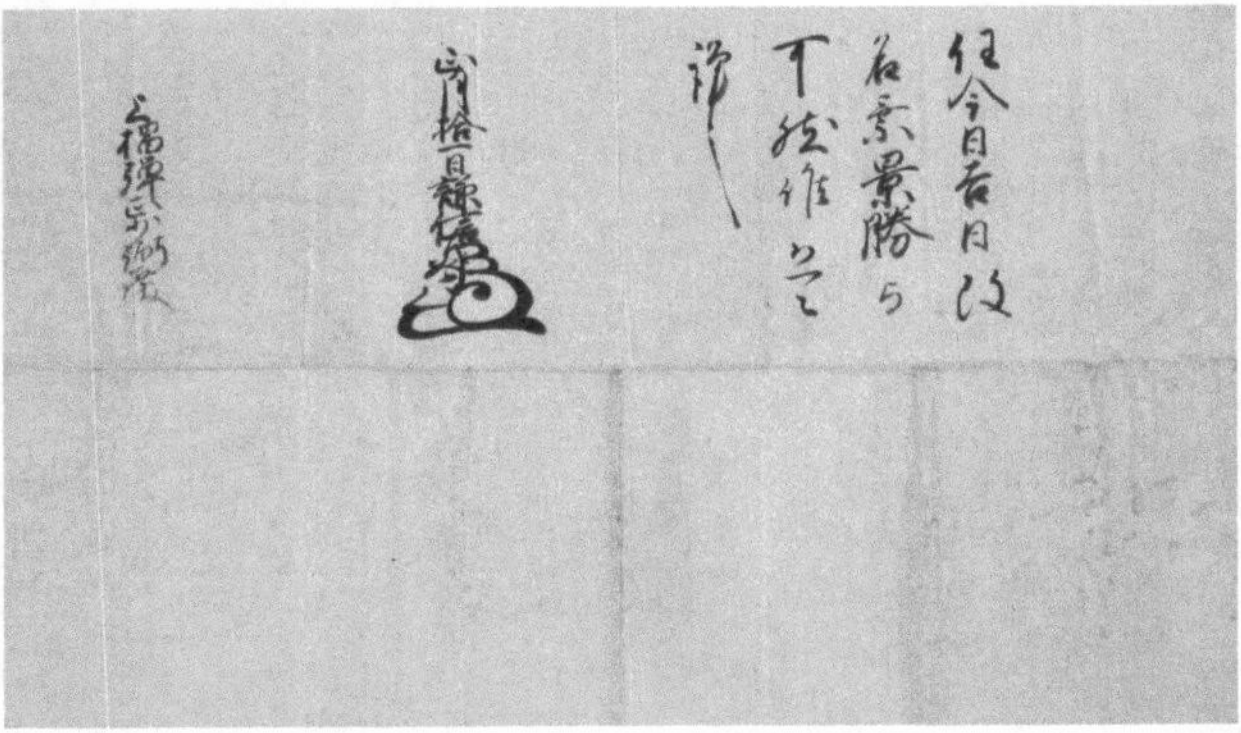

上杉謙信書状（景勝名乗り状）（米沢市上杉博物館所蔵）

これは、同時期に交信していた近江《おうみ》の大名六角承禎《ろっかくじょうてい》も同様で、天正三年十二月二日付けの謙信宛書状で「弾正少弼入道」であったものが、天正四年八月五日付け書状で「不識庵」へと変化している。

さらに、『覚上公御書集』は、天正六年正月に次のような記事を載せている。

一同年正月年賀御祝詞として御太刀青銅進上によって、謙信公より御書札を賜う
上陽之祝詞として、太刀一腰幷鵝眼百疋到来、快然候、謹言、
正月六日　御朱印
上杉弾正少弼殿

（『覚上公御書集』）

『覚上公御書集』はこの文書を天正六年のものとしている。この時のやりとりが、実城の謙信と中城の景勝とが年頭の挨拶《あいさつ》を交わす最後となったのである。

また、上杉景虎が葦名止々斎《あしなししさい》に宛てた天正六年五月二十九日付け書状（『上越』一五二三）に「少弼無曲擬故」という文言がみられる。謙信が逝去して二ヶ月余りが経過し、御館《おたて》の乱が勃発《ぼっぱつ》した時期のものである。この間に景勝が弾正少弼を僭称《せんしょう》したとしても、景虎側はそれ

を認めないであろう。したがって、敵方となった景虎や、他国の諸大名にも弾正少弼が景勝を指すことが認知されていたと考えてよいだろう。このことからも、天正三年正月十一日に景勝は名字、名乗りを改め、謙信から弾正少弼の官を譲られたと考えるのが妥当である。

山吉豊守の急死

天正三年二月十六日、謙信は、越後諸将の軍役量をさだめた「御軍役帳」をまとめた。人名の次に鑓《やり》、手明《てあき》、鉄炮《てつぽう》、大小旗、馬上の各人数が示されており、当時の上杉謙信家臣団の構成、軍事力の実態をある程度うかがえる貴重な史料となっている。全体は大きく「一門・客将」「国人（下郡）」「国人（中・上郡）」「旗本」の四つのカテゴリーに分けることができる。一門・客将の筆頭は「御中城様」と表記され、これは景勝を指している。その軍役量は三百七十五騎で、三条城《さんじょう》主山吉豊守《とよもり》の三百七十七騎に継いでいる。

天正五年、その山吉豊守が三十六歳の若さで急死した。豊守は「御軍役帳」において家中最大の軍役を課されており、小田原北条氏や関東諸侍との外交でも活躍していた。

上杉謙信が顕景に宛てた書状には、しばしば山吉豊守の名が出てくる。たとえば、顕景が出陣中の謙信に対して、両度にわたり音信をよこした件について、「誠に喜悦候」と返書しているが、「山吉豊守はじめ誰もわしの身を案じて一度も飛脚を寄越さなかった」と詰《なじ》っている。またある時は、謙信が顕景と山吉豊守両名に宛て、「今日は天気が悪いのでこちらに来ることは無用である。明日の天気を見合わせた上で参るように」と書き送っている。景勝と豊守は一所に居ることが多かったことを示している。

推測だが、謙信は奉行のひとりである豊守を景勝側近に引き立てようとしていたのではないか。しかし、彼の急逝によって、その構想は実現しなかった。最大勢力を誇った山吉家は、豊守の弟景長が継承したが、景長は木場《きば》城（新潟市）に移された。その結果、三条周辺に膨大な闕所《けっしょ》地が発生した。三条城代には、長く在京雑掌をつとめていた神余《かなまり》親綱が任じられた。

要するに、謙信が期待したのは、政治・外交に秀でた山吉豊守という個人であって、彼に与えた権勢を山吉家の他の誰かに継承させる考えはなかったのであろう。景勝も謙信の意図は理解していたと思われる。山吉豊守という逸材を失った時、謙信にはその代わりを準備する時間が残されていなかった。景勝は自然と山吉に代わる人材を自ら求めていたのではないだろうか。そして、後年、景勝が見出《みいだ》したのが直江《なおえ》山城守《やましろのかみ》兼続《かねつぐ》である。他の大名家にはあまり見られない「直江専制」とも呼ばれる家中組織の根源がここにあるのではないだろうか。

天正三年上杉家御軍役帳

人名	区分	鑓	手明	鉄炮	大小旗	馬上	計
御中城様(景勝)	一門	250	40	20	25	40	375
山浦殿(国清)	一門	170	20	25	15	20	250
十郎殿(信虎)	一門	54	10	4	5	8	81
上条殿(政繁)	一門	63	15	2	6	10	96
弥七郎殿(琵琶島)	一門	106	15	10	10	15	156
山本寺殿(定長)	一門	50	10	2	3	6	71
中条与次(景泰)	国人(下郡)	80	20	10	15	15	140
黒川四郎次郎(清実)	国人(下郡)	98	15	10	10	15	148
同心　土沢		27		1	1	2	31
色部弥三郎(顕長)	国人(下郡)	160	20	12	15	20	227
水原能化丸(隆家)	国人(下郡)	58	10	5	6	8	87
竹俣三河守(慶綱)	国人(下郡)	67	10	5	6	10	98
新発田尾張守(長敦)	国人(下郡)	135	20	10	12	17	194
五十公野右衛門尉	国人(下郡)	80	15	10	8	11	124
加地彦次郎	国人(下郡)	108	15	10	10	15	158
安田新太郎	国人(下郡)	90	20	10	13	15	148
下条采女正	国人(下郡)	32	10	2	3	5	52
荒川弥次郎	国人(下郡)	32	10	2	3	5	52
菅名与三	国人(中郡)	45	10	5	5	8	73
同心菅名孫四郎(綱輔)	国人(中郡)	2		1	1	1	5
平賀左京亮(同心3人)	国人(中郡)	62	10	7	8	11	98
新津大膳亮(同心2人)	国人(中郡)	58	10	6	7	10	91
斎藤下野守(朝信)	国人(上郡)	153	20	10	12	18	213
千坂対馬守(景親)	国人(上郡)	36	10	2	4	6	58
柿崎左衛門大輔(晴家)	国人(上郡)	180	30	15	15	20	260
新保孫六	国人(上郡)	40	15	2	3	7	67
竹俣小太郎	国人(上郡)	46	10	3	5	6	70
山岸隼人佐	国人(上郡)	30	10	2	3	5	50
安田惣八郎(顕元)	国人(上郡)	60	15	5	5	10	95
舟見	国人(上郡)	70	10	5	6	10	101
松本鶴松(同心8人)	旗本	101	15	13	13	16	158
本庄清七郎(秀綱)	旗本	150	30	15	15	30	240
吉江佐渡守(同心1人)	旗本	50	10	4	5	7	76
山吉孫次郎(豊守)	旗本	235	40	20	30	52	377
直江大和守(景綱)	旗本	200	30	20	20	35	305
吉江喜四郎(資堅)	旗本	60	15	5	10	15	105
香取弥平太	旗本	90	15	5	7	15	132
河田対馬守(吉久)	旗本	60	20	5	7	15	107
北条下総守(高定)	旗本	60	20	7	7	11	105
小国刑部少輔	国人(上郡)	80	15	10	10	10	125
長尾小四郎(景直)	一門	50	15	3	3	10	81
合計		3578	650	320	367	565	5480

三、御館の乱

謙信の死

天正六年（一五七八）三月九日、謙信が春日山城内において倒れ、四日後の十三日に逝去した。享年四十九であった。景勝が分国の味方中に報じた書状によれば「不慮の虫気（中気）」とある。虫気は腹痛を指すが、昏睡《こんすい》状態に陥った状況などに照らすと、内臓疾患ではなく、脳卒中によるものだと考えられる。

前年秋に織田信長の軍勢を加賀手取川に破り、関東出兵の大動員令を発した直後のことであった。

景勝は、「遺言にしたがって実城（春日山城本丸）へ移るように近臣たちがすすめるため」移ったと書いているが、現在までのところ謙信の遺言に相当する内容は、史料として伝わっていない。

従来、謙信が急死した直後、景勝は春日山城本丸を乗っ取り、城内の金蔵をおさえたとされる。そして、二の丸に拠《よ》った景虎との間で戦端が開かれ、謙信の葬儀そっちのけで春日山城内においてふたりの養子が家督をめぐって争ったとする説が有力であった。

しかし、当時の史料に拠っても、謙信没後すぐに春日山城下で変化は見られない。景勝は分国中の将士に対して、謙信急逝を知らせていた。これに対して、三月十九日に能《の》登七尾《ととななお》城代鯵坂長実《あじさかながざね》、同二十六日に上野厩橋《まやばし》城代北条高広《きたじょうたかひろ》・景広《かげひろ》父子から奉行衆へ返書が届いている。鯵坂は、在番衆たちに景勝に対して誓詞血判を出す準備をすすめ案文をよこした。一方、北条父子は国衆たちには謙信がいまだ病臥《びょうが》していると伝え、その死を秘匿しようとした。謙信が一代で構築した広大な上杉領では、動揺がひろがっていたのである。

景勝は、山吉豊守の旧領である三条に入った神余親綱の動向に目をひからせる。神余親綱が景勝の許可を得ないまま地下人から証人を取り、三条城内へ入れているという情報がもたらされた。景勝は三条城の神余親綱のもとへ問責使として林部三郎兵衛、楡井修《にれいしゅ》理亮《りのすけ》を派遣した。そして、神余に対して、家中および家中の証人以外の者を要害から外に出し、在所へ帰すよう申し渡した。三月二十八日、神余は使者に手日記を渡し、さらに奉行衆の吉江《よしえ》信景、北条高定、三条信宗に対して書状を送り、景勝への取り成しを求めた。神余の主張は、先年、「会津口雑意」の際、証人を取って一年ほど自身が預かった先例にならったというものだった。しかし、景勝は納得せず、誓紙提出を拒んだ神余を敵視した。

四月三日、景勝は葦名盛氏《もりうじ》・盛隆《もりたか》に対して謙信逝去を報じ、「恐怖御察し有るべく候」と書いている。今日的な「こわい」という意味ではなく、茫然《ぼうぜん》自失する様といってよかろう。

そして、今後も昵懇《じっこん》に願いたいとして、甲冑《かっちゅう》・刀を贈っている。

景勝が春日山城内の金蔵をおさえたという件について、引き合いに出されるのが河隅忠清・飯田長家連署状である（『上越』一四九四）。

とそう一紙
　黄金之　惣一紙
一、千五百八拾八枚四両三分二朱糸目
　此内
一、弐百弐拾六枚　　御前江参
　此内六まひハ善光寺へ御ミとニ
　残而
　　九両一分三朱糸目
一、千参百六拾弐枚四両三分二朱糸目　　あり金
　此内四枚三分一朱　　府内御利子さかり
　　　　　　　　　　河隅
天正六　　　　　　　　忠清（花押）

五月五日

飯田
長家（花押）

とめ張

しばしば、謙信の遺《のこ》した軍資金としても紹介される文書で、この蓄財を逸早《いちはや》くおさえたからこそ、景勝は御館の乱で優位にたったと説明されることがある。第一条で土蔵にある金の惣数《そうすう》を示した後、第二条で、その中から二百二十六枚を御前つまり景勝へ差し上げた。その内の六枚は府内善光寺《ぜんこうじ》（謙信が信濃から移転させた浜善光寺《はまぜんこうじ》）の御堂に進献するという用途が記してある。残り二百二十枚を景勝は、何らかの目的で出納させたということになろう。そして、第三条は残金と、「府内御利子さかり」である。これは、貸付等により生じた利子のことであろう。

内容を読むかぎりでは、臨時の黄金拠出が発生し、そのために作成した出納帳のようなものと思われる。景勝が出納させた金の用途としては、例えば、拠点を守備している味方に堪忍分の黄金十枚を送っている（『六日町』三九一）など、当座の褒賞として配ったことが推察される。

景勝と上田衆が不意を衝《つ》いて春日山城本丸を占拠し、軍資金を手中にしたクーデターである、というのは事実ではない。

「御館の乱」勃発

上杉三郎景虎が御館に移ったのは、五月十三日のことである。

御館は、春日山城から北東約四キロ、現在のJR直江津《なおえつ》駅西側の御館《おたて》公園が跡地の一部であると言われている。

内郭は東西百三十五メートル、南北百五十メートルの方形をなしており、明治頃までは幅十八〜二十メートルの堀がめぐらされていたという。御館の乱では、景勝方の攻撃で「外構悉焼払」という文字が文書中に見られることから、さらに堀の周囲に外郭が存在していたのであろう。堀を含めた外郭の規模は東西約二百五十メートル、南北約三百メートルと推定されている。

ちなみに後年、上杉氏の居城となる米沢《よねざわ》城の本丸規模は東西百六十八メートル、南北百四十五メートルで、御館の内郭はほぼこれに匹敵する。また、外郭部分も米沢城二の丸の東西三百五十メートル、南北三百五十六メートルにわずかに及ばないものの、城郭に相当する威容を誇っていたことがうかがえる。

通説では、関東管領上杉憲政が謙信を頼って来たため、彼のために府内に新館をたてた。それが御館で、後には、上杉の名跡と関東管領職を継承した謙信の政庁として使用されたという。周囲には重臣たちの屋敷、寺院がとりまき、まさに越後府中の中核であった。しかしながら、謙信が分国中に動員令を発する中、主だった者たちは春日山城とその城下に詰めていたと考えられる。

その御館には、景虎が移る少し前から山本寺定長ら数名の武将が詰めており、春日山城との間で「調義（政治・軍事的な駆け引き）」がおこっていた。この間の経緯をうかがわせる史料が「平等寺薬師《びょうどうじやくし》堂《どう》墨書」である。

平等寺薬師堂（東蒲原《ひがしかんばら》郡阿賀町《あがまち》）の堂内には、中世から近世にかけてのものとみられる落書きが多数残っている。その中に、天正六年当時のものが確認できる。小荒井清左衛門尉、斎藤又五郎、簗田《やなだ》彦七郎、荒神寺《こうじんじ》新蔵人《しんくろうど》らによって書き残された墨書である（『新潟』二九三六）。

「天正六年ひのへとら（丙寅。正しくは戊寅《つちのえとら》）三月十三日、謙信さま御とんし（頓死）ニ付而、三郎殿・喜平次殿御名代あらそひ、国中いこ〱（互いの主張を通そうとして対立している様）に候条」と、問題の原因と現状を記した後、三月末に「黒川ミのき衆」が小国《おぐに》の地（山形県西置賜《にしおきたま》郡小国町《おぐにまち》）から乱入し敗退したこと、五月一日に三条手切《てぎれ》（先にみた三条城主神余親綱の景勝に対する敵対的行動を指す）、そして十三日に景虎が春日《かすが》から御館へ移ったこと、山本寺をはじめとする十余人が景虎方として春日山城と「日々の御調義」に発展したことが語られる。

「黒川ミのき衆」については、『新潟県史』等において当時、黒川《くろかわ》と呼ばれた会津《あいづ》を領する葦名氏と考えられていた。しかし、乱入したという小国の地は葦名氏の版図からかなり離れている。黒川に続いて「ミのき」とあるが、特定の場所を指しているのではなく、「見除」の意ではないだろうか。つまり、黒川見除衆ということで、黒川の地を離れ隣国へ去った後、謙信急死のどさくさにまぎれて、小国から乱入を試みたということではないか。その黒川衆の背後には米沢の伊達輝宗《だててるむね》があり、翌年には輝宗の家老遠藤基信が黒川為実に対して「手詰まりのようであれば、当国より援軍を送る」と連絡している（『中条町史』六〇六）。

これを、そのまま時系列でとらえると、謙信が亡くなった直後から景虎・景勝の対立がおこっているような印象を受ける。そして、五月十三日に景虎が御館へ移るまでの二ヶ月間、春日山城内で両者が抗争していたとする軍記類の記述に合致する。

しかし、会津の戦国大名葦名盛氏に宛てた五月二十九日付け上杉景虎書状には、「少弼（景勝）無曲擬故、去十三当館江相移」とある。この書状の冒頭には、謙信が亡くなった際、葦名氏から使僧が遣わされていたことが記されている。また、前述したように、四月三日付

平等寺薬師堂墨書（阿賀町教育委員会提供）

けで景勝も葦名氏に使者を遣わし、刀や兜《かぶと》を贈っている。つまり、謙信没後から少なくとも四月初旬までの間、葦名氏は越後に対して軍事行動はおこしていない。

また、墨書中の「御名代」は中継ぎ的な陣代や後見を意味するものではない。たとえば、隣国葦名氏も天正二年に当主盛興《もりおき》が男子がないまま急死した際、「会津御名代絶申候」と記録されている（「塔寺八幡宮長帳」）ように、当時は後継者のことを「御名代」ともいった。ここは「御名代争い」＝謙信の後継者争いととったほうが妥当であろう。

平等寺の墨書にある「謙信さま御とんし二付而、三郎殿・喜平次殿御名代あらそひ、国中いこ〳〵に候条」の一節は、まず、謙信急逝という一大事と、その結果、現在進行中の「国中いこ〳〵」という原因と結果を踏まえた上で、小荒井らは日付を付したこまかな出来事を列記していると考えられる。

この後、ようやく墨書を残した小荒井たち自身のことが語られる。栃尾・三条と申し合わせた小田切治部少輔《じぶのしょう》貞義、小沢大蔵らは越後菅名庄《すがなのしょう》（五泉《ごせん》市）に兵を入れる。五月二十四日、菅名庄側と手切となり、二十五日に攻撃を開始し、過半を制圧した。二十六日、大雨のため、小田切・小沢は軍勢をとどめ、「足軽調義」を行った。二十八日、雷《いかずち》城を攻めて本丸へ押し詰めたが、諸方から援軍が駆けつけてきて小田切・小沢は敗北を喫してしまった。ちなみに、小田切治部少輔はこの時、自害している（「金上氏系譜」）。

この敗報を聞いた「黒川」より「折檻《せっかん》」されたため、小荒井らは平等寺に入った。この「黒川」については、会津葦名氏のこととみてよいだろう。六月三日付けで葦名盛氏が赤谷《あかたに》城の小田切孫四郎（治部少輔の兄三河守《みかわのかみ》か）に宛て、「越後への手出しは無用と申したのに、このような事態となったのは残念だ。越後よりの調略に誘われたのだろうか。いずれにせよ、越後には遺恨はなく、合力はできない」と書き送っている（『新潟』一六五九）。先の黒川よりの折檻との関連によるものであろう。

そして、小荒井たちが墨書を書き付けたのが六月四日のことである。日付の後には、討死した者たちの名が記されている。その中には、小田切左近《さこん》、同玄蕃允《げんばのじょう》、同小七郎といった小田切一族の名も見られ、大損害を被った様子がうかがえる。

武田勝頼の動向

春日山城と御館の間では、五月に入って「調義」が発生し、五日に大場口《おおば》（上越市《じょうえつ》大場《おおば》）で戦闘となった。御館方についた栃尾《とちお》城主本庄秀綱は、直江氏の居城与板《よいた》（長岡市《ながおか》）へ攻撃をしかけた。この時、直江大和守景綱《やまとのかみかげつな》の娘おせんの婿となった直江信綱《のぶつな》は春日山城にあって、景勝の側近く仕えていた。しかし、城に籠《こ》もる直江家の部将たちは奮戦して、本庄勢を撃退した。知らせを聞いた景勝は、五月十日、与板城を守る直江家中の主だった者たちの名をあげ、書状をもってこれを賞した。

「直江式部・今井源左衛門は謙信以来の老功の武士である。高梨は道七（長尾為景）以来の家柄であり武道において名のある家である。力丸・金沢・篠井・高木・林・志田・土橋は、直江一家の侍で代々武辺の家である。長田・梅沢・曾我名・小野沢・渋谷・青柳は直江家老の輩にして代々、与板の真《さね》（中核という意か）なり。なお、いかようにも手立てを講じてその地を死守せよ」（『上越』一四九八）

そのような中、城下の春日から三郎景虎が御館に入った。五月十三日のことである。御館には、前管領上杉光徹（憲政）のほか、上杉一門の上杉十郎景信、山本寺定長らが参集していた。十四日には、春日山城内に証人として留め置かれていた北条芳林《ほうりん》（高広）の妻を北条《きたじょう》城の兵が奪い去る事件が発生した。そして、十五日には、東条佐渡守《さどのかみ》が春日に放火した。さらに十六日には、鮫ケ尾《さめがお》城主堀江宗親、信濃飯山《いいやま》城主桃井義孝らが兵を率いて御館に入城し、その陣容を整えつつあった。

一方、春日山城中では、御館方に気脈を通じていると目された者が処断された。なかでも、厩橋城代北条芳林の従兄弟《いとこ》ともいわれる北条高定は、五月六日に誅殺《ちゅうさつ》されている。前後して高定の弟広包《ひろかね》や「逆意により引き籠もった」片野父子など一類も討たれたとされる。

しかし、謙信が奉行として登用していた顔ぶれは引き続き、景勝を奉じて春日山城に拠っていた。このことからも、景勝が謙信の後継者であったことは明らかだろう。

その頃、上田庄の坂戸城を守る深沢刑部少輔から越後・上野との境目の様子が報じられた。謙信が死去した当時、上杉方は沼田《ぬまた》城、厩橋城などに在番衆をおいていた。このうち、沼田在番衆の河田《かわだ》重親《しげちか》が御館方に味方し、越後国境に近い猿ケ京《さるがきょう》城（利根《とね》郡みなかみ町《まち》）へ攻撃をしかけた。五月十八日、景勝は関東からの敵の侵入を警戒し、深沢に対して兵を途中まで出して様子を探らせるよう命じた。景勝は、厩橋城の北条芳林・景広父子に対しても疑惑の目を向け、上・越国境の人留に踏み切った。関東との人の往来や物流を統制下におき、御館方との連絡を断つためであるが、味方の逃亡を防ぐ意味合いもあった。

景虎の兄北条氏政は、佐竹《さたけ》・宇都宮《うつのみや》の諸軍と常陸小川台《ひたちおがわだい》（筑西市《ちくせい》）で対峙していたが、越後争乱の知らせがもたらされるや、身動きのとれない自身にかわって、景虎を支援するため同盟国の武田氏に出兵を要請した。武田勝頼《かつより》はこれに応じて武田信豊《のぶとよ》を先陣として信越国境へ派兵した。

五月二十九日、三郎景虎は会津の葦名盛氏に対し、御館方が春日山城を押し詰めており、さらに武田信豊を主将とする武田勢が信越国境に進攻中であることを知らせ、味方に参じてくれるよう懇請した（『上越』一五二三）。

一方、景勝も武田方へ梅津右門を使者として遣わし、御館方への支援を断ち切ろうと試みる。飯山城の桃井氏が御館方についたため、梅津は妻有（十日町《とおかまち》市）を経由して武田領へ潜行する。六月一日、景勝は、妻有城主小森澤政秀に対し、使者の往還に支障がないように通達し、同時に飯山へ攻撃をしかけるよう命じた。景勝方は武田勢の先鋒《せんぽう》武田信豊に接触することに成功し、籠城《ろうじょう》衆の主だった将による連署状が信豊から甲府《こうふ》に転送された。六月七日、武田家重臣跡部《あとべ》勝資《かつすけ》が中条景泰《なかじょうかげやす》ら十二名の諸将に対し、武田勝頼からの回答を景勝が聞きいれるように、と返書した。武田方からは景勝が誓詞を提出するよう要求があり、景勝はこれを了承した。誓詞を受け取った武田信豊は海津《かいづ》城に着陣した勝頼へ披露した。

景勝は、六月八日付けの北条芳林・景広父子宛書状中で、

「三郎が春日を退去し、御館へ入った翌日、北条城の者どもが押しかけ、城内の証人を取り

返した。さてはその方ら父子も裏切ったかと思い、人留を申付けた次第である。三郎が御館へ入った翌日には、老母（北条景広母）を引き取らせた事など、我等への敵対は明らかと申す者もいる。その方ら父子は、謙信公の心づかいに接した者として分別が肝要である」と、言い放った（『上越』一五二八）。

武田との同盟

六月十一日、景勝は御館へ攻撃をしかけたところ、御館方は上杉景信、平賀左京亮《さきょうのすけ》らを主将として迎撃に及び、大場において激戦となった。この合戦で、景勝方は御館方を居多ヶ浜《こたがはま》に追い詰め、主将上杉景信、平賀左京亮らを討ち果たした。

上杉景信を討ち取った村田勘助に対し、景勝は同日、感状を発給し、金覆輪の太刀・折紙（軍忠状）を贈った（『上越』一五三八）。このほか、「一騎合之者共数百人、又者のうち名字を有する者三百余、討ち殺させた者は数知れず」という戦果をあげた。同日、景勝は大場合戦での戦功を賞する感状を多数発給しており、この大勝によって御館方を劣勢に追い込んだ。

府中において優位にたったものの、景勝は御館方が越後国外の勢力と結びつくことを恐れ、武田氏との和睦に踏み切った。その条件として、先に述べた景勝の誓詞のほかに領土割譲問題が含まれていた。具体的な地域を明記した史料はないが、間もなく上杉方と武田方との間で、割譲対象に認識のずれがあることが発覚する。たとえば、小森澤氏が拠る妻有城も明け渡すように武田方が主張したが、上杉方はまったく想定していなかったらしい。また、小谷《おたり》筋《すじ》（北安曇《きたあづみ》郡）から越後へ侵入した仁科盛信《にしなもりのぶ》（勝頼弟）は、根知《ねち》城（糸魚川《いといがわ》市）を手に入れ、西浜《にしはま》地方を掌握してしまった。

同じ頃、上野国では沼田城在番衆が景勝派・景虎派に分裂していた。景勝に味方する上野家成は沼田城に拠った。これを景虎方についた河田重親が攻撃した。上野からの注進は上田庄を経て、六月二十七日、春日山城の景勝のもとへもたらされた。

景勝は、地下人を集めて荒砥《あらと》・直路《じきろ》の両城で関東からの侵入を防ぐよう坂戸城代深沢刑部少輔に指示した。しかし、書面では不安だったのであろう。そのため、景勝は登坂与右衛門尉に兵をつけて坂戸城へ遣わし、関東への備えを怠らないように通達させた。

武田勝頼が越後府中へ着陣したのが、六月二十九日のことである。明くる七月一日、先着していた武田信豊は、景勝に路次普請のため人数を出すことを知らせ、疑念を抱かないようにと通告している。

しかしながら、長年の宿敵であった武田の大軍が府中に在陣し続けていることは、上杉家中に少なからず動揺をもたらしていた。景勝がいちばん恐れているのは、御館方についた上州の在番衆が先手となって小田原北条氏の軍勢を越後へ引き入れることであった。

景勝は坂戸在番衆に対して、関東の様子を逐一知らせるように念を押しているが、報告は途絶えがちであり、景勝の苛立《いらだ》ちもつのる一方であった。事実、御館の景虎からは実家の小田原北条家に対して、飛脚が遣わされ援軍の要請がなされていた。

七月五日、景勝は坂戸城在番衆に宛て、武田勢の在陣については懸念には及ばないこと、上州厩橋からの侵攻に備え、境目の荒砥・直路の地利を取り立てるように通達した。

そして、景勝がこの書状をしたためた同じ日、厩橋城の北条芳林・景広父子が小田原北条氏の先手として、ついに越後国境へ侵攻した。

関東への備え

七月九日、景勝が黒滝城《くろたき》（弥彦《やひこ》村）を守備する山岸宮内少輔《くないのしょう》・同隼人佐《はやとのすけ》に宛てた書状には、

「こちら（春日山）の備えについてはさらに油断なく申し付けてある。甲州との和与も間もなく落着するだろう。よろず仕置についても万端申し付けてあるので、館方を討ち果たす事も時間はかからないだろう」

と記している（『上越』一五七七）。景勝は、景虎や御館方と和睦する気などなかったのである。休戦は、武田勢が在陣中の間だけという認識であり、景勝としては、御館方をはじき出した上で、武田勝頼と同盟を締結する意向であった。それも小田原北条氏が越後侵攻を開始

する前に成立させておかなければ、甲相同盟にしたがって武田勝頼は北条氏と共同歩調をとるであろう。その場合、景勝は御館、武田、北条の三者に押し詰められてしまうことになる。そのため、景勝の関心事は関東の動向であったが、肝心の上田庄からは何も言ってこない。

景勝は、坂戸城代深沢刑部少輔に対して、

「兵力が少ないというのに、あちこちに砦《とりで》を構え、浦佐、六万寺《ろくまんじ》の諸城に地侍を入れていると聞くが、おかしいではないか。地下人ばかりに砦を守らせておくと、大軍が襲来した際、さっさと明け渡して敵の手にわたってしまいかねない」

と、叱責《しっせき》し、上田庄の守りは坂戸・樺沢の二城を要《かなめ》として、そこに兵力を集中させるよう指示した（『上越』一五七九）。

先に与板城を襲って失敗した栃尾城主本庄秀綱が、小田原北条氏の出勢を聞いて、上田庄へ攻めかけてきた。八月十六日、景勝はすぐさま安部仁助、続いて島津忠直に兵をつけて援軍を送った。

十九日、武田勝頼は景勝に対して七ヶ条の起請文を提出した。そこには、景勝の身上について見捨てることはないこと、景勝・景虎との和親が破綻した際にはどちらにも味方しないことが明記され、小田原北条氏より信州筋の路次借用の依頼があっても大軍であればこれを拒否する旨が付け加えられている。さらには武田・上杉間の縁談がもりこまれていた。武田勢が進駐した後も、城方と御館方の間で小競り合いは散発していたが、武田勢は静観の構えを見せ、どちらにも肩入れしてはいなかった。

二十八日、武田勝頼は徳川家康《いえやす》の東海道筋《とうかいどう》での動向が報じられたため、帰国の途についた。武田勝頼が越後から去ったのと入れ替わるように、厩橋衆北条芳林・景広父子、沼田衆河田重親、これに北条氏邦《うじくに》率いる小田原北条勢が加わり、上田庄へ攻撃をしかけた。このうち、樺沢城が攻略され、坂戸城も宿城部分を押し破られた。この時、北条景広は手勢および小田原勢の一部を率いて北上し、九月二日、本貫地北条《きたじょう》（柏崎《かしわざき》市）へ達した。

琵琶島《びわじま》城からの知らせで景広の着陣を知った景虎は、ただちに景広に旗持《はたもち》城を攻撃させ、南衆（小田原北条氏）を御館へ引き入れてほしいと要請している。

九月十二日、景勝は、武田勢の後詰を期待しており、「これと申し合わせて敵勢を打ち破り鬱憤《うっぷん》を散じたい」と、上田庄の味方に報じている（『上越』一六五四）。景勝は、「猶々《なおなお》、与五郎ニ申候」と呼びかけ、与五郎の父で、先に使者として遣わした登坂与右衛門尉が戦闘での傷がもとで死んだことにふれ、「用所の役に立つことこそ本意とはいうものの、味方の勝利を目にすることができなかったのは不憫《ふびん》である。さりながら、与五郎の昼夜を分かたぬはたらきを頼もしく思う」と追記している。この時、景勝は坂戸城へ鉄炮玉薬を送ろうとしたが、飛脚に拒絶されている。この頃、上田庄から直峰《のうみね》に至る方面でも河田・北条らの兵が進

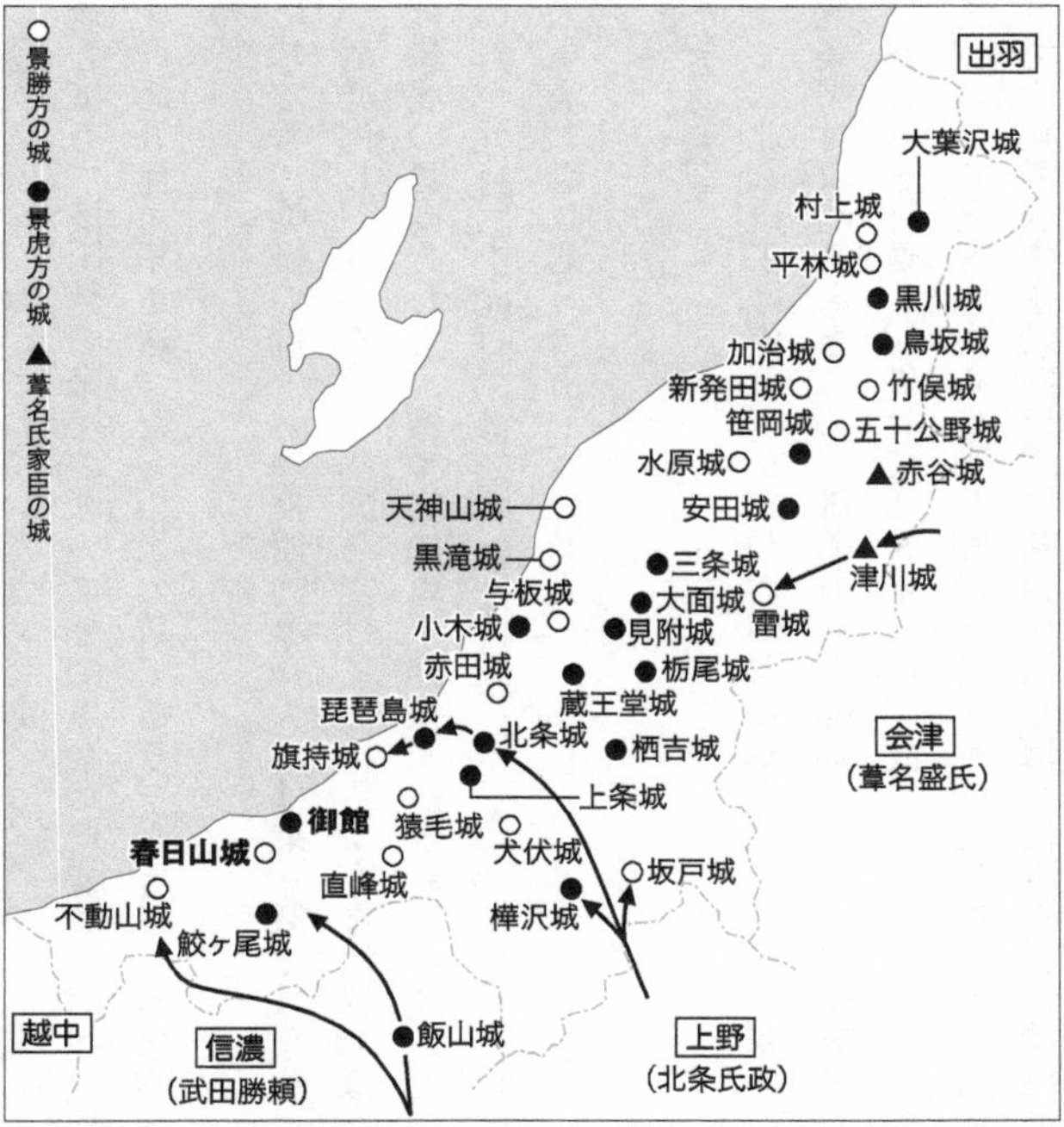

御館の乱勢力図（天正六年の状況）

出しており、路次の安全が脅かされていたためであろう。

十日が経過しても、武田勢の来援がないことに焦った景勝は、前回飛脚に拒否された鉄炮玉薬五百放・煙硝五斤・鉛を送った。相当の数であり、おそらく本格的な輸送部隊を編成したのであろう。

武田勝頼にしても、越後の抗争への長期的な介入には乗り気ではなかった。遠江《とおとうみ》では徳川家康の動きが活発化し、うかうかと本国を空けておけるような状況ではなかったし、同盟国であり本来は景虎の身内として、積極的に軍事介入すべき北条氏政のにぶい動きにも不信感が芽生えていた。九月二十四日、武田勝頼は景勝に宛て、「いろいろ諫言《かんげん》いたしたが、和平が破綻したことを残念に思う」としたためた。

若者のはたらきを賞す

十月に入って、北条景広は佐野清左衛門尉が拠る旗持城へ攻撃を開始した。佐野以下はよく防戦し、北条勢は攻略をあきらめ、御館方面へ移動した。十月十五日、景勝は城将佐野清左衛門尉のはたらきを称賛し、併せて西村隼人佐《はやとのすけ》、同五郎左衛門、近藤甕次郎左衛門の戦功を神妙として、このことを当人らに申し聞かせるようにと通達している。このように、家臣の名前をあげて叱咤《しった》激励する傾向は、景勝書状にしばしばみられる特徴である。

十月二十四日、景勝は御館に大規模な攻撃をしかけ、御館方の北条景広、本庄秀綱らを打ち破り、館際まで追い崩した。この戦闘で、景勝方は小田原北条氏から遣わされた者たち数百人を討ち取った。

景勝は即日、旗持城の佐野清左衛門尉、蓼沼友重に対して御館より落去した者たちが米山《よねやま》方面へ逃走したため、これを中途で討ち止めよと命じた。そして、旗持城に籠城している冨《とみ》所《どころ》隼人佐に兄弟が無事であることを知らせるように、と通達している（『上越』一七〇七）。

同日付けで景勝は、仮名書きの書状を冨所隼人佐に書き送っている。それには、「その方の兄弟は無事に帰陣したので、安心せよ。旗持城でのその方の働きについては、早々に注進するように」とある。一説に、冨所隼人佐定重は天正十年（一五八二）の新発田《しばた》攻めの際に十九歳であった（「御家中諸士略系譜」）というから、この時は十五歳であった。景勝の隼人佐宛書状が仮名書きとなっているのはそうした事情によるものだろう。「吾分兄弟」とは弟の図書《ずしょ》光重のことであると考えられる。彼は謙信の近習として春日山城に入っており、乱勃発後はそのまま籠城衆に加わっていた。あるいは、図書は初陣であったかもしれず、景勝はその無事を兄隼人佐に知らせたのであろう。

さらに、景勝は隼人佐に対して、「其元忠義相稼、早々注進申すべく候」と書き、追而書（追伸）でも念押ししている。彼のはたらきを佐野・蓼沼らに申告して自分に報告させるように、ということだろうか。十五日付けで景勝が佐野・蓼沼に宛てた書状には、前述のとおり戦功をあげた者の名をあげているが、冨所隼人佐の名はなかった。隼人佐は若年ゆえに自己主張が足らなかったのかもしれない。そこで、隼人佐のはたらきを仄聞《そくぶん》していた景勝が督促したものと思われる。

十一月三日、本庄秀綱が御館より脱出し、琵琶島城へ向かった。景虎の意をうけての行動であった。景勝はこれを察知し、旗持城の佐野清左衛門尉に対して、琵琶島城に警戒するとともに御館との通行を遮るように命じた。

景勝の叱責

景勝が書状において家臣たちの名をあげて称賛したり、激励したりする一方、容赦なく叱責する事例もある。若き景勝のひととなりを知る手がかりでもあるので、少しくわしく見ていこう。関東と境を接する上田庄では、小田原北条氏の後援を受けた厩橋・沼田衆が樺沢城を攻略し、ここを拠点として景勝方の坂戸城と対峙していた。

上田衆を率いていたのは、坂戸城代と目される深沢刑部少輔、樋口主水助《もんどのすけ》、登坂神兵衛らであった。六月末、景勝は登坂与右衛門尉を使者として遣わした。後に「甲代」と称された栗林治部少輔が加わる。栗林氏は、先代次郎左衛門尉の頃から上田衆を率いて謙信の対外戦争に従軍している。甲代とは、陣代、軍代のようなものであろう。登坂与右衛門尉が戦死した後は、子の与五郎が連なり、五人衆の体制がみられる。

上田庄から景勝の伯父通天存達が自ら上府した。存達は深沢・栗林から託された条書を携行していた。その条書は今日伝わっていないが、以前、景勝が両名に下問したことに対する回答であり、それを読んだ景勝は「今頃答えてくるとは、五十日遅い」と立腹した。さらに、存達から上田在番衆の中で問題が発生していることを聞かされた。それは、上田庄の守備を武主《ものぬし》（大将）として任せている深沢・栗林に対する諸士の不満がひろがっているという事実であった。存達が危険をかえりみず、春日山城まで来て、景勝に直接伝えなければならないほど問題は深刻だったのであろう。

景勝は、存達が上田庄へ戻る際、深沢刑部少輔および栗林治部少輔の両名に宛てた書状を託した（『上越』一七二六）。

まずは、今回よこした条書について「差し出すのが五十日遅い」と詰《なじ》った後、

「その方たちは武主として上田に差し置いたのに、これまで一度も納得のいく働きを見せず、大稚児のようである様子はこちらにも届いている。朋輩《ほうばい》たちも悪口を申しているぞ」

と、非難する。

「大稚児」とは、本来は年長の稚児を指すが、成人しているのに才知のほうは子供のまま発

達していない者、という意味もある。要するに「ウドの大木」ということである。こんな屈辱的な言葉を投げつけられた深沢・栗林はさぞや悔しさと恥ずかしさに身をふるわせたことだろう。

中でも景勝が期待していた栗林治部少輔については、次第に怒りがこみあげてきたらしい。栗林治部少輔は、本姓三本氏である。それを、謙信に仕えた先代次郎左衛門尉の跡を継がせたのは、その家名を背負って諸人に先んじて敵勢に切り込み、全軍の士気をあげてくれるものと見込んでいたからであった。それなのに「あれこれ考えるばかりで、べん〱としている様は、万事につけ笑止千万である」と手厳しい。「べん〱」とは、何もしないで無駄に時間を過ごすさまを言う。

先に景勝が求めた条書の差出が五十日も遅いと言われた二人であるが、会津への計策や兵糧の確保についても「夏中から何度も言っているのに、何も手を打っていないではないか」と、景勝は叱っている。

小田原北条方に攻略された樺沢城に対する二度の攻撃の際、深沢・栗林両名は後方に控えていたようで、そのことも問題視されている。

「その方両人とも采配《さいはい》を取って敵前へとりかかれば、落城もすぐだろうと考えていたが、両度ともに城を攻略できなかったのは、その方らがいつものように後方で見物していたためだ。

留守を番手の衆に命じて自身が敵前へ出てひと稼ぎすれば、朋輩から笑われることもあるまい」

深沢・栗林への批判は諸士たちの間にひろがっていたようである。中には、欠け落ちしてしまう者や、上田庄を離れて春日山城の景勝のもとで働きたいと願い出る者もいた。

しかも、同じく上田庄を守備する樋口主水助、登坂神兵衛、登坂与五郎の三名の働きについては誠に比類がないと賞しているのだ。実際、景勝は樋口ら三名に宛てた書状も存達に託していた。五人衆の評価はまさに明暗がわかれてしまったのである。

叱責の言葉は激烈だが、文字面だけ眺めているとおかしみが伝わってくる。たしかに景勝は怒っているのだが、そこには相手への憎悪は感じられない。なお、この書状は米沢藩栗林家に伝わった（現在は米沢市上杉博物館所蔵）。栗林は主君の容赦ない折檻状を大切に保管していたのである。後に、栗林は上田庄内の料所と長尾右京亮分の知行を宛行《あてが》われ、荒砥城在番を命じられたが、併せて受領名を望んだため、景勝から「肥前守」の判物を与えられている。奮起して主君の信頼を回復したようである。

御館総攻撃

雪が深くなり、上田庄へ侵攻した小田原北条勢は、河田重親、北条芳林らを残して関東へ撤退した。

一方、越中魚津《えつちゆううおづ》城代河田長親《ながちか》が糸魚川に着陣したため、景勝は上条宜順、山崎専柳斎、吉江信景、河田宗隣軒らを遣わし、来年正月の出陣を示し合わせた。これは、西浜地方に進駐している武田勢への警戒と、御館方が越中方面へ逃亡するのを阻止する目的があったと考えられる。

明けて天正七年、外敵侵入の懸念がなくなり、景勝は御館へ総攻撃をかける好機と判断した。

正月六日、景勝は、左近司伝兵衛尉を使者として赤田《あかだ》・黒滝へ遣わした。

御館攻撃は二月一日にさだめられ、景勝は、赤田《あかだ》城主斎藤朝信、揚北衆、長尾右京亮ら直峰在番衆らに対し、人数を召し連れただちに参陣するように通達した。

景勝方は、手筈《てはず》どおり二月一日、御館の外に陣を張っていた北条景広の手勢に攻撃をしかけた。北条景広は荻田長繁が二か所鑓をつけ、負傷させた。北条は館内へ逃げたが、その夜のうちに死去した。これによって、御館方は桃井義孝、上杉景信に続いて大将分を失うことになる。景勝方の攻撃は翌日も続き、外構えを悉く《ことごとく》焼き払い、「巣城」ばかりとなった。この攻撃には、旗持城からの援軍も加わっており、その中に冨所隼人佐の姿もあった。隼人佐は、この戦闘で御館方の油木豊前という者を討ち取った功により、景勝から感状を与えられている。御館から逃走した北条勢は、旗持城の佐野清左衛門尉が途上で迎撃して討ち取った。

同じ頃、上田庄においても北条芳林が拠る樺沢城に攻撃をしかけ、二百余人を討ち取り、二、三の曲輪《くるわ》を焼き払った。先に景勝に叱責された深沢刑部少輔、栗林治部少輔らも戦陣に立って合戦に参加したものと思われる。間もなく景勝は、御館総攻撃のため、栗林に手勢を引き連れ府中へ参陣するよう命じた。

兵糧の欠乏と兵力の減少で敗色が決定的となった御館方では、景虎を中心として、府内から脱出する準備がひそかに進められていた。この動きは、景勝方の察知するところとなり、御館の残存兵力を掃討するべく、長慶寺（林泉寺《りんせんじ》塔頭《たっちゅう》）に陣を布《し》かせた。

景虎の最期

十七日未明、景虎は夫人と子供たち、それに前管領上杉光徹（憲政）を御館に残し、脱出を図った。これに従ったのは、本庄新六郎、東条佐渡守、東条喜三、石坂左近、岩井和泉守、岩井式部《しきぶ》、近藤治部左衛門、平野次右衛門、篠窪出羽守等、雑兵を入れて二、三百人であった。

上杉光徹は和を乞《こ》うため、景虎の嫡男道満丸《どうまんまる》を連れて景勝方が御館に対抗する向城として築いた四屋《よつや》砦に入った。しかし、景虎が未明のうちに脱出し、御館が陥落したのは十七日の朝方のことであるから、同日に上杉光徹が「道満丸を証人として景勝に和を乞う」ということが、にわかには信じられない。上杉光徹と道満丸は、四屋砦において、城兵に殺害された（「村田清佐衛門所持書物抜寫」）。

この時、景勝に従っていた登坂角内は「三月十七日に、三郎殿御除《の》け候に、屋形様御押掛け候」と記しており、すでに景虎以下は炎上した御館を脱出した後であるから、タイミングとしては遅きに失している。乱の主役が逃亡した後で、証人を差し出したところで交渉は不可能であろう。しかも、十九日には、景勝は鮫ヶ尾城（妙高市《みようこう》）に景虎一行が逃げ込んでいることを把握していた。

景虎夫人（景勝妹）は夫と行を共にせず、御館に残った。そして、二人の子を手にかけ、燃える御館と運命をともにした。享年は「上杉家譜」によれば、二十四歳であったという。

景虎夫人の法名は華渓正春大姉であるが、鎌倉明月院《めいげついん》の位牌《いはい》には、清円院殿貞鏡尼公と伝わっている。明月院の開基は、山内上杉家の祖上杉憲方《のりまさ》である。その縁で同寺において供養されているのかもしれない。いっしょに死んだ二児は、常慶院《じょうけいいん》蔵「長尾政景夫妻画像」に墨書されている源桃童子、還卿童女であろう。このうち還卿童女については祖母仙洞院に抱かれて出城したとする記録もあり、巳《み》九月二十日（天正九年か）に五歳で亡くなったという（「福聚山楞厳禅寺大檀那御回向ノ次第」）。

仙洞院は、大井田俊継と福王寺元重に説得されて、御館を出て林泉寺に入った。彼女はこの時から三十年を生きて、慶長十四年（一六〇九）、八十二歳で米沢に没している。今に伝わる彼女と夫長尾政景の肖像画には二人の戒名のほか、それぞれの父母ら、景虎夫人であった娘の華渓院のほか、道満童子、源桃童子、還卿童女ら三人の孫の名が書き連ねてある。いずれも仙洞院にとっては彼女に先だって世を去った肉親たちの名前である。

景虎は信越国境に近い鮫ヶ尾城へ逃げ込んだ。御館を出た時の総勢は二百名以下であったが、鮫ヶ尾城に入った時の景虎一行は、『御年譜』によれば十四、五騎であったといい、わずか六騎であったとする史料もある。

景虎を迎え入れた鮫ヶ尾城主堀江宗親には、景勝方から調略の手が伸びていた。景勝は三月十九日に上田庄の浅間修理亮に対して、「一昨日の十七日、館落居し、敵を悉く討ち取り、鮫ヶ尾城が残るのみである。いろいろ計策をめぐらし、城主の堀江にはたらきかけているので、ほどなく落着するであろう」と告げているとおり、堀江宗親への誘降が試みられていたのである（『上越』一七九六）。

三月二十四日朝、総攻撃が開始された。ついに上杉景虎は鮫ヶ尾城内で進退に窮した。間もなく、城内へ飛び込んだ一隊が景虎とその与党をことごとく討ち取った。

鮫ヶ尾城が落城したのが、午《うま》の刻（正午前後）のことである。景勝が黒滝城主山岸父子へ報じた戦況報告によれば、「三郎は切腹、その他、南方の者共は一人も洩《も》らさず討ち果たした」という徹底的な殲滅《せんめつ》戦が展開された。南方とは、上杉氏による北条氏の呼称であるから、景虎の脱出行に従ったのは、多くが小田原から従ってきた人々だった。申《さる》の刻（午後四時前後）には戦闘はほぼ終わっており、「去年以来の鬱憤を晴らすことができた」と、景勝は記している（『上越』一八〇〇）。

城主であった堀江宗親のその後は明らかではない。翌年になって景勝は、景虎追撃において戦功があった安田能元に「堀江駿河守一跡」を宛行っているので、おそらく鮫ヶ尾城陥落によって景虎が滅亡した際、いっしょに討たれたのであろう。

四、信長との対決

菊姫輿入れ

景勝と武田勝頼の間で結ばれた甲越同盟の条件のひとつに、「縁談の儀、相違有るべからざるの事」という一条があった。これは、武田家の姫が上杉家つまり景勝に輿入《こしい》れをし、両家の絆《きずな》を強固にするためのものであった。景勝は秋山定綱《あきやまさだつな》を使者として甲斐に遣わし、太刀一腰・黒毛の馬・銭千疋《びき》を贈って、縁談の執行を申し出た。これに対して、天正六年十二月二十三日付けで武田勝頼は「嫁娶《かしゅ》之祝儀について秋山伊賀守をもって仰せをこうむり、めでたいことである」と返書し、来春早々に祝詞《しゅうし》を述べることを約束した。

年が明けると、勝頼は成福院を使者として春日山へ遣わし、「勝頼御妹、景勝公へ進上申したく」と言上した。

景勝に嫁ぐことになった菊姫《きくひめ》は、武田信玄の五女で生母は側室油川《あぶらかわ》氏である。永禄元年（一五五八）の生まれといわれるため、輿入れの時は二十二歳になっていた。当時としては、やや遅い輿入れであるが、菊姫は信玄の在世時に伊勢《いせ》長島《ながしま》の願証寺《がんしょうじ》との婚姻が予定されていたという（『甲陽軍鑑』）。

当時、願証寺も織田《おだ》信長《のぶなが》とはげしく対立しており、反信長戦線を強固なものとするため、信玄が娘の菊姫を嫁がせようとしたものであろう。しかし、菊姫の婚約相手であったと思われる願証寺四世・証意が元亀二年（一五七一）に急死し、天正二年には長島一向一揆《いっき》も信長によって殲滅されてしまっていた。

菊姫の輿入れにあたっては、武田家から相当の人数が御付きとして越後に移住することになった。九月二十六日、跡部勝忠・市川以清斎は長井丹波守昌秀に宛て、越後居住の甲州衆の名前と人数を知らせている。

越国居住衆　次第不同
弐拾五貫也　佐目田菅七郎　六人
弐拾貫也　土屋藤左衛門尉　五人
弐拾貫也　向山新三　五人
弐拾貫也　雨宮縫殿丞　六人
弐拾貫也　林　與兵衛　六人
弐拾貫也　圓阿彌　五人
拾五貫也　木村與三兵衛　五人
拾貫　也　同　與三郎　三人
拾五貫也　御中間三人へ　六人
以上
己卯
九月廿六日　跡美（花押）
以清斎（花押朱印）
長井丹波守殿

（『上越』一八七三）

宛名の長井昌秀は菊姫付き家臣の筆頭である。越国居住衆のうち、雨宮縫殿丞《ぬいのじょう》は菊姫の婚儀間もなく甲斐へ召還されている。

天正七年十月十六日、武田勝頼の異母妹菊姫の輿入行列が甲府を発《た》った。菊姫の乗輿《じょうよ》を守護するのは、長井のほか、八重森因幡守、窪島日向守らに率いられた武装した兵士たちである。

上杉方からは、菊姫を迎える役として大石播磨守《おおいしはりまのかみ》元綱が遣わされた。こちらも武装した一隊が一行を出迎えた。菊姫の輿がどこで受け渡されたかは不明である。春日山城へ入輿《じゅよ》したのは十月二十日のことであった。

越後入りした菊姫には、上臈《じょうろう》として穴山信君《あなやまのぶただ》の娘が随行してきた。穴山信君の妻は信玄の娘（見性院《けんしょういん》）であるから、穴山の局《つぼね》は菊姫にとって姪にあたる。上杉側からは揚北衆中条景泰の妻（中条景資娘）が上臈として側近く仕えることになった（「中条氏家譜略記」）。奥向のことを取り仕切ったのは直江大和守の後室であった。

勝頼は十一月七日、越後に嫁いだ妹を気遣い、様子を問うよう奉行衆に命じている。翌天正八年正月には、大石元綱が御祝儀の使者として甲府に派遣された。

御館残党の掃討

景虎滅亡後もなお栃尾・三条方面では、本庄秀綱、神余親綱、丸田俊綱、丸田俊次らが籠城を続けていた。本庄、神余の両名は、すでに織田家宿老柴田《しばた》勝家《かついえ》へ血判誓詞を渡しており、柴田は使者を派遣して信長へ報告していた（『七尾市史』八二）。

このうち、御館を出て栃尾へ敗走した本庄秀綱はなおも居城を守備していたが、天正八年四月、景勝が出馬して三条表の諸砦《しょさい》を攻撃すると、赦免を請うた。しかし、景勝は許さなかった。

四月二十六日、武田氏の奉行長坂釣閑斎・跡部勝忠両名連署により、菊姫付きの長井昌秀に対して「御兼約之黄金五拾枚」の未進について催促があった。甲越同盟の条件にあったようだが、上杉方からの引き渡しがされていなかったのである。書中には「御前様（菊姫）の意向とやらで延引している」とある（『上越』一九五六）。つまり景勝に嫁いだばかりの菊姫が関与している事情が記されているのである。詳しいいきさつは不明であるが、夫景勝のたびかさなる出陣に、菊姫も態度を保留にしていたものであろうか。

景勝は大面《おおも》（三条《さんじょう》市大面）より帰陣の折、景虎方残党の襲撃に遭っている。景勝の手勢はこれを迎撃し、「宗徒者六十余人」を討ち取った（『上越』一九六三）。春日山に帰陣した景勝は、木場城代山吉景長に三条城への押さえを命じ、城中の山吉旧臣たちと示し合わせて計策をめぐらせるよう指示した。

これが奏功し、三条城内において城代神余親綱が前城主山吉豊守の旧臣たちによって殺害され、開城した。六月下旬には、大面の丸田伊豆守、蔵王堂《ざおうどう》の丸田周防守《すおうのかみ》が降伏し、景勝政権における最初の反乱者たちはほぼ討ち果たされた。

三条表を平定した景勝は、続いて栃尾方面へ進攻、栃尾城へ迫ると、本庄秀綱は会津へ逃亡してしまった。

景勝は、信頼する上田衆の中から安部右衛門、同二介、佐藤與五左衛門、関口大蔵助、中野又次郎らを栃尾城に在番させた。八月六日、武田勝頼は景勝が三条・栃尾表を平定したことを「誠に御武勇の至り」と祝し、吉光《よしみつ》の太刀、鹿毛の馬を贈った。

直江兼続肖像（米沢市上杉博物館所蔵）

樋口兼続登場

樋《ひ》口《ぐち》与《よ》六《ろく》兼続、後の直江山城守兼続については、幼少期より景勝の側近く仕えていたと諸書に記されるが、その名が史料上にあらわれるのは、景勝が三条・栃尾方面の平定にあたっていた天正八年（一五八〇）七月以降である。したがって、巷間言われるような、謙信の死去にあたって、家中をまとめて景勝を後継者に推戴したという話も、同時代史料からはいっさいうかがうことはできない。

父の樋口惣右衛門兼豊《かねとよ》は上田長尾家の主だった家臣のひとりで、江戸時代の編纂物にあるように兼続が薪炭を扱う下役人の子であったというのは事実ではない。御館の乱当初は、景勝が兼豊を武主に任じて、赤澤《あかさわ》（上越市吉川《よしかわ》区）への援軍として派遣しており、決して軽輩ではなかった。

兼続の文書上の初見は、天正八年七月十三日、上田衆泉澤久秀《いずみさわひさひで》が穴澤善左衛門《あなざわぜんざえもん》に宛て、会津との人留について指示した書状中においてである。泉澤はこの書状の後半で「御台飯のこと承りました。くわしくは与六方より申し入れます」と記している。この与六がすなわち樋口兼続のことで、穴澤氏が抱える足軽衆の台飯（食物の代わりに支給される米）について回答することになっていたらしい（『上越』二〇〇三）。

その四日後の七月十七日、景勝は兼続に対し、「免船壱艘」について過書（通行許可書）を発給している（『上越』二〇一二）。あるいは、前述の穴澤氏に渡す台飯を河川輸送するための過書であったかもしれない。

この頃、謙信期より外交面で活動していた山崎専柳斎は、武田の使者西山十右衛門尉の「御見参」の時について兼続に問い合わせており、この旨を景勝へ披露してくれるよう頼んでいる。武田勝頼は、八月六日付けで専柳斎に対して「西山に相添えて成福院を同行させて申し上げる内容について景勝が納得してくれるように尽力してほしい」と依頼している。成福院は、菊姫輿入れの斡旋《あっせん》として越後に差し遣わされた使僧である。先に長坂釣閑斎・跡部勝忠両名が長井昌秀に督促した「御前様（菊姫）」が延引させている黄金五十枚の一件をめぐる交渉であったと思われる。

諸方より景勝への披露を依頼される立場の者は、家中に複数いたが、やがて兼続はその頻度を増していくことになる。

また、兼続は八月十五日付けで知行宛行いに関する景勝朱印状を二点発給しているが、いずれも家臣からの「御侘言《わびごと》」によって発給されたものであり、取次という兼続の地位を示すものだろう。

留守の失態

十月一日、景勝は越中松倉《まつくら》表へ敵勢があらわれた知らせを受け、能生《のう》（糸魚川市）に着陣し、軍勢が集まるのを待った。天気にもめぐまれた上、松倉《まつくら》城へ迫った敵勢は先手によって追い散らした旨の注進があった。ますます気分がよい景勝は「越中を手に入れ、敵を悉く討ち果たすであろう」と豪語し、留守居の黒金景信《くろがねかげのぶ》・内田長吉・岩井信能《いわいのぶよし》らに府中の守備、証人の番についても手堅く申し付けた。

ところが、四日になって景勝のもとに、府中の河隅忠清の屋敷で火事が起こったという報告がもたらされた。府中には諸国からやって来た人々が多く滞留している。景勝は憤り、書面をもって留守居の面々を叱責した（『上越』二〇四七）。

「兵部少輔（黒金景信）をはじめ、お前たちを頼もしく思って留守を任せていたのに何ということだ。他国の者共にこのような失態を見られてしまい、口惜しいかぎりである。特に甲州の衆に見られてしまい、普段もこのように油断しているのかと思われてしまうではないか。火元の河隅は申すに及ばず、お前たちがじかに命じることをせず、召し仕えている者共に委《ゆだ》ねて何事も済ませてしまおうとするからこのようなことになるのだ。この上、失態を重ねたら兵部を処断するぞ」

景勝がとりわけ気にした「甲州之衆」とはもちろん菊姫と御付きの者たちである。外聞もさることながら、新妻に失態を見られたことがよほど悔しかったのであろう。

留守の責任者である黒金景信について、景勝は「兵部事毎物油断笑止候」とも書いており、彼の仕事ぶりには一抹の不安を感じていたようだ。

景勝にしてみれば、越中を平定してやろうという高揚した気分が台無しにされたわけだが、とにかく黒金景信に留守居を任せてはおけない、と思った。そこで、上村彦右衛門と岩井信能の両名だけに書状を送り、次のように命じた。

「兵部は何事も油断していると報告があるから、昼も夜も案じている。留守中の用心はおまえたち二人に任せるので、念入りに頼む。様子は必ず知らせるように」（『上越』二〇四八）。

先の書状で景勝は「（この上、失態を重ねたら）兵部ニよこふり可申候」と記している。ちょっと意味がとりにくい「よこふり（横振）」はあまり用例がみられないが、謙信にも使用例がある。ひょっとして景勝は、不祥事があった時は黒金景信を処断すると書いてしまった後で、彼を切腹させるような事態にいたることを本気で心配したのではないか。そのため、こまかいところに気がつく上村・岩井両名に特に留守中のことを託したのかもしれない。

景勝、攻勢に出る

上杉勢は十月下旬までには春日山へ帰陣したとみられる。景勝のもとに会津の葦名盛氏逝去の報がもたらされており、いっしょに盛氏が所持していた刀が形見として送られてきた。盛氏は六月十七日に病没していたが、たびかさなる出陣で景勝は返書が書けなかったらしい。景勝は葦名家への返書に、「若年の自分に異見していただこうと考えていたが、思いがけず訃報に接し、落胆している。先代にかわらず入魂に願いたい」としたためた。

年が明けて天正九年、越前・加賀《かが》・越中の織田勢が上方にのぼっていた。これは、織田信長が催した馬揃に参加するため分国の諸将に招集をかけられたものであった。「三月六日、神保越中《じんぼうえっちゅう》・佐々《さっさ》内蔵助《くらのすけ》、并に国衆上国候。加賀・越前・越中三カ国の大名衆、今度の御馬揃に各在京なり」（『信長公記』）とある。

この隙を衝くことを考えた魚津城代河田長親は、景勝の参陣を招請し、小出《こいで》城（富山市）への攻撃を企図した。

景勝が出陣したという知らせは、三月十五日に上方に届き、柴田勝家をはじめとする北陸衆はただちに帰国の途に就いた。

二十三日、後詰の織田勢が集結しつつあるという飛脚の知らせに、景勝は留守居の宇津江若狭守に宛て、「これより無二の一戦を遂げる。府中の者共に命じ、打ち奮って参陣せよ。ただし、その方は残れ。誰か武主に命じて寄越すように」と書き送った（『上越』二一一一）。そして、同日付けで樋口兼続が同内容の副状をしたためており、「敵の後詰が集まりつつあるということです。場合によっては有無の合戦になるかもしれません。府内より百、二百ほど人数を集めて上村藤右衛門尉を武主に命じて寄越すのがよいでしょう」と景勝の指示をさらに具体化して知らせている（『上越』二一一二）。

兼続はおそらく前年の三条・栃尾平定戦に景勝に従って出陣していたと思われるが、景勝と兼続の同陣が史料で確認できるのは、この天正九年三月の越中陣が最初である。そして、景勝の書状に兼続が副状を発給している最初の事例となる。この時、景勝は二十七歳、兼続は二十二歳。以降、ふたりはほぼ居所をともにして越後平定へ邁進《まいしん》していく。若き上杉主従の始動が予感される書状である。

二十四日、佐々成政《なりまさ》を大将とした織田勢は神通《じんづう》川・六道寺《りくどうじ》川を越え、内中田（高岡《たかおか》市）に着陣した。敵勢の動きを知った景勝は小出城攻略を断念し、卯《う》の刻（午前六時前後）、全軍に退却を告げた。景勝の出陣を要請した河田長親も松倉城へひきとったが、四月二日、城内で病没した。三十九歳であったという。河田が没した日について撤退当日の三月二十四日とする説もある。しかし、四月二十一日付けの景勝書状に「従松倉申越候分者、豊前守（河田長親）死去の由」（『上越』二二一九）とあること、『覚上公御書集』綱文に「去二日病死」とあり、松倉に帰城した後に死んだというのが正しい。

また、景勝が河田の後任を派遣する旨を、四月八日に魚津城将たちに通達しているのも妥当であろう。近江出身の河田長親は、謙信が上洛した際に見出した人物である。謙信に従って関東や北陸に転戦し、御館の乱後は、越中で織田方と対峙し、越後の外援となっていた。その名は「御敵河田豊前」として『信長公記』にも記されている。

景勝はまたひとり謙信以来の良将を失った。

新発田重家、信長に通ず

謙信没後、越後国内の混乱に乗じて、広大な上杉領国は四隣の敵によって侵食されつつあった。

謙信が最晩年に制圧した能登も織田方の進攻をゆるしている。そして、能登七尾城を預かっていた鰺坂長実は城内の親織田派によって追放され、三月二十八日、能登七尾城代として信長家臣菅屋《すがや》長頼《ながより》が入った。その菅屋に、須田《すだ》満親《みつちか》・上条宜順・山崎専柳斎の三名連署状が遣わされた。これに対する菅屋の返書の内容は、先に小出城を攻めた景勝を批判し、去年以来のこちらからの申し出に対して一向に返事がないこと、松井《まつい》友閑《ゆうかん》に送られた「五箇条之趣」を拝見したが、信長の容《い》れるところではないこと、そして、謙信の代に神保長住《ながずみ》を没落せしめ、今度も小出城を陥れようとしたのは、信長への別心なしと言われても信用できない、というものだった。

菅屋の書状から推測すると、上杉方は信長に和睦をもちかけていた様子がうかがえる。しかし、上杉方が提示した「五箇条之趣」について、信長は一顧だにしなかった。

前後して、武田氏も常陸の佐竹氏を通じて信長との和睦交渉（甲江和与《ごう》）に動いており、証人として甲府に置かれていた信長の子信房《のぶふさ》を返還していた。これを知った上杉方は甲府に実否を糺《ただ》し、勝頼の奉行跡部勝資が弁解している。武田方でも上杉が安土《あづち》へ使者を遣わしている動きは察知しており、そのうえで「取るに足らない雑説ゆえ信用してはおりません」と付け加えている。上杉・武田ともに、同盟相手が信長と単独講和を成立させてしまい、自国のみが取り残されるという状況はどうしても避けたかったのであろう。それが疑心暗鬼を生み、互いに極秘裏に織田方との接触を試みたというところか。

新発田重家肖像（福勝寺所蔵、新発田市教育委員会提供）

間もなく、織田方によって越中・能登の国衆が処断されていく。まず願海《がんかい》寺《じ》城（富山市）も織田方に内応し、城主寺崎盛永《てらさきもりなが》・喜六郎父子が捕らえられ、切腹させられた。

そんな折、揚北衆の新発田重家《しばたしげいえ》が新潟津沖之口（新潟津の税徴収権）を横領した件について、竹俣《たけのまた》慶綱から訴えがあった。

新発田重家は御館の乱の際には、景勝方として春日山城に籠城していた。天正八年夏頃までは景勝のもとで外交交渉にあたっていたが、越後平定とともに領地に下っていたのであろう。天正九年五月には、武田勝頼からの条書にも「貴国奥郡事」「新発田事」という文言がみえており、不穏な動きは武田方にも伝わっていた。

竹俣の書状によると、「新潟津沖之口」横領一件については、去秋つまり天正八年秋に山崎専柳斎を介して返還するよう勧告がなされたが、重家はこれに従わなかった。そこで、内田長吉に依頼したが埒《らち》が明かず、泉澤久秀に景勝の考えをうかがって欲しいと嘆願していた。

景勝は六月二十二日、木場城の守将に蓼沼友重を置き、すでに同城に在番していた山吉景長を二の丸に入れ、新潟津の監視を命じた。また、重家方の新発田《しばた》・浦《うら》・五十公野《いじみの》の諸城に対しては、今井国広を笹岡城《ささおか》（阿賀野市《あがの》）に入れて備えることにした。

しかし、六月十二日付けの信長朱印状には「越後国新発田因幡守事、此方忠節候」とあり、したがって鷹《たか》・馬の海上通路の儀に相違ないよう取り計らうように、とある。宛所は不明であるが、新発田重家が一味していることによって航路安全の保証を強調している。重家が白山城《はくさん》（新潟市）に一族の新発田刑部《ぎょうぶ》を入れ、新潟津を占拠した背景には、織田方と海路で連絡をとろうとする意図もあったのだろう。

七尾城に入った菅屋長頼は、親上杉派であった遊佐続光《ゆさつぐみつ》らを斬殺《ざんさつ》した。また、越中木舟城《きぶね》の石黒成綱らが安土へ護送され、処刑された。これによって、木舟城に入っていた景勝の家臣吉江常陸入道宗誾《そうぎん》らは同城を脱出し、いったん越後へ帰国した。上杉家も武田家同様に、信長との和睦交渉には失敗し、対決路線を継続するしか道はなくなったのである。

直江兼続の誕生

天正九年（一五八一）九月一日、春日山城内で惨劇が勃発した。景勝の家臣毛利《もうり》秀広《ひでひろ》が山崎専柳斎、直江信綱の両名を斬殺し、自らもその場で岩井信能および登坂角内によって討ちとめられたのである。毛利秀広は、景勝にも信任されて武田家へ使者として派遣されたり、織田方と対峙する越中にも差し置かれていた。一説に、御館の乱における論功行賞に不満があった毛利が山崎・直江を殺害したといわれる。

しかし、四月に病死した河田長親が生前、毛利に与えていた知行宛行いの執行について、長親未亡人が奉行衆に訴えていた。毛利による凶行の原因が御館の乱当時までさかのぼるのかはわからないが、河田長親の知行宛行いが景勝の承認を経ていなかった可能性はある。毛利はその憤懣《ふんまん》を奉行衆の山崎・直江にぶつけたのかもしれない。

この凶行は、景勝の政権中枢にも変化をもたらした。樋口兼続に直江の名跡を継がせたのである。十一月十九日付けの越中松倉城代須田満親書状の宛名は「直与（直江与六）」となっている。この書状は同月十三日付けの兼続書状に対する返書であるから、兼続が直江の名跡を継いで名字を改めたのはそれ以前ということになろう。ちなみにこの時の使者は板屋光胤で、景勝は松倉へ遣わすにあたって伝馬一疋・宿送十人を出すという内容の過書を同月十日に発給している。

直江家には、信綱の後室（先代大和守景綱の娘おせん）が残されていた。景勝は、兼続にこのおせんを娶せ、併せて直江の名跡も継承させた。「直江兼続」の誕生である。

同じ十一月中に、景勝は多くの朱印状を発給し、家臣に「堪忍分」の知行を宛行っている。その数は三十通以上に及ぶ。後年、景勝の嫡男定勝が書写整理した「上杉定勝自筆古案集」にその中の一通が採られており「此文言類多シ」と書き付けている。「三ヶ年以前の錯乱」といった文言も散見され、御館の乱以来の戦功を賞するものだったことがわかる。先の毛利秀広による凶行もこれにからんだものと考えられる。

十二月二十六日、景勝は狩野秀治に対し、その知行地である森本・八崎《やざき》・金屋《かなや》村の軍役を停止する判物を発給した。理由は「万端用所申し付けるに就き」というもので、要するに奉行として府中に詰めることを命じたのである。

五、「六十余州越後一国を以て相支え」

武田領の瓦解

天正十年（一五八二）正月、景勝は林泉寺住持月松宗鶴を使者として会津へ差し遣わした。宗鶴は葦名盛隆に謁見し、その誓詞血判を請願した。葦名盛隆は盟約を受け入れ、景勝と新発田重家との和睦が実現することを念願する、と返書し、家臣の須江光頼を越後府中へ、同じく松本左馬助《さまのすけ》を新発田へ派遣した。

二月に入って、御館の乱以来、同盟関係にある武田勝頼から援軍要請が届いた。木曾義昌《きそよしまさ》が勝頼に叛《そむ》いて、織田信長に通じたという知らせである。勝頼は、人数に不足していないと強気の姿勢を見せつつも、

「兵二千、三千でも早々にお送りいただければ、ありがたい」

と、苦しい心情をのぞかせていた。景勝は、天正六年以来の誓約という筋目にもとづいて助勢する旨を返書した。

木曾義昌の内応を得た信長は、二月三日に武田攻めを決定し、駿河口より徳川家康、関東口より北条氏政が攻め入るように告げ、飛驒《ひだ》口からは金森長近《かなもりながちか》、自身は嫡男信忠《のぶただ》とともに伊《い》

那《な》口より乱入することを表明した。即日、織田信忠の軍勢が先発し、十四日に岩村《いわむら》へ着陣、十六日には信州鳥居《とりい》峠で武田勢を破った。

武田勝頼は木曾義昌を討つべく諏訪《すわ》まで出陣した。景勝への援軍依頼の書状は二十日に書かれている。この時点では、景勝の後援で北信濃を固め、木曾を平定する心づもりであったのかもしれない。

ところが、二十五日には勝頼の姉婿穴山梅雪《ばいせつ》が甲府の人質を盗み出し、徳川家康に通じたという知らせが入った。信玄が血縁や婚姻の推進によって構築した親族関係は、その結束が完全に緩んでいたとしか思えない。木曾攻めをあきらめた勝頼は兵を返し、二十八日には新《しん》府《ぷ》へ戻ったが、すでに軍勢一万五千の大半がその中途で散り散りとなる有様であった。信玄の代には敵の侵攻をゆるさなかった武田領国の、まさに土崩瓦解《どほうがかい》といっていい。

甲越同盟の際、武田方によって接収された根知城（糸魚川市）には、武田家臣八重森家昌が在番していたが、城を上杉方へ明け渡し、府中へ引き上げてきた。八重森は景勝に謁見を願い出、さらに、菊姫付きの長井昌秀に事の次第を報じているが、伊那口で武田方が織田軍を破り、天竜川《てんりゅう》へ追い落とし、千余を討ち取ったという事実とは異なる情報を流している（『上越』二二九七）。あるいは、長井昌秀を通じて菊姫を安心させるための方便であったか。

景勝は、河田長親の後任として越中松倉城に在番していた上条宜順に信濃出兵を命じた。

景勝の姉婿である宜順は、一門の代表を自負し、いわば景勝政権の御意見番的な存在であった。しかし、景勝側近の地位は、直江兼続、そして新たに奉行に登用された狩野秀治らに移行しつつあり、自らは越中、続いて北信濃へ派遣されることが多くなった。宜順は越中から府内へ移動中、直江兼続に対して「信濃出陣は御下命であるから従うが、越中の仕置が心もとない。また、御屋形様には卒爾《そつじ》に御出陣なされることがあってはならない。自分は朝夕御側にあってお仕えしたいのだが、誠に口惜しいかぎりである」と不満をぶつけている（『上越』二二九四）。暗に景勝側近として台頭してきた兼続に対する嫉妬《しっと》も感じられる語調である。

武田家の滅亡

景勝は「勝頼の滅亡は忽《たちま》ち当国に帰す」と、危機感をいだき、援軍として斎藤朝信・千坂《ちさか》景親ら十将を選び、これに長井昌秀を案内役として差し添えることにした。三月五日には先手が牟礼《むれ》（上水内郡《かみみのち》飯綱町《いいづなまち》）に着陣していた。さらに、景勝は書面では埒が明かないと、大石元綱・岩井信能両名を武田方の飯山《いいやま》城代根津松鷗軒常安のもとへ派遣した。しかし、ここから上杉の援軍派遣は足並みがそろわなくなる。主将の斎藤朝信は病と称して出陣が遅れ、上条宜順も景勝から出陣を督促されているが出陣した形跡はない。どうも武田救援を目的とした出陣に、景勝と家中の間に温度差があったようである。

武田勝頼は、三月三日に新府城《しんぷ》を退去し、郡内の小山田信茂《おやまだのぶしげ》を頼って落ちて行った。しかし、小山田氏が郡内への道を封鎖していたため、やむなく道を変えざるを得なかった。滝川《たきがわ》一益《かずます》ら織田方は追及の手をゆるめず、ついに天目山《てんもく》の麓田野《ふもとたの》へ追い詰められた勝頼と妻子、わずかにつき従っていた郎党はことごとく自刃して果てた。十一日巳の刻（午前十時前後）のことであった。

三月二十九日、武田領の知行割がなされた。穴山氏の河内《かわうち》地方をのぞいた甲斐は河尻秀隆《かわじりひでたか》、駿河は徳川家康、上野は滝川一益に与えられた。信濃は武田家から離反した木曽義昌が本領安堵されたほか、伊那地方が毛利秀頼《もうりひでより》、佐久《さく》地方が滝川一益に与えられた。そして、上杉領とも境を接する川中島四郡は森長可《もりながよし》が領主として海津城に入った。

四月二日、北信濃に待機していた上杉勢は武田旧臣芋川親正《いもかわちかまさ》を大将とする一揆勢と呼応して、長沼城《ながぬま》（長野市）を攻略した。長沼の城代として誰を置くか、景勝、上条宜順、直江兼続の間で意見が交わされたが、城に入れる人数が払底し、普請のための人足も不足していた。さらに、織田方の諸将が飯山方面にも進駐しており、同城の維持は困難と見られたのではないか。長沼城は間もなく海津城の森勢によって奪回されてしまった。

上杉をとりまく状況は悪化の一途をたどっていた。四月六日、景勝は二通の書状をしためた。一通は武田氏滅亡以来、信越国境に布陣していた斎藤朝信、小倉伊勢守、千坂景親の三将に宛てたものである。景勝は、飯山・長沼の守備を案じ、新たに上条宜順を派遣すると伝えた（『上越』二三三七）。もう一通は、新発田重家を監視している木場城の蓼沼友重に宛てたものである。新発田重家が笹岡、水原《すいばら》、下条《げじょう》を攻撃したがこれを撃退したことを賞した上で「皆々留守中であるため、その隙を狙って行動をおこすやもしれぬ。三条在番衆とも示し合わせて堅固の防戦につとめよ」と命じた（『上越』二三三九）。

北に南に、越後の周囲は敵だらけであった。

魚津城の危機

西からも織田方の攻勢が強まっている。上杉方の最前線は越中魚津、松倉の二城である。前年、木舟城を逐《お》われた吉江《よしえ》宗誾《そうぎん》は、景勝から隠居分として神保四郎左衛門尉分を与えられていた。そして、魚津在番を命じられるにあたり、本意を遂げたあかつきには隠居分から、実子である中条景泰《なかじょうかげやす》に五百俵、その弟与橘（後の吉江長忠）に三百俵を分け与えるという書状をしたためた。このうち、中条景泰は吉江宗誾ともども魚津城へ入ることになった。

天正九年暮れより、越中魚津城には主だった者十二名が在番していた。その顔ぶれは、中条景泰、竹俣慶綱、吉江信景、寺嶋長資、蓼沼泰重、藤丸勝俊《ふじまるかつとし》、亀田長乗、若林家吉、石口広宗、安部政吉、吉江宗誾、山本寺景長である。

天正十年四月七日夜、中条景泰は蓼沼泰重と談合した結果、「東の丸外張」の守備につい
た。九日、景泰は妻の「おはりこ」、末弟与橋にそれぞれ書状をしたためている。

妻に対しては「一くろ（景泰の子一黒丸。後の中条三盛《みつもり》）おしやよく〳〵御そたて候てくだされへく候」と息子を託し、与橋にも一黒丸に目をかけてやってほしい、と伝えている（『上越』二三四四・二三四五）。

中条景泰とともに居た蓼沼泰重も「お二郎との」という人物に書状をしたためた。泰重は「与三（泰重の子。後の長右衛門重能）・藤八郎（泰重弟）は堅固でしょうか。与三が知行取りにならないうちに死ぬのは無念です。しかし、私が死んでも太郎（泰重の子。後の藤五郎）さえ取り立てくだされば肝要です」と残された一族・子供たちの行末を案じている（『上越』二三四六）。

中条・蓼沼の書状は飛脚に託されて越後へ運ばれた。女性や年若の者に宛てているため、かなが多く使用されている。

中条・蓼沼の書状から魚津城内の様子もわずかにうかがえる。中条・蓼沼の両名は「東の丸外張」、寺嶋長資は「たかなしくるわ（高梨曲輪）」、高橋口という所を守っていたのは、安部政吉・吉真父子であった。城将たちは織田勢の猛攻を各所で防ぎ撃退し続けていた。中条景泰は妻おはりこに宛てた書状の中で、

「薬（玉薬）が足りません。魚津までの路次が不自由のため城中の薬が不足しているのです。薬はまだ必要です。際限なく要ります」

と訴えている。

四月十三日、景勝は越中出陣を知らせ、在番衆の名をあげて士気を鼓舞した。

「吉江織部父子三人（吉江宗誾・寺嶋長資・中条景泰）、喜四郎（吉江信景）は謙信御芳志・御眼力に恥じない働きぶりである。長与次も謙信御介法の者だ。若林・蓼沼は旗本のさね（実）である。石口はその評判をかねて聞き及んでいたが今度旗本に取り立てた。上田衆の安部の忠節は今さら申すまでもない。藤丸は加賀国で覚之者でありひとかどの働きをしてくれることだろう。三河守（竹俣慶綱）は先年の一乱（御館の乱）でも無二の働きをみせてくれた。山本寺は年若いが上杉一門の名字、代々弓箭《きゅうせん》の家名に恥じぬよう思い定めていることであろう。信州口の仕置もすませ、この上は北国弓矢の是非を付けるべく、三日のうちに自ら出馬するであろう」（『上越』二三四八）

四月二十三日、諸将は直江兼続に対し、壁際まで押し詰められ、四十余日昼夜を分かたず敵の攻撃に曝《さら》されている状況を知らせ、「事ここに至って、皆々滅亡と思いさだめております」と覚悟を示し、景勝にこの旨を披露してほしいと依頼した（『上越』二三五九）。

滅亡の淵へ

魚津城の危急に際し、景勝は越中への出陣を決定する。

五月一日、景勝は常陸の戦国大名佐竹義重《よししげ》に書状を送った。景勝自身の覚悟を披瀝《ひれき》した興味深い内容になっている。本文中に「彼僧演説」とあり、常陸と越後において使僧が往来していたようだ。武田氏が滅亡するにおよんで、同じく勝頼と同盟していた佐竹義重に対し、今後の境目仕置の懸念を伝えたものであろう。謙信の時代から佐竹氏とはしばしば連携を図ってきたが、御館の乱が勃発して以後は通信も絶えていた。

「絶えて久しく音信をかわしておりませんでしたが、景勝の本意ではありません。いろいろと取り込みがあり、打ち過ぎてしまいました。今度の甲州の儀は是非もないことです。しかし、上口《かみぐち》・信州表の仕置は手堅く申し付けております。関東の状況については情報が入ってきません。ぜひ承りたいものです。会津葦名は先代の時とかわらず、入魂にしております」

そして、後半から景勝の熱量がこもったくだりが続く。この箇所は、原文を掲げよう。

就中、景勝好時代出生、携弓箭、六拾余州以越後一国相支、遂一戦可令滅亡事、死後之思出、景勝幅ニ者甚不相応候歟、若又出万死於令一生者、日域無双之可為英雄歟、死生之面目歓悦、天下之誉、人々其羨可為巨多歟、兼亦、常州之儀、頼朝已来承伝子細、今

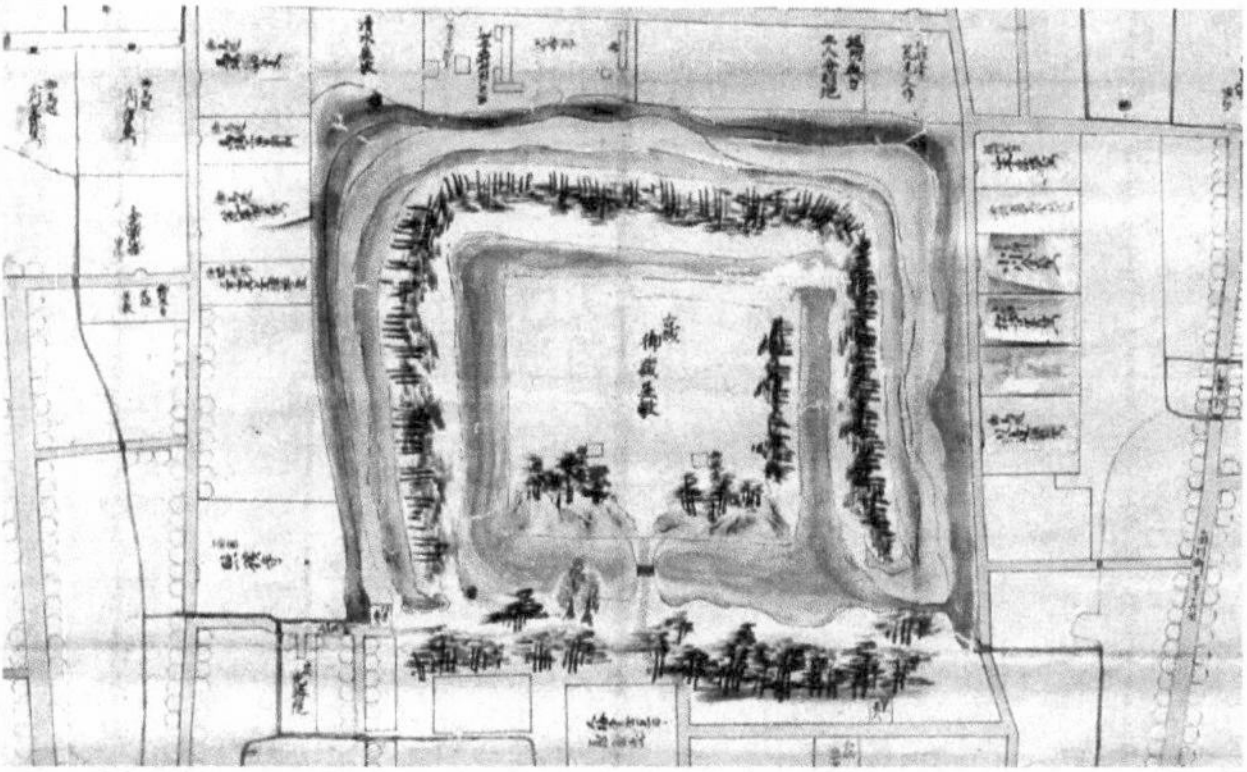

魚津町惣絵図（魚津市立図書館所蔵、魚津市教育委員会提供）
天明５年（1785）の作だが、魚津城の遺構がよくわかる。

以可為御同篇候哉、

（とりわけ自分は好《よ》き時代に生まれあわせました。弓箭を携え、六十余州の軍勢に越後一国をもって対し、一戦を遂げて滅亡いたす事は一期の思い出となるでしょう。この景勝にとってはなはだ分に過ぎましょうか。さらに、もし九死に一生を得たならば、日域無双の英雄となれるのでしょうか。死生の面目をほどこすことができ歓喜しております。そうなれば、世の人々は天下の誉《ほまれ》としてこの景勝を羨《うらや》むことでしょう。さて、常陸はいかがでしょうか。頼朝《よりとも》以来、今の世に伝わっている子細は変わらないでしょうか）

（『上越』二三六六）

この景勝書状は自己顕示の極みである。それのみにとどまらず、最後に佐竹氏に対する強烈な皮肉もきかせている。武田家も滅ぼされ、東国へ侵攻してきた織田勢を前に、頼朝以来の名家である御当家はいかに対処するつもりでしょうか、と佐竹の弱腰を批判しているようでもあり、共闘を呼びかけているようでもある。

本文書は「佐竹家譜」に採られているから、実際に常陸に届けられたことがわかる。佐竹義重はこの景勝書状を読んでどう思ったであろうか。

別の佐竹側史料では、当時、上杉と佐竹は、甲斐武田家を加えて同盟関係にあったため、共同作戦をとる約定を交わしていた（『常陸編年』）とあるが、これは後世の付会であろう。

景勝は「ただ出馬あるのみ、北国の命運をかけて弓矢で勝負を決する覚悟を決め、出陣いたす」と決意し、五月四日、出陣した。他方、遊佐・温井・平など畠山《はたけやま》旧臣を海路、能登へ乱入させ、織田方の後方攪乱《かくらん》を図った。しかし、五月六日には魚津城の二の丸が落ち、本丸を残すばかりとなっていた。

景勝は、魚津城と片貝川《かたかい》を隔てた天神山台（魚津《うおづ》市）に布陣した。景勝は城を包囲する織田勢と一戦を望んだが、敵方は陣城に籠もって出戦してこなかった。いつまでも越中に滞陣しているわけにはいかなかった。

「ひとかせぎをもって本意に属することは案の中である」と、景勝は国許《くにもと》の将に書き送った書状に強気な言葉を連ねている（『上越』二三八〇）。

強気な姿勢を示しながらも、景勝は背後をも気にかけている。越後との間は当然厳重な情報統制が敷かれていたが、各宿に対しては「木場城からよこした飛脚は通すように」と通達していた。新発田重家に動きがあれば、木場城将蓼沼友重が飛脚を発するはずであった。

しかし、木場城からの知らせはなく、かわりに信州口から森長可の軍勢が北上中との急報がもたらされた。やむなく景勝は魚津城将たちに開城して松倉へ移るよう指示し、二十六日に撤退した。それに合わせて、魚津を包囲する織田勢は四方の堀を埋め、総攻めにかかった。

十二名の魚津在番衆は誰ひとり松倉へ移る者はいなかった。

攻囲軍の主将柴田勝家の書状（宛名欠）によれば、六月三日卯の刻（午前六時前後）に本丸を乗り崩し城中の者はひとりも漏らさず二千余を討ち取った。午の刻、ついに魚津城は落城し、在番の諸将は木札に名乗りを書き、耳にあけた穴に結びつけて自害した。勝家らは大将首を信長の見参に入れるべく上方へ送った。そして、織田勢はそのまま退却した景勝を追撃すべく北上を続けたらしい。六月十日付け柴田勝家の書状には「くろべを指過、堺城行《てだて》に及ぶの処、五日夜退散候」とある（泰巖歴史美術館所蔵文書）。織田勢が接近すると、境目の城々はいずれも自落して籠城兵は退散していったという。上杉の本国越後は目前であった。

しかし勝家書状は続けて「六日此一義注進」と記す。本能寺《ほんのうじ》の変第一報が北国に到達した。

〈第一章のまとめ〉

喜平次（景勝）は、謙信生前からその有力な後継者候補であった。しかし、謙信の急死により、突如戦国大名家当主となった若き景勝の二十代は、まさに苦戦の連続であった。

①**御館の乱**　小田原北条氏からの養子・景虎との戦いで、上杉家は内乱状態に。

②**武田氏の滅亡**　同盟関係にあった武田勝頼が、たちまちのうちに織田信長により滅亡。

③**織田信長との戦い**　謙信晩年に切り取った領国を奪回され、本国・越後すら危機に曝される。

この危機的な状況をなんとか凌《しの》いでいた戦国大名・上杉景勝は、本能寺の変に救われることになる。

第二章
豊臣大名・景勝

上杉景勝肖像（上杉神社所蔵）
米沢出身の画家桑野弘月の作品。景勝350年忌を記念して模写されたといわれるが、元となった画像は不明である。

一、秀吉と景勝

死地より脱す

柴田勝家ら北国勢は、京都の変報に接し、進軍をとめた。上杉への押さえとして佐々成政が越中に、能登は前田《まえだ》利家《としいえ》に任せて、勝家自身は九日に越前北《きた》ノ庄《しょう》まで引き上げた。景勝は六月七日に京都の異変を知った。信長横死について、越後へ伝えられた情報はだいぶ錯綜《さくそう》していたらしい。

当初、上杉方が入手した情報は、播磨・摂津《せっつ》国境において毛利《もうり》と対峙《たいじ》していた羽柴秀吉《はしばひでよし》が敵方に虜《とりこ》にされ討ち取られてしまった。救援に駆けつけた信長も毛利方と戦って敗れ、甥《おい》の津田信澄《つだのぶずみ》の心変わりによって自刃に追い込まれた、というものだった（石崎二〇〇五）。

これは、六日九日、景勝が会津葦名氏の使僧游足庵淳相《ゆうそくあんじゅんそう》に報じた文書に拠《よ》っている。この雑説はかなり拡散したようで、十九日付けで越中国衆湯原国信《ゆはらくにのぶ》から直江兼続に送られた書状にも「小田（津田）七兵衛幷明地《あけち》（明智）其外面々七首色替下京に至り、信長滅亡必然の仕合」とある（『上越』二四一五）。現在、織田七兵衛こと津田信澄が本能寺の変に関与していたという見方はほとんどされていない。

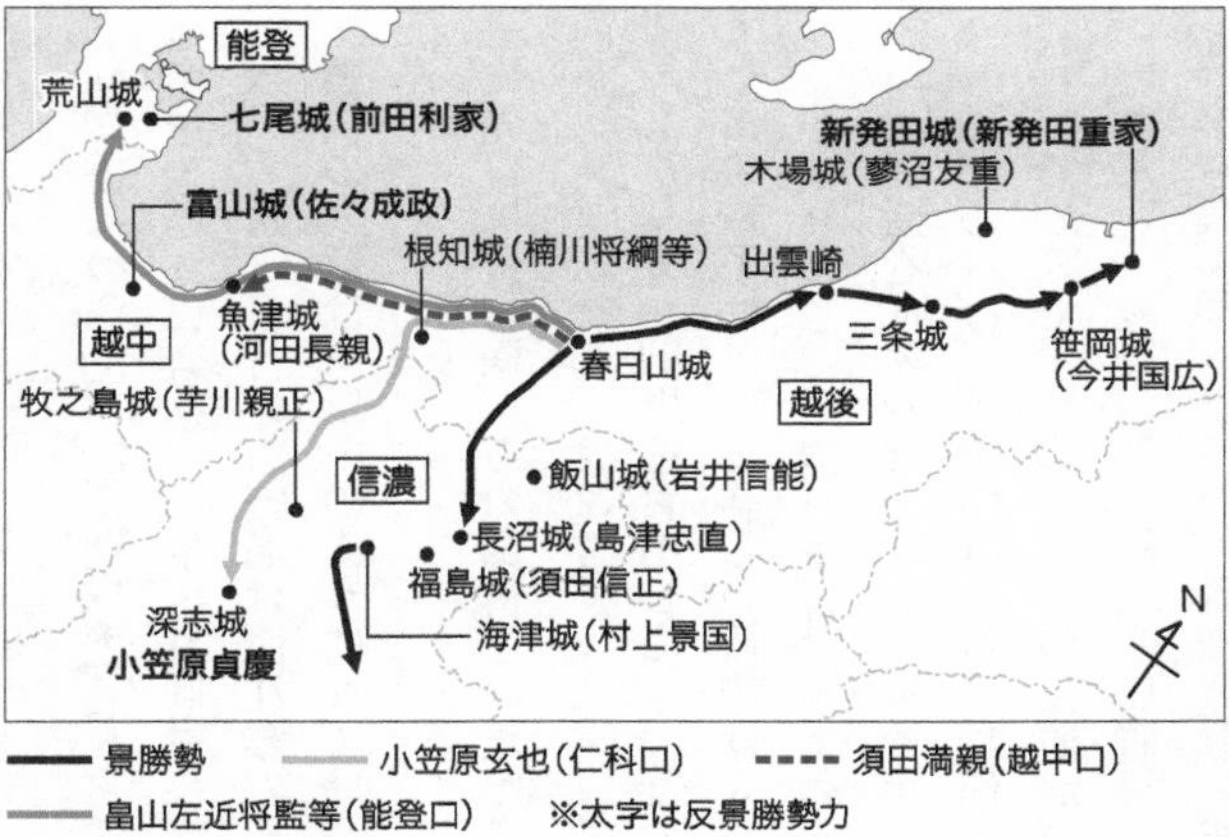

本能寺の変後の侵攻

六月十二日には、景勝は佐渡本間《ほんま》氏に対して「当月二日、京都に於《お》いて信長父子三人切腹」と報じている（『上越』二三九三）。越中・能登の要害から織田勢が退散しつつあり、国衆の中にも先忠に復す、つまりいったん織田方についていた国衆が再び従属を申し出てくる動きが出はじめていた。

本能寺の変直前に明智光秀《みつひで》の使者が上杉方と接触していた、と解釈された河隅忠清書状がある。本文中に「御当方無二御馳走」という箇所があり、明智光秀が景勝に対して上位者（足利義昭）へ味方するよう求めている、という解釈が注目をあつめた。信長によって追放された足利義昭を本能寺の変の黒幕とする考えにもとづいており、明智光秀が主君織田信長を討つ直前、景勝と連絡を取り合っていた、というものである。

同文書について、『歴代古案』および『越佐史料』に収録されているものは、日付および宛名を欠いているが、『覚上公御書集』の天正十年（一五八二）六月条に引用されているものは、六月三日付けで宛名は直江与六（兼続）となっている。

書状の大意は、以下のようになる。

先日は景勝様からの御書をいただきました。信州表の諸口については思召《おぼしめ》しのままになり、めでたいことです。ところで当月二日に「御越河」されたと聞き及びました。どのあたりまで御馬をお出しになったのでしょうか。心もとなく思っております。次に、上口の様子について詳しい情報は入ってきておりません。一昨日、須田相模守から知らせが参りました。当月一日に明智の使者が魚津まで参り、御当家（上杉家）に対して無二の馳走《ちそう》をするなどと申しているようです。須田が召し使っている者の口から聞きました。誠であれば、須田の方から直に使者がそちらへ参ることと存じます。また、推参な物言いで恐縮ですが、そちらの仕置が済み次第、一刻も早く御馬を納められ、御帰国いただきたい。能登・越中両国の仕置をすることが肝要と思われるからです。この旨、あなたから景勝様へよろしく御披露願います。

ここで河隅は「一昨日（六月一日）、須田からの使者が来た」と述べているが、「一昨二日御越河之由申来候」とも書いており、これは「六月二日に景勝様が御越河なされたことを使者からうかがいました」といった意味になろう。すなわち、景勝の軍事行動を二日に知った河隅忠清が、四日の時点で返書をしたためていることになる。したがって、『覚上公御書集』の六月三日という日付とは矛盾する。この日付はおそらくは後代の竄入《ざんにゅう》であろう。

さらに、『歴代古案』所収の河隅忠清の文書の書き出しは次のようになっている。

先日者、御書被下候。仍其御表弥諸口　思食御儘之由

「御書」と「思食御儘」の前に一字分の空白（闕字《けつじ》）がある。この空白は相手への敬意を示しているが、河隅が敬意をはらう「御書」の主とは上杉景勝であり、「思食御儘」とはすなわち景勝の思し召しのままという意味であることは間違いない。それを踏まえた上で、明智光秀が上杉家に対し馳走を求めたという問題の箇所についても、「御当方」の前に一字分の空白がある。

自明智所魚津訖使者指越、御当方無二御馳走可申上由申事候与承候

これは河隅が敬意をはらうべき相手、上杉家（景勝）を指しており、「（明智が上杉家に対して）無二の御馳走申し上げるべきの由」ととらえるべきで、「御当方」を「明智方」あるいは「明智方が擁する将軍家」と捉《とら》えるのは誤りである。

また、本文書はとかく明智方の使者が魚津へ来たという点ばかりが注目されるが、当の河隅はついでのことのように明智の使者の話を述べている。すでに上杉主従は信長の死を知っていて、本能寺の変直後の中央の情勢が混迷していた時期に、明智の使者と接触したものと捉えるのが妥当ではないだろうか。

筆者は、河隅書状中に「一昨二日　御越河之由申来候」とあるのが、六月中旬から七月にかけて、景勝主従が信濃へ出陣していた折のことを指していると考える。

つまり、景勝主従は七月二日に「越河」し、その報告を春日山城にいた河隅が七月四日に受け取ったのである。したがって、「明智所」の使者が魚津城の須田に会うことができたのが、七月一日のことであろう。光秀が討たれてからおよそ半月が経過しているが、その頃には諸境の警戒は厳重になり、柴田勝家ら北国衆の勢力圏を抜けることが困難であったかもしれない。なおかつ、それまで音信のない上杉家の部将に会う手段を講じなければならなかっ

た。おそらく相当の時日を要したであろう。使者が主人の最期を知っていたかどうかはわからないが、愚直なまでに目的を遂行しようとしたのである。

ちなみに、魚津城は、織田勢の主力が引き上げた後、須田満親が奪取し、佐々成政が天正十一年六月に再度奪回するまで上杉方の城となっていた。七月一日であれば、河隅が知らせてきた「魚津訖使者指越」という部分は矛盾しない。

また、河隅書状が六月はじめに書かれたものであるとしたら、海津城に入っていた織田家の部将森長可が越後へ侵入し、関山《せきやま》（妙高市）、二本木《にほんぎ》（上越市）まで放火した時期とも重なり、信濃表は景勝の「思食御儘」となった状況や信濃の仕置が済み次第、早く能登・越中の仕置に着手して欲しいという河隅の意見も不自然なものとなってしまうのである。

川中島四郡の制圧

六月二十二日、景勝は関山に着陣、同日、直江兼続は信濃国衆浦野《うらの》氏に対して、二十四日に長沼に入城する予定であることを知らせている。

長沼城に入った景勝は、信濃国衆に本領安堵《あんど》の朱印状を発給するなど領国化にあたって諸々《もろもろ》仕置を開始した。武田家滅亡および織田方の退去により、在地領主たちは景勝への臣従を申し出ていたのである。

本能寺の変後、武田旧領はたちまち上杉、北条、徳川らの周辺勢力が競合する場となった。本能寺の変報を知った厩橋城主滝川一益は、信濃を横切って領国の伊勢へと向かう。これを追って北条氏直《うじなお》は四万余と号する大軍を率いて信濃へあらわれた。

対する上杉勢は七千余である。国衆の中には、上杉から北条へ鞍替《くらが》えする者が続出し、五万五千余にふくれあがった北条勢は、尼ケ淵《あまがふち》（上田《うえだ》市）から岩鼻《いわばな》（上田市）、屋代《やしろ》（千曲《ちくま》市）を経て川中島に進出してきた。景勝が海津城に入れていた武田旧臣春日信達も北条方へ内応し、それを知った景勝は海津城内において春日を誅殺《ちゆうさつ》した。

春日信達が処刑され、城中からの手引きが期待できなくなった北条氏直は、八幡《やわた》（千曲市）に陣を布《し》き、海津城をうかがった。一方、景勝は海津城より出陣、南方の鞍骨《くらぼね》城に「紺地日の丸」の馬印をたて、周囲に旗本三千余を布陣させた。さらに、山麓《さんろく》の赤坂から海津城にいたるまで小旗をかかげさせ、北条勢に対峙した。

兵力差において圧倒的優勢であったにもかかわらず、間もなく北条氏直は川中島から撤退してしまった。海津城の内応工作失敗や、士気高い上杉勢との衝突を避けたふしもあるが、徳川家康が諏訪まで進出している知らせが氏直のもとに届いたのが主な要因であろう。氏直にとって、川中島よりも北条領国に接した甲斐のほうがより重要だった。しかし、大軍を擁しながら漫然と滞陣を続ける北条氏直に失望した国衆もあった。先に景勝を裏切り、北条勢に従軍していた真田昌幸《さなだまさゆき》もそのひとりである。昌幸は臣従したばかりの北条氏を見限り、徳川氏へしたがうことにした。その後、北条氏直は徳川家康と甲斐若神子《わかみこ》（北杜市《ほくと》）において対陣したが、和睦《わぼく》している。この時、和睦条件のひとつに、真田昌幸の上野沼田領を北条家へ引き渡す一項があった。昌幸の転身は自身を窮地に追いやることになり、ふたたび上杉を頼ることになる。

七月十九日、景勝は川中島四郡平定の祝儀として冷鮑《ひやあわび》を贈ってくれた会津葦名氏の家臣金上盛備《かながみもりはる》に対し、「北条氏直が碓氷《うすい》峠を越えて出張ってきたので、これ幸いと一戦を遂げようと思ったが、いかなる分別であろうか、自分の陣地から出てこようとしなかった。以前より聞いていたとおりの言う甲斐《かい》もない臆病《おくびよう》なヤツバラで、滑稽《こっけい》なことである」とうそぶいている。ほぼ同文のものが葦名の使僧游足庵淳相にも送られている（『上越』二四七二・二四七三）。

余談だが、上杉謙信が北条氏直の父氏政をこきおろして、「この謙信の越山を迎え撃とうとは腹筋である」と評している書状がある。宛名が同じ葦名家中であるところも共通しており、どうも景勝はこの時の謙信書状の内容を周知していたか、あるいは謙信自身の口から北条に対する悪口雑言をさんざん聞かされていたのではないだろうか。

景勝は、長沼・海津二城を川中島四郡支配の要《かなめ》と位置づける。長沼城には信濃衆の島津忠直を入れ、千曲《ちくま》川以北を統轄させた。そして、かつて謙信を頼って越後へ亡命した村上義清《むらかみよしきよ》の子景国（山浦国清）を郡司に任命し、海津城に入れた。いずれも、武田時代の古法に拠って仕置することを景勝は厳命している。

新発田攻め

信州長沼に滞陣中の八月一日、景勝は笹岡城に在番させている今井国広および山浦衆に対し、一両日中に帰陣し、当月十日か遅くとも十一、二日頃には新発田表へ出陣することを知らせた。景勝は「出馬の儀、愛宕《あたご》・摩利支天《まりしてん》延引あるべからず」と神名に誓っている。その翌日に色部《いろべ》長真に宛てた書状には「十四、五日には新発田表へ着陣するだろう」とある。

しかし、八月三日、揚北衆の本庄・色部・黒川らの軍勢が加地《かじ》城へ援軍に向かったところを、新発田方と遭遇し、すでに合戦となっていた。合戦は新発田方が勝利し、百三十もの首級をあげ、竹俣氏の三光館《さんこうやかた》を陥れた。新発田重家はこの勢いをもって黒川・色部領への攻撃を企図したが、府中から和睦の使者として石坂左近将監が、本庄繁長方には外山縫殿丞が派遣されたため、作戦を思いとどまった（『上越』二五四三）。

結局、景勝の出陣はさらに延びて、府中を出立したのが八月九日のことであった。それより十八日に出雲崎《いずもざき》、二十日に三条へ移動し、信濃《しなの》・阿賀野《あがの》の二大河川を渡河して、二十五日に五十公野表へ着陣した。五十公野城には、新発田重家の妹婿三条道如斎（五十公野信宗）

が重家に呼応して籠城《ろうじょう》している。景勝は五十公野城下をことごとく放火した。また、別働隊は新発田館際まで攻撃を加えた。

九月一日になって会津葦名氏援軍の先手衆が到着した。景勝は葦名盛隆と誓詞血判を交わして盟約を結んでいる。盛隆は景勝が信濃の仕置が済み次第、新発田へ攻撃をしかけるという情報を得ていた。しかし、盛隆は上杉領に接している小田切弾正忠に対して、「景勝から合力要請があってもこちらの許可を得ずに船を貸したり兵を出すことは無用である」と伝えていた。会津・越後の境目の領主である小田切氏にしてみれば、景勝と盛隆の間で板挟みになる苦しい立場に置かれたわけである。織田信長在世中、上州厩橋に入った滝川一益は、葦名氏が新発田重家の「敵方」に加勢しているという疑念を寄せていた。

「敵」とは言うまでもなく景勝のことである。葦名家家臣金上盛備は「ただいまの時節、なんで彼《か》の敵方へ与力いたしましょうや」と、陳弁につとめている。信長が死んだ後も、葦名氏は景勝への一方的な肩入れを避け、世の趨勢《すうせい》がさだまるまで首鼠《しゅそ》両端のかまえをみせた。葦名氏にかぎらず、同盟国が強大になりすぎるのも好ましいものではないのである。

結局、景勝が小田切弾正忠に船の支度について礼状をしたためているし、葦名方の兵が上杉の陣中に到着しているところから、葦名盛隆は表向き盟約を履行したようである。

法正橋の戦い

九月二十八日、本庄繁長・色部長真が篠崎（新発田《しばた》市佐々木《ささき》）に着陣し、所々へ放火したことを景勝は「一段心地好く候」と賞している。とくに色部長真については前年、新発田表への出陣を命じられながら、勝手に在所へ帰陣してしまったことがあった。その行為について長真が疑心を抱いているのではないか、と景勝は考えた。長真の妻は新発田重家の妹である。そうした縁戚《えんせき》関係があるため、色部家の去就は注目されていた。長真の急な帰陣は「家中造意」という事情で、家中統制がうまくいっていない内情を抱えていた。景勝は長真がふたたび参陣してくれたことに胸をなでおろしたのであろう。

景勝は、六月の信濃出兵以来継続していた軍事行動に一区切りつけるべく、春日山への帰陣を決意した。湿地帯に囲まれた細長い畷道《なわてみち》へさしかかった上杉勢に、突然後方から新発田重家をはじめ城々の兵が襲撃をしかけた。法正橋《ほうじょうばし》（新発田市法正橋）付近で激戦となり、進退がままならない大勢の景勝方は混乱に陥った。この戦闘で菅名綱輔、水原《すいばら》満家、上野九兵衛らが討死している。また、安田《やすだ》上総介能元《かずさのすけよしもと》も三発の鉄炮《てっぽう》玉にあたり、「跛《びっこ》上総」という異名の由来となる重傷を負った。

一説に、景勝は下馬して床几《しょうぎ》に掛け督戦していたが、染月毛の馬に乗った重家と目があった。重家も主君の姿をみとめるが「はげしい攻撃をしかければ、景勝公は御生害あそばすだ

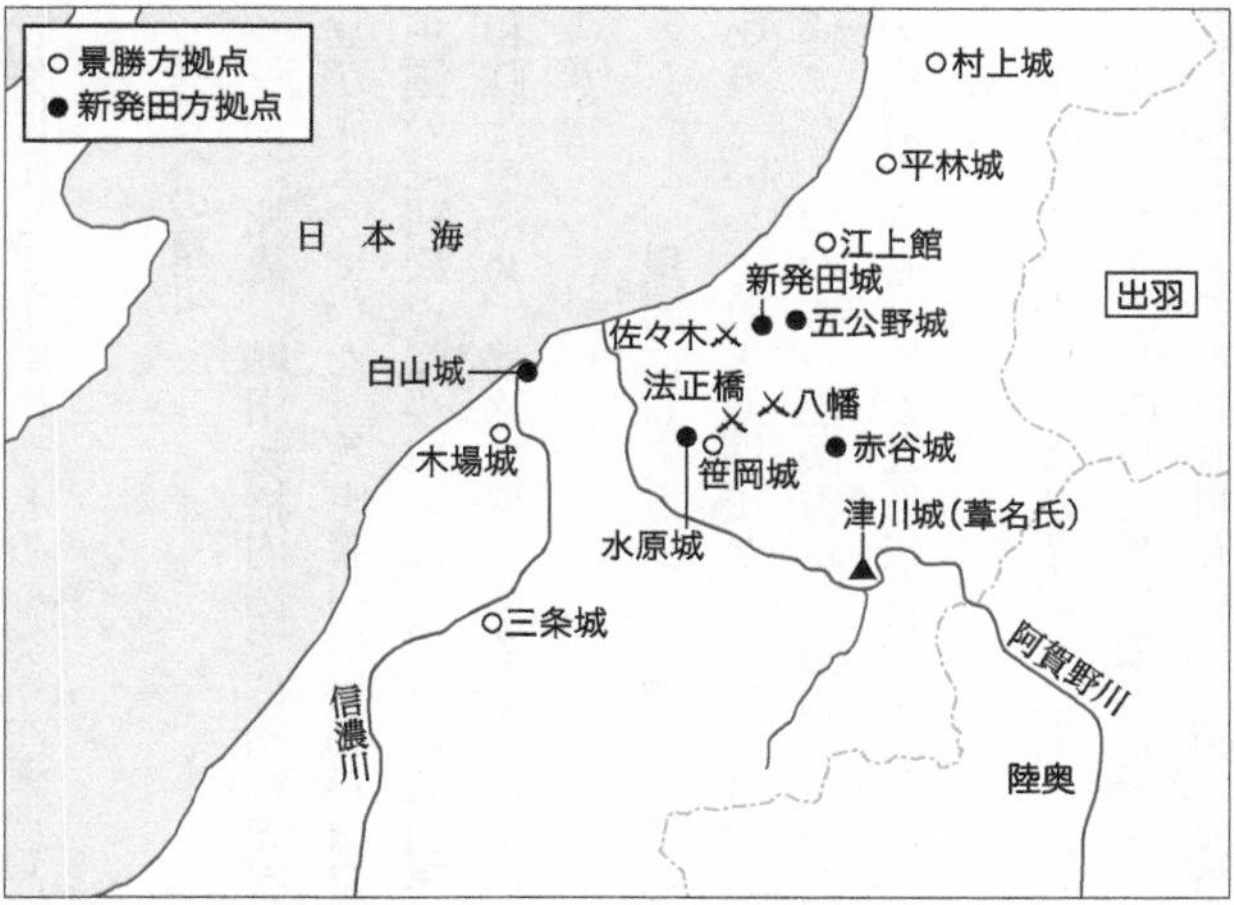

新発田重家の乱要図

ろう。相伝の主君にそのような事をさせてはならない」と、馬を返したという(「越後治乱記」)。いずれにせよ、景勝勢は大きな犠牲をはらいながら、十月四日、笹岡城まで退却した。

帰陣した景勝は、平林《ひらばやし》城主色部長真に宛て、来春雪解けを待って出馬し、新発田を退治する決意を告げた。

加治《かじ》川をはさんで新発田城の北方に位置する中条氏は、たびたび新発田重家の攻撃に曝《さら》されていた。この年六月に当主中条越《えち》前守《ぜんのかみ》景泰が越中魚津城で織田勢と交戦し、自害して果てていた。景勝は景泰の遺児一黒丸に本領・新地を安堵するとともに、中条家の軍事指揮を担っている築地修理亮に対して、来春の出馬を知らせ、新発田方の攻勢に屈せず防戦につとめるよう通達した。

秀吉への接近

信長の死後、織田政権内部では明智光秀を討った羽柴秀吉と織田家筆頭家老柴田勝家の対立が深まっていた。室町幕府最後の将軍足利義昭は、信長によって京都より追放された後、中国の毛利氏を頼っていた。義昭は柴田勝家とも連絡をとっており、景勝のもとへ柴田との和睦をすすめ、帰洛《きらく》に尽力するようにという、御内書を送っていた（『上越』二六〇四・二六〇五）。

しかし、景勝にしても上杉家中にしても、多くの家臣たちを失った戦闘を経ている間柄であり、おいそれと承服できるものではなかったであろう。むしろ、景勝は柴田勝家と対立関係になりつつある羽柴秀吉と連携する方向を選択した。越中に差し置かれた須田満親が景勝の内意を知らせるかたちで接触がもたれ、年明け早々、直江兼続が秀吉の家臣増田《ました》長盛《ながもり》に書状を送った。

景勝も西雲寺、および蔵田左京亮を使者として、自身の書状と誓詞を持たせて上方へ派遣した。これを二月四日に受け取った秀吉は、織田信雄《のぶかつ》（この時点では主人の地位にある）へ披露したこと、秀吉の血判も送り、御入魂《じっこん》の関係となることに同意する内容を須田満親に申し送った（『上越』二六五五）。また、西雲寺に対しては、増田長盛・木村清久・石田《いしだ》三成《みつなり》三名連署の条書を与えた（『上越』二六五六）。この時、景勝は多賀《たが》大社の誓詞を調えたようだ。しかし、秀吉は「その方御好みの如く多賀の牛王《ごおう》にてはこれなく」とことわり、熊野《くまの》大社の誓詞にて送る旨を記している。

天正十一年（一五八三）四月、近江賤《しず》ケ《が》岳《たけ》において羽柴秀吉が柴田勝家を破った。羽柴方は余勢を駆って越前北ノ庄へ勝家を追い詰めて自害させた。勝家を倒した秀吉は、四月二十九日、柴田退治を景勝に報じるとともに、上杉家の外交窓口である直江兼続と狩野秀治に対して、上杉が兵を出さなかったことを難詰した。

六月、景勝は秀吉への使者として大石元綱、および舟岡源左衛門を京都に派遣し、柴田勝家を討ち果たしたことを祝した。

秀吉は景勝の使者派遣を喜び、

「景勝は余に服属を申し出たので、これを赦免して上杉の家名存続を許した」

と、関東諸将に告げた。これには、小田原北条家への牽制《けんせい》の意味も込められていた。

ひとまず、秀吉との関係が好転すると、景勝は領内に「御館の乱以来の借り物はすべてこれを返すに及ばず」という大々的な徳政を発した。越後は謙信の死以来、戦争によって国土も人も疲弊しきっていたのである。

狩野秀治の上洛

天正十一年八月、景勝はふたたび新発田重家を攻めるため下郡へ出馬した。新発田・五十公野の城下へ放火し、数か所の砦《とりで》を攻略した景勝は、会津から新発田方へ兵や物資を送り込んでいる赤谷城を攻略すべく小倉伊勢守の軍勢を差し向けた。十八日、八幡《やわた》（新発田市）というところで出勢してきた新発田勢と合戦になった。主将の小倉は旗本を率いて前線で奮戦し、新発田勢を撃退した。翌十九日、景勝は小倉に感状を発給している。

この年、景勝は柿崎氏の家臣二、三名を逆心の疑いによって討ち果たした。先の御館の乱で家中が敵味方に分裂した柿崎家は、上野九兵衛が景勝に味方し、幼主千熊丸に家名存続がゆるされていた。そして、奉行吉江信景をして家中の統制を図っていたが、間もなく吉江も越中魚津城へ入り、織田勢と戦って城とともに果てた。さらに、先年の新発田攻めの際、柿崎家中の中核であった上野九兵衛までもが戦死してしまった。そこで、旗本の片桐内匠助《たくみのすけ》を家中横目として派遣することにした。しかし、片桐は家中の一部から反感を買ったらしく、それが「逆心」の者を成敗する事態に発展していた。景勝は直江兼続同様に側近に取り立てた狩野秀治を召し寄せた。

「武主《ものぬし》（千熊丸）が若輩のため、軍役を果たすことは困難である。誰かに武主を申し付け、柿崎家中が物の用に立つようにしなくてはならない。直江も同じ意見である。譜代のものを誰か申し付けるべきなのだが、その方も存じているとおり、任せられる者がいない」

景勝は、狩野秀治にそのように伝え、柿崎家中の取り締まりを引き受けてくれるよう依頼した。

しかし、翌十二月、景勝はふたたび秀吉への使者を差し向けることとなり、前回に派遣した大石元綱に加えて、狩野秀治にその任務を託した。家中のごたごたよりも、まずは上方（秀吉）との折衝が最優先課題となっていたのである。

景勝は、直江兼続を従えて狩野方を訪問し、主従三人で酒をすごした（「昨夜直江と大酒成之候」）。翌日、狩野に「其元定而家せまく候て、一入とせん（徒然）たるへく候」と書状を送っている（『上杉家御書集成』七八四）。家臣の家へ押しかけて大酒をくらいながら、屋敷の狭さを指摘して、手持ち無沙汰《ぶさた》で退屈であるとはいささか手ひどい。

もっとも本題はその後で、上方への証人問題がほぼ調ったことを喜び、狩野に対して年内もあとわずかだから、急ぎ出立するように、というものである。秀吉に提出する証人の件で最終調整を図るのが、狩野秀治の上洛目的であった。

天下の安危、景勝に帰す

天正十二年四月、景勝は信濃へ出兵した。川中島四郡の支配は長沼城の島津忠直、海津城の村上景国が行い、海津城本丸に村上、二の丸に屋代秀正《やしろひでまさ》が入っていた。

当初、上杉と徳川は、小田原北条氏を共通の敵としていたが、二年前に徳川家康は北条氏政と同盟を結ぶに至り、上杉・徳川の関係が悪化した。双方の連絡役をつとめていた屋代一族も動揺し、屋代秀正が出奔して徳川方に走った。海津城を引き払った屋代は、山田《やまだ》城を経て、荒砥城に拠った。南下してきた景勝の軍勢はこれを攻撃し、屋代は虚空蔵山《こくぞうさん》城へ引退き、さらに小諸《こもろ》へ逃亡した（「屋代秀正覚書」）。

景勝は、海津城代を上条宜順に交代させ、村上景国を更迭《こうてつ》した。村上は越後の本領はそのまま保持しているため、処断はされなかったようである。しかし、信濃村上氏による在地支配はここに終わりをつげる。

景勝から府中へ帰陣した知らせを受けた琵琶島在番桐澤具繁は、直江兼続に対して信濃仕置を喜ぶとともに、席のあたたまる間もない景勝の体調を案じる書状を送った。

「推参なことを申し上げますが、夏中は御酒をも召し上がり、御遊山など気晴らしをしていただきたいと思います。秋になりましたら、いずれへも御進発なされるがよいでしょう」

桐澤は、書状の内容に沿うかのように、酒樽《さかだる》を府中に贈った。

前年暮れに大石元綱、狩野秀治が上洛し、秀吉との間で証人提出に関する調整が行われていた。『覚上公御書集』天正十二年六月条には、大石播磨守（元綱）が秀吉の証人提出の意向を越後に伝え、これを請けて、

「同月廿日、武田夫人、上條民部少輔義春一子同弥五郎義廣を御甥子をもって指し登らすべき旨、相済む」

と、ある。武田夫人とは言うまでもなく、景勝の正室菊姫である。もうひとりは上条義春（宜順養子）の子弥五郎であった。

また、同月条に「家孫弥五郎を證人」としたという記事が見え、景勝自身が「上條山城入道宜順斎政繁」に宛て、諸役免許の御朱印を与えている。諸役を免ぜられた上条宜順は、孫ともども上洛したと考えられる。

六月二十七日、景勝は本庄繁長に対し、新発田攻めについては勅使が下向されたので控えていること、秀吉から家康を討ち果たすため協力を要請されていることを説明し、繁長の協力を求めた。

「近き（新発田）を捨て、遠き（秀吉）を執る事を甲斐がないことと思われるかもしれないが、今、天下の安危は景勝の考え如何《いかん》にかかっている。そこで、家康と断ち、羽柴に味方することに決め、上方へ証人を送った。新発田をいまだ討ち果たせずにいることは、自分にも

世間の評判に対しても口惜しく思っている。彼の者の退治は畢竟《ひっきょう》あなたの力にかかっている」(『上越』二九五〇)。

「天下の安危」という景勝の言葉どおり、この頃、秀吉は尾張小牧《おわりこまき》において織田信雄と同盟を組んだ徳川家康と対陣を続けていた。一方、下野国沼尻《しもつけぬまじり》(栃木市藤岡町《ふじおか》)では、家康と同盟を結ぶ小田原北条氏の軍勢と、佐竹義重をはじめとする北関東の領主連合が対峙していた。北条氏直は七月三日に五覧田城《ごらんだ》(みどり市)を攻略、十五日に岩舟山《いわふね》(栃木市)をおさえ、連合軍側を追い詰めていた。

景勝の越山

七月十三日、景勝は一手を上野国境へ出陣させた。下野に在陣中の北条氏直を牽制するためである。上杉勢が迫ったことを知った北条氏直は、二十二日に退却に移った。景勝が秀吉に報じた書状は伝存していないが、八月十八日付けの秀吉返書が残っている。その内容から推すと、景勝は「七月十三日に上州境目まで兵を出し、これによって北条氏直がたまらず二十二日に敗走した。氏直を取り逃がしたのは残念である」と報じたようである。秀吉は「凶徒(北条氏直)がただちに敗北したのは、あなたのお手柄であり、その勇武は申しつくせません。(氏直を取り逃がした)ご遺恨はもっとものことです」と激賞している。

この時、景勝自身が出陣していたかどうかは不明であるが、秀吉に対する誇張された報告内容から推測すると、どうも出馬していた可能性が高いように思われる。この年の七月二十三日付けと考えられる大宝寺《だいほうじ》義高書状にも「其郡信（信州）・関（関東）堺目に至り、遥御下知を加えらるの由、誠目出珍重候」という語句があり、宛名が「山内殿」となっている。これは、関東管領山内上杉氏を意味するものであるから、大宝寺氏は景勝の関東出馬を知って、このような書状を出したのではないだろうか。

もっとも、上杉勢が出陣したことにより、北条・佐竹両者の間で起請文《きしょうもん》がとりかわされ、二十二日に北条勢が、二十三日に佐竹勢が退陣したというのが実情であった。これ以降も北条氏の攻勢は続き、佐竹・宇都宮の諸氏はやがて秀吉を頼るようになる。

景勝が上州国境まで出陣していたと仮定すると、おそらく七月末までには帰陣していたと考えられる。八月二日には、信州へ出陣していることが先の秀吉書状にみえるからである。景勝は八月四日に信濃の状況を書き送り、十七日に大垣《おおがき》でこれを受け取った秀吉は、景勝の信濃仕置を賞し、「明日（八月十九日）、家康が在城する小牧に向かって付城を築く予定である。遠・三・駿三カ国の人数はひとりも動かせないだろうから、気づかいはいらない」としている。

十一月、秀吉が織田信雄と単独講和を結ぶと、家康は居城にひきこもってしまった。家康の軍事行動を封じることに成功した秀吉は、たった一人抵抗を続けている越中の佐々成政の討伐にかかった。当然、景勝には呼応して越中へ乱入することを求めた。景勝のもとへは、佐々成政から出陣を思いとどまるよう懇願されていたが、彼を「佞人《ねいじん》」と断じて一切相手にしなかった。

天正十三年(一五八五)六月十六日、景勝は境川城《さかいがわ》へ兵糧を搬送し、須賀盛能《すがもりよし》および秋山定綱に沿道の普請を命じた。

八月に入ると、関白となって人臣最高位に就いた秀吉が、いよいよ八万とも十万とも号する大軍を率いて、越中へ進攻した。佐々成政は意気沮喪《そそう》して、頭をまるめて降服を申し出た。景勝の麾下《きか》八千騎はまだ越中へ足を踏み入れてもいなかった。

景勝は、千坂景親と村山慶綱を使者として遣わし、太刀一腰・馬一疋《ぴき》・大鷹《おおたか》一居《もと》を贈って秀吉の戦勝を祝した。これによって、越中方面への気づかいは不要となり、景勝は信濃および下郡の新発田重家への対処に傾注することになった。

真田昌幸の去就

景勝にとって、信濃における当面の敵は上田の真田昌幸であった。昌幸は先年、上杉家に降《くだ》りながら、北条氏直の軍勢が川中島に進出すると、これに従っていた。さらに北条氏が徳川家康と和睦した後は、徳川家へ従属していたのである。信濃は北部をおさえる景勝と、南部を制圧した家康が対峙する構図となっていた。

天正十三年六月には、海津城代として上条宜順にかえて須田満親を差し遣わした。すると、七月になって当の真田昌幸が景勝に臣従を申し出てきた。先の徳川・北条の和睦条件に昌幸が支配している上州沼田領を北条氏に帰属させる一項があったためである。沼田の引き渡しを拒否した昌幸は、徳川・北条と戦う道を選び、再び景勝を頼ってきたのである。七月十五日、景勝は昌幸に対して起請文を与え、信濃表は言うにおよばず、沼田・吾妻《あがつま》表への後詰を約束した。真田方からは昌幸次男弁丸（信繁《のぶしげ》）が証人として海津城に入った。八月、徳川家康は鳥居《とりい》元忠《もとただ》・大久保《おおくぼ》忠世《ただよ》・平岩親吉《ひらいわちかよし》らの軍勢を禰津《ねつ》表（東御《とうみ》市祢津《ねつ》）へ進出させた。八月二十九日、海津城代須田満親は真田家臣矢澤頼幸に証人到着についてふれ、援軍を出したことを知らせている。

徳川勢は上田城の真田昌幸を攻撃したが、逆に反撃に遭い、兵を退《ひ》かせた。十一月十七日、真田昌幸は徳川方の平岩親吉・柴田《しばた》康忠《やすただ》・大久保忠世らが遠江へ召喚《しょうかん》されたことを直江兼続に報じた。家康は再度の真田攻めを企図していたが、重臣石川数正《いしかわかずまさ》が上方へ出奔したことにより、沙汰止みとなった。加えて、東海地方を襲った大地震によって、秀吉も家康成敗を断念せざるを得なくなり、懐柔する方針に転換した。

秀吉は、家康を屈服させるにあたって、景勝の参陣を望んでいた。そのためには、新発田重家の乱を早急に解決しなければならなかった。秀吉は、天台座主《てんだいざす》尊朝法親王《そんちょうほっしんのう》（伏見宮邦輔《ふしみのみやくにすけ》親王第六王子）を動かし、景勝と新発田重家の和睦斡旋《あっせん》を試みたが、景勝は重家を「国家の鴆毒《ちんどく》」と非難し、和睦に応じようとはしなかった。

景勝上洛

天正十四年五月十六日、増田長盛・木村清久・石田三成の三奉行は、秀吉の妹朝日《あさひ》と徳川家康との婚儀について、直江兼続に経過を報告してきた。その書状の中で、三人は秀吉と家康の和親が成ったとして、上杉家についても早期の大坂伺候《おおさかしこう》を求めている。

五月二十日巳《み》の刻、景勝は府中を発《た》ち、上洛の途につく。「天正十四年上洛日記」によれば、二十日に能生、二十一日糸魚川、二十三日市振《いちぶり》、二十四日村椿《むらつばき》、二十五日西岩瀬《にしいわせ》に着くが、洪水のため同地に逗留《とうりゅう》し、二十七日木舟で木舟城主前田利秀（利家甥）の歓待を受けた。二十八日に倶利伽羅《くりから》峠を越え、能登七尾城代前田安勝（利家兄）、秀吉の使者石田三成らの出迎えを受けたところへ、前田利家も参着し、小山に宿泊した。翌日は利家に小山城へ招待された。利家の九歳になる次男又若丸（利政《としまさ》）が能を披露するなどの歓待を受け、さらに景勝御供の者たち四千余人の名簿が利家に渡された。これは、秀吉の命により、小山・京都間

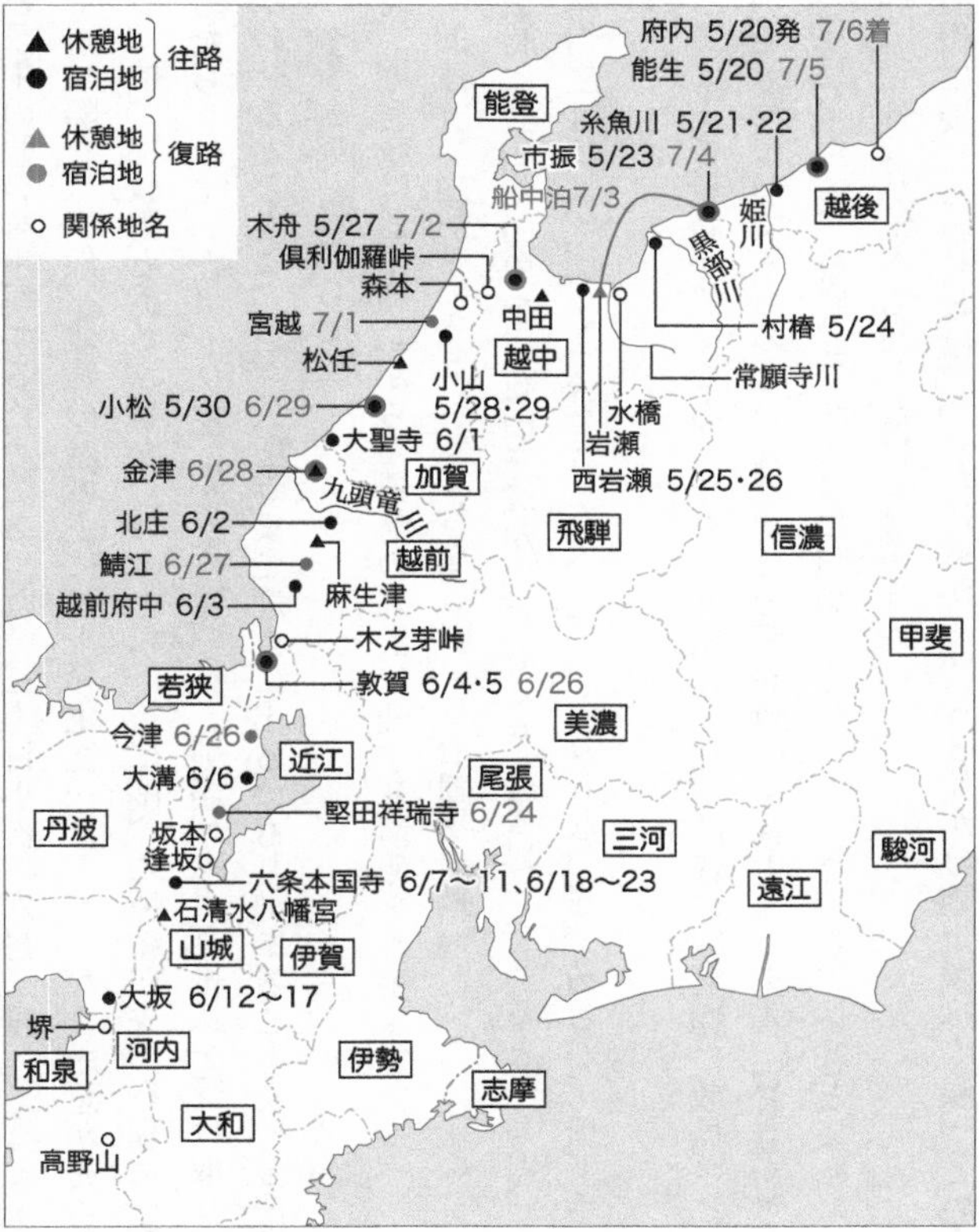

天正 14 年景勝上洛ルート

および在京中の賄いを手配するためであった。三十日小松《こまつ》、六月一日大聖寺《だいしょうじ》に至る。

景勝上洛に際し、当然、北陸の諸城主には上杉主従一行をもてなす用意が秀吉から課せられている。すでに景勝と接した者からは、上杉一行に関する情報が先の行程に位置する城主たちにもたらされていた。北ノ庄《きたのしょう》城の堀秀政《ほりひでまさ》は、前田利家より書状を受け取り、家臣を加賀へ向かわせるとともに、自ら大聖寺まで迎えに出るつもりであることを、金津《かなづ》城主堀源介（秀政弟、多賀秀種《たがひでたね》）に知らせた。

この時、堀秀政は前田利家から、景勝の人柄に関する情報を入手している。

それによれば、「彼方ハちとおもくちなる由、石治御物語候」という（「多賀家文書」）。つまり、景勝に会った印象を、石田三成が「おもくち（重口）」であると語った、というのである。「重口」は口がかたくて軽々しく人に話したりしない意であるが、口下手という意味合いもある。

ところで、上杉景勝が無口であったという話は、江戸時代の編纂《へんさん》物に散見されるが、同時代の記録でそれに類するものといえば、この堀秀政の書状中にみえる「おもくち」という言葉（正確には石田三成の景勝評）がまさに該当するだろう。ただし、これとてもはじめて上洛するという特殊な状況も考慮しなければならない。

この情報に接した堀秀政は、「いかにもかる〳〵と仕かけ馳走候へく候」という指示を下している。景勝の「おもくち」を、上洛という大事による緊張によるものと考えた秀政は、こちらはあまり重々しくならずに親しみやすくもてなそう、という方針を伝えた。

二日、景勝は金津において堀源介から昼餉《ひるげ》の振る舞いを受けた後、北ノ庄に到着する。さっそく堀秀政が城へ招請した。秀政が用意した酒肴《しゅこう》は筆舌に尽くしがたい、と「天正十四年上洛日記」の筆者が記している。やがて、秀政の七歳の息子（のちの親良《ちかよし》）が太鼓二番を披露した。おそらく前田家が九歳の次男に能を舞わせたという話も伝わってきていたであろう。これも秀政のいう「かる〳〵」という仕掛けのひとつであろうか。景勝はもてなしの御礼として、秀政に馬と光忠《みつただ》の刀を贈った。

三日に越前府中《ふちゅう》、四日に敦賀《つるが》に投宿した。ここで、景勝は供奉《ぐぶ》していた河田摂津守を誅殺している。原因は不明だが、一説には上条宜順ともども上杉家を出奔し、秀吉の直臣に取り立ててもらおうとしたからだという。近江は河田一族の故地であり、その手前で景勝は始末をつけたのかもしれない。この一件は「天正十四年上洛日記」には一切ふれられていない。

六日大溝《おおみぞ》、七日坂本《さかもと》に到着した。ここで一泊する予定だったところ、先行していた石田三成からの使者がやって来て、今夜中に京都へ入るように伝えたため、一行は急遽《きゅうきょ》出発し、夜の五ツ過ぎ（午後八時過ぎ）に六条本国寺《ろくじょうほんこくじ》に入った。「坂の途中で日が暮れてしまい、名所旧跡も見ることがかなわず、白川夜船とはこのことである」と、日記の筆者も嘆いている。

上杉勢が洛中に出現するのは、永禄二年（一五五九）、謙信が足利義輝の帰洛を祝うべく上洛して以来、二十七年ぶりのことであった。

景勝の宿所は入京を祝う客で賑《にぎ》わった。三条西家《さんじようにし》のような長尾家と代々関わりが深い家や、かつて謙信が上洛した折に親交があった公卿《くぎよう》、商人などが次々に訪れた。秀吉からも石田三成を通じて兵糧三百石が届けられた。ここまで随行してきた木村清久は、京都への無事参着を祝い、六角堂《ろつかくどう》に景勝主従を招いて風呂《ふろ》を馳走した。

六月十二日、景勝一行は大坂へ下向し、増田長盛の屋敷に入った。翌十三日は謙信の忌日にあたっており、「景勝が謙信を崇敬することは天下に隠れがない」という事情を汲《く》んだ秀吉が対面延引の旨を知らせてよこしたという。そして、十四日、景勝は大坂《おおざか》城で秀吉と対面した。

景勝は秀吉に白銀五百枚、越後上布三百反、馬五十疋、そのほか重代の竹俣兼光を献上した。饗応《きようおう》のあと、千利休《せんのりきゆう》の点前《てまえ》で茶を喫した。

秀吉は築城されたばかりの大坂城天守を自ら案内してまわった。二ヶ月前に同じく城内を見学した豊後《ぶんご》の大名大友宗麟《おおともそうりん》が、国許《くにもと》の家臣に「神変不思議、三国無双」と、驚嘆のありさまを書き送ったのと同様な思いに、景勝主従もとらわれたことであろう。

七月六日に帰国した景勝は、右筆宇津江九右衛門朝清《ともきよ》に越後長尾家の系譜を作成させ、上田庄の楞厳寺《りょうごんじ》に納めた。冒頭でふれた「越後長尾殿之次第」の原本に相当する系譜と考えられる。上洛し、参内を遂げた景勝が、あらためて自己の正統性を主張するためにまとめられたものであろう。

秀吉の思惑

上洛を果たした景勝は、おそらく秀吉から新発田の乱一件について、その決着を強く求められたであろう。帰国した景勝は間もなく下郡へ出陣した。

天正十四年九月二十八日、秀吉の使者木村清久は、新発田攻めを敢行中の景勝の陣を訪れ、重家に直接会って降伏を勧告する旨を伝えた。重家が城明け渡しに応じれば、新発田領に見合う替地を与えるというのが秀吉の考えである。しかし、重家は応じなかった。秀吉の意向を確かめなければならないため、木村も景勝もいったん帰陣することになった。秀吉が重家の赦免を口にしている以上、独断で総攻めをするわけにはいかない。

秀吉は、家康が上洛しようとしない場合は三河まで出陣し、それに合わせて、弟秀長《ひでなが》に上杉をはじめとして、北国衆や近江の軍勢を付けて関東へ攻め込ませる計画をたてていた。家康を屈服させるにあたっては、景勝の出兵が不可欠で、そのためには早期に新発田重家の乱を平定させなければならない。秀吉が重家との和平をもちかけたのもそれが要因であった。

ところが、ついに十月、徳川家康が上洛して秀吉に臣従した。これによって、秀吉は景勝を出兵させる必要はなくなった。先に秀吉は、景勝に「関東諸家中幷伊達・会津御取次（東国申次）」を任せる旨の朱印状を与え、大いに尽力するよう命じていた（『上越』三一四四）。以後、関東対策は家康に一元化されていくことになるが、従来は景勝が東国申次の座を家康に明け渡すような理解がなされていた。しかし、近年、景勝が伊達氏や葦名氏など東国大名への対応を継続しており、小田原北条氏との折衝を任された家康との棲《す》み分けが指摘されている。秀吉にとって、上杉景勝は東国政策をすすめるにあたって、最重要人物であり続けたということである（矢部二〇〇五）。

秀吉は、「関東の儀」は家康に一任させ、真田昌幸・小笠原貞慶《おがさわらさだよし》・木曾義昌を徳川に帰属させる決定を伝えてきた。そして、新発田重家を討伐するという方針に転換し、「たとえ何年かかろうと新発田は首を刎《は》ねよ。これ以降、侘言《わびごと》を申してきても一切許容しない」と通達した。豊臣《とよとみ》政権の公認のもと、景勝は新発田の乱を鎮め、越後一国の平定に専念せよ、ということである。

新発田重家が謀反《むほん》をおこしてからすでに五年余りが経過している。これまでは重家の精強ぶり、御館の乱以後の上杉家の弱体化といった事情に焦点があてられることが多かった。

しかし、重家やこれに与《くみ》する五十公野城の三条道如斎らは、その出戦能力がいちじるしく低下しており、もはや反乱初期のように景勝を窮地に陥れるようなことはなくなっていた。そのため、景勝は笹岡・木場に拠点を築くことによって、重家らを封じ込めた上で、信濃・越中への軍事行動、さらには上洛も可能な状況になっていたのである。

むしろ、乱の長期化は、景勝が上洛して秀吉に臣従を誓ったことが背景にあった。越後における「新発田」しかり、上州における徳川、北条、そして真田氏も絡んだ「沼田」の問題は、そうした豊臣政権の東国政策に巻き込まれていったのである。

赤谷城攻略戦

天正十五年（一五八七）五月一日、景勝は府中を出馬し、七日に新潟津に着陣した。この動きは葦名盛隆の知るところとなり、境目の津川《つがわ》城の守備を増強し、新発田重家への外援となっていた赤谷城へ鉄炮・弾薬を輸送している。

五月十三日、上杉勢は、五年前に新発田勢に攻略されていた水原城の水の手を断ち、奪回に成功した。この勝報を、直江兼続は安国寺建松に報じている。安国寺は上田庄関興院《かんこういん》の支配下にあったため、建松は景勝や兼続とは早くから知遇を受けていたのであろう。建松は兼続の書状を二十日に受け取り、翌二十一日に返書している。それには、「逆臣も近日中に滅亡し、景勝様が御納馬されるのは必然でござりましょう。その時には途中まで出迎えに罷《まか》り越したいので、景勝様にこの旨をよろしくご披露ねがいます」といった趣旨が記されている。また、水原城を攻略した件につき、「謙信様の御守護浅からず覚え申し候」とあるのも興味深い。没して十年近くが経過していたが、すでに謙信神格化のきざしがうかがえる。

六月に春日山城へ帰陣した景勝のもとへ、会津から赤谷城への往来が増えているという知らせが入った。景勝は、新発田と会津蘆名氏の通謀を疑っており、赤谷城がその経由地であることを確信し、こちらが許可した者以外の通行を留めるよう指示した。

景勝は、本庄・色部勢とともに新発田城を牽制しつつ、九月七日に加地城を攻略し、赤谷へ移動、城を見下ろす山頂に陣を布いた。のちにこの山は大将陣山とも称されたという。

赤谷城が築かれた関《せき》ヶ峰《みね》は頂上に主郭をいただき、三方の尾根を階段状に掘削した袖郭《そでくるわ》群に囲まれている。ここに蘆名勢五百余騎が籠《こ》もっていた。

九月十四日、景勝勢は、赤谷城へ攻撃をしかけた。津川から新発田に抜ける会津街道の要衝に位置する赤谷城を攻略し、会津蘆名氏の干渉を断ち切るのが目的である。

城主小田切三河守盛昭は、景勝の率いる軍勢に恐れをなし、根小屋に籠もっての防戦をあきらめて、二町あまり離れた山上に新塁を築いてこれに拠った。

蘆名盛隆は津川の兵力を赤谷への支援に振り向けたが、越後勢はこれを襲って兵糧を奪い取った。会津からの支援を断たれた赤谷城は陥落し、新塁に籠もっていた小田切盛昭以下百五十余もことごとく討ち取られた。諸記録には「男女七百余り、撫切《なでぎ》りに成さる」とある。

新発田の乱平定

赤谷城を攻略した二日後、上杉勢は五十公野城を攻囲し、四方の山の大木を伐《き》りはらわせ、高地に本陣を置いた。景勝は、昼夜を分かたず総攻撃を命じる。城方も激しく抵抗し、何度も城外へ打って出る場面もあったが、ついに十月二十三日早朝、城は落ち、城主三条道如斎とその一族はことごとく自刃した。

二十五日、景勝は余勢を駆って新発田城を包囲、翌二十六日夜から攻撃を開始し、早朝までには二の丸・三の丸を陥れた。景勝は占拠した三の丸へ本陣を移す。景勝が命じた人留によって、会津からの支援は断ち切られ、城内は兵糧不足に悩まされていた。最後に残った本丸は二重に堀がめぐらせてあり、さすがの寄せ手も躊躇《ちゅうちょ》した。あるいは、これ以上力攻めはせずに、開城を勧告するものと思った者も多かったかもしれない。

二十八日寅《とら》の刻(午前四時前後)、景勝は堀端へ馬を寄せると、「堀を渡せ」と下知を加えた。これを合図に総勢無二無三、二重の堀を押し渡り、必死で四方の塀にとりついた。この総攻撃によって、城方七百余が討ち果たされた。それらを葬った首塚は十数か所もあったといわれる。

奮戦の末、力尽きた重家は「色部が手の者はおらぬか。只今《ただいま》自害するぞ。近くに寄って首を獲《と》れ」と叫んだ。新発田重家の首級は、色部家中の嶺岸作左衛門という者があげた。重家は実に六年の長きにわたって景勝を苦しめ続けた。四十二年の生涯であったと伝わる。十月二十八日付けで景勝は嶺岸に感状を与えている。

新発田城が玉砕した後、他の諸城も落城した。

色部長真は、領内の長松寺に義兄重家の位牌を安置し、その菩提《ぼだい》を弔った。墓は現在、新発田市内の福勝寺《ふくしょうじ》にあり、同寺は重家肖像画や遺品を伝えている。

結果的に、新発田重家の討伐に景勝は六年余を費やした。新発田の乱は上杉氏にとっても脅威には違いなかったが、天正十二年以降は秀吉に臣従することによって、景勝はその意向を無視するわけにはいかなくなった。新発田の乱が長期化した背景には、中央政権の思惑が介在していたのである。

御館の乱、新発田重家の乱を経て、景勝の領主権力は飛躍的に強化された。それまで府中に出仕し、政権運営に参画した国衆たちは、在地支配もそのまま維持している。しかし、かつての御館方や新発田重家に味方して滅んでいった国衆たちの居城には、上田衆を中心とした景勝に近い武士が送り込まれ、在番するようになった。

謙信以来、徐々に推進してきた国衆の被官化がさらに進み、謙信晩年には新発田長敦（重家兄）、竹俣慶綱ら揚北衆も奉行衆に登用されるにいたったが、御館の乱以降、国衆を奉行に登用し、政権運営に参画させる手法は終焉《しゅうえん》を迎え、出頭人である直江兼続を中心に、景勝直属の家臣たちが外交・内政に手腕をふるうことになる。謙信期の施策が次の段階に進み、景勝の権力基盤は強化された。そして、それは上杉家が豊臣政権という強大な権力に包括されることで、はじめて完成を見ることになったのである。

天正十六年四月二十日、景勝は二度目の上洛の途に就いた。五月七日に京へ入った景勝は前回同様に本国寺を旅宿に定めた。翌八日、景勝は聚楽第《じゅらくてい》に参上し、秀吉に対面した。

越後は遠国であるため、兵糧の運送に難儀するであろうとの理由で、秀吉からは在京賄い料として、近江国蒲生《がもう》、野洲《やす》、高嶋《たかしま》の三郡のうちで一万石を賜った。

今回の上洛で、景勝は従三位参議兼中将に叙任された。この時、直江兼続、須田満親、色部長真の三重臣も従五位下に叙任され、豊臣姓の使用を許された。五月二十六日、景勝が参内した様子を「御湯殿上日記」は次のように記している。

「五月廿六日雨ふる、ゑちこのなかううへすき（越後の長尾上杉）に、四位の少将、三位を申、ちよつきよ（勅許）也、御れい申、きてう（几帳）所にて御たいめん（対面）、御太刀おりかミ（折紙）進上申、申つき菊亭・勧修寺・中山也、御こふ（昆布）あわ（鮑）の御さか月（盃）いたゝく」

雨の中、参内した景勝は三位の勅許を賜り、几帳所で天皇にお礼を申し上げ、太刀・折紙を進上した。申次は菊亭晴季《きくていはるすえ》、勧修寺晴豊《かじゅうじはれとよ》、中山親綱《なかやまちかつな》であった。景勝には、昆布と鮑が添えられた天盃《てんぱい》が与えられた。

二、東国仕置

高野山参詣

天正十六年（一五八八）に上洛した折、景勝は奈良へ足をのばしている。京都では一条戻橋《いちじょうもどりばし》付近に邸地を賜っており、千坂景親を奉行として屋敷普請が進行中であったため、その間に他行を考えたらしい。

閏《うるう》五月二十日、興福寺多聞院英俊《たもんいんえいしゅん》の日記に「一、越後ノ長尾、廿五六歳ノ人云々、高野山参詣トテ今日爰元へ来、郡山ヨリ被申、蓮成院・常如院・円明院宿所ニ取了」と記されている。この時、景勝は三十四歳であるから実際年齢より少し若くみられたようである。

この日、景勝は春日《かすが》大社に参詣《さんけい》した。この時は微行だったため贈答の品々などを持ち合わせていなかった。翌日、あらためて大石元綱を代参として遣わし、馬代三貫文、太刀一振が進上され、若宮大神楽《わかみやおおかぐら》にも神楽料十二貫を進上していることが神人野田宮内丞守統《のだくないのじょうもりむね》の記録にみえる（「大宮家文書」）。この時、景勝が進上した十二貫のうち十貫を拝殿に奉納し、二貫文を野田守統が拝領したとある。景勝のほか、直江兼続、泉澤久秀らもそれぞれに初穂料を納めている。

野田氏は「春日越後御師」として、越後上杉氏・長尾氏とは戦国期初頭までは交渉がもたれ、京都雑掌神余氏、長尾為景らの祈願の記録が確認できる。その後は、永禄二年（一五五九）に謙信が上洛した際、野田守統の父守富が近江坂本の宿所を訪ねているが、この頃はやや疎遠になっていたようである。

野田守統は「ゑちこ之御やかた様御祈念也」と記すが、端裏書に「エチコナカウトノ」とある。このため、野田守統自身は景勝のことを上杉とする認識がなかったのではないか、と片桐昭彦《かたぎりあきひこ》氏が指摘している（片桐二〇一七）。先にみた「御湯殿上日記」でもみられたように、朝廷や公家社会においては「越後長尾」の称が通用していたようである。

景勝はそのまま高野《こうや》山《さん》へ参詣に向かった。

高野山奥之《おくの》院《いん》には「御廟橋《ごびょうばし》」という名の橋が渡されている。この橋の向こう側には真言密教の開祖空海《くうかい》が禅定を続けている御廟《ごびょう》がある。いわば聖域であった。

しかし、景勝は橋を前にして渡るのを躊躇してしまう。理由は「今まで人の命を余多御取り成さる故に、むみやう橋を御心元なく思し召された」ためであった（「越後古実聞書」）。

「むみやう橋（無明橋）」とは、御廟橋の別名である。殺生をたくさんしてきた自身をかえりみて、御廟のある聖域へ足を踏み入れることに対して気後れしてしまった。要するにビビったのである。

しかし、御廟に参詣しなければはるばる高野山までやって来た甲斐がない。悩んだ景勝は、「御心見」と称して夜中にこっそり宿所を抜け出し、「無明橋」を渡ってみた。もちろん何事もない。わざわざ夜中に人知れず試すほうが勇気がいりそうに思えるが、醜態を衆人にさらしたくないという景勝の性格によるものかもしれない。

翌日は「院家衆」と同道して「無明橋」を渡って無事に奥之院へ詣《もう》でることができた。すっかり安心した景勝は山内をあちこち見物してまわり、帰途には堺《さかい》を遊覧して帰洛した。

出羽庄内の帰属問題

この年の八月、出羽庄内の帰属をめぐって本庄繁長と最上義光《もがみよしあき》が鉾《ほこ》をまじえた。これが十《じゅう》五里ヶ原《ごりがはら》の合戦である。最上勢三万に対して本庄勢三千と軍記はやや誇張した数字を伝えている。繁長軍が数の上で劣勢であったことは事実だが、最上勢はこの時期、隣国伊達政宗《まさむね》との関係が悪化し、後背を脅かされていた。このため、庄内《しょうない》へ充分に力を傾注できなかったという事情があった。この戦闘で最上勢は多数の死傷者を出して大敗した。数千騎討ち取り、という、やや誇張された風聞はたちまち奥羽《おうう》諸郡にひろまり、米沢の伊達政宗さえも唖然《あぜん》とさせた。実際に、本庄繁長が飛脚を遣わして伊達氏に知らせた情報では、「もかみ衆二千五百あまりうつとり申候よし」（『伊達日記』）となっている。

驍勇《ぎょうゆう》をうたわれた最上義光もこの敗戦はさすがにこたえたらしい。背後（伊達政宗）を気にしすぎて、庄内方面のいくさに念を入れなかったために、面目を失った、と書状に悔しさをぶちまけている。

だが、最上義光もこのまま黙ってはいなかった。本庄繁長の行為を豊臣政権がさだめた私戦禁止（惣無事）に違反する、と秀吉に訴えたのである。最上義光の後ろには徳川家康がついていた。

石田三成、増田長盛らは秀吉の全国統一事業の過程で、中央との仲介、検地の指導などを通じて、諸大名との結びつきを強めていた。家康と領国を接する上杉、佐竹、宇都宮はことごとく三成と結びつく。それは、秀吉から関東奥羽惣無事について委任された徳川家康との競合を意味していた。

家康方の動きに反応した増田長盛、石田三成の両奉行は景勝に対し、本庄の最上領乗っ取りの理非について糺明《きゅうめい》したい、と通達した。

十二月二十八日、景勝は本庄繁長に対し、次男である大宝寺義勝《よしかつ》を急ぎ上洛させるよう命じ、「巨細に於ては直江山城守申し越すべく候」と通達している。狩野秀治が病没した後、兼続は上杉家中随一の上方通といってよかった。大宝寺義勝は上洛にあたって、兼続の指南を仰いだことであろう。

天正十七年五月二日、上洛の途に就いた大宝寺義勝は、十二日、越後府内へ到着した。その際、兼続は奏者として大宝寺義勝からの太刀、馬、金子の贈り物を景勝に披露している。大宝寺義勝が入洛したのは、六月二十八日である。京都では兼続の屋敷に宿泊した。前年の上洛の際、兼続も独立した邸地を賜っていたのであろう。兼続は大宝寺に同行はしなかったが、その目的達成を容易ならしめるため、秀吉の奉行衆に対して根回しを行ったことは想像に難くない。

聚楽第で秀吉と会見したのは七月四日であった。大宝寺義勝は秀吉と面識のある千坂景親、大石元綱をはじめとして、領国から召し連れた白川対馬守、平賀五郎、門田修理進らを随《したが》えて伺候した。対面の場にあらわれた秀吉の衣装は、白い御帷《かたびら》・御筒衣に赤い御襟袖をかける、というものであった（「大宝寺義勝上洛日記」）。

その後、義勝は七月十一日に参内した。勧修寺晴豊、菊亭晴季から大宝寺家代々の由緒を尋ねられた。これには大宝寺家譜代の白川対馬守が応じ、左京大夫の官途と出羽守の受領については、大宝寺代々の証《あか》しがあると回答した。十二日には、内裏から官途・受領・名乗りに関するもの、および諸大夫に任じるという二通の綸旨《りんじ》が下された。庄内問題は上杉、本庄の積極外交が功を奏した形になった。

佐渡平定

大宝寺義勝の上洛によって庄内問題が上杉氏による勝利で決着がついた頃、景勝はいよいよ領国平定の仕上げにとりかかる。

越後を平定した景勝の新たな課題は、佐渡一国を支配下におくことであった。天正十四年に上洛した折、景勝は秀吉から佐渡の領有を認められていた。

佐渡には親上杉派の潟上《かたがみ》本間氏と、それに対抗する河原田《かわはらだ》本間氏、羽茂《はもち》本間氏が蟠踞《ばんきょ》していた。一族は佐渡国中にひろがり、久知《くじ》、沢根、新穂《にいぼ》などといった諸流に分かれている。景勝は諸士の府中出仕を命じ、従わない場合は討伐する旨を通達した。

天正十七年五月二十八日、景勝は出雲崎の湊《みなと》から軍船三百余艘《そう》を送り込んだ。さらに六月十二日には、自ら指揮する本隊を渡海させ、沢根に上陸した。先陣は、島津忠直、芋川親正、岩井信能らである。

豊臣政権が背後に控え、すでに越後再統一を果たした上杉軍にとって、佐渡の制圧は物の数ではなかった。

佐渡河原田の領主本間三河守らは鴻川《こうがわ》に布陣したが、上杉勢はこれを破り、河原田城《かわはらだ》はその日のうちに陥落した。本間勢は奥州へ逃れようと試みたが、船が難破して新潟浦に吹き寄せられ、湊で待ち構えていた兼続の部下窪田源右衛門に捕らえられて、佐渡へ還送された。六月十六日、景勝は本間三河守らを処刑した。景勝に敵対した勢力は根絶させられたが、味方した沢根の潟上氏らも本貫の地である佐渡から引き離されることになった。

佐渡三郡の支配は、雑太《さわた》郡に椎野与市、青柳隼人佐《はやとのすけ》、黒金安芸守、羽茂《はもち》郡に富永備中守、大井田監物《けんもつ》、加茂《かも》郡に石井監物、北村孫兵衛、須賀修理亮、河村彦左衛門《かわむらひこざえもん》と定められた。いずれも上田衆、あるいは与板衆で、信濃出身の武士も含まれている。ここに、本間氏の佐渡支配は終焉を迎えた。

六月二十九日、兼続は佐渡妙宣寺《みょうせんじ》に対し、諸式前々の如く安堵すべき旨、判物を与えている。

帰国した景勝は、佐渡征伐の成功を祝し、側近たちとともに漢和連句会を催している。兼続をはじめ、宇津江朝清、木戸《きど》寿三、池上言俊、大国実頼《おおくにさねより》らが名を連ねた。

景勝の発句は、

「霜葉凱旋錦」

で、あった。兼続の実弟大国実頼が景勝の偉業を次のように結んだ。

「かみなか下もゆたかなる州」

天正十七年六月、上杉氏は庄内・佐渡問題を一挙に解決させて、ここに版図が確定されたのであった。

景勝政権の集大成として「文禄《ぶんろく》三年定納員数目録」が完成し、ここに戦国大名上杉氏は、近世大名としての第一歩を標《しる》した。翌年には上杉領内の検地が実施された。その結果は次のとおりである。

越後七郡　　　　四十五万石余
信濃川中島四郡　十八万六千八百二十九石余
佐渡三郡　　　　十三万八千石余
出羽庄内三郡　　十四万千八百七十五石余

慶長三年（一五九八）の大名帳によれば、総石高九十一万九千余石とある。上記の諸国石高に加えて、秀吉から宛行《あてが》われた近江の領地を加えれば、ほぼこの数字に近いものとなる。ただし、佐渡三郡の石高は少し過大ではないかと思われる。

さらに「文禄三年定納員数目録」をもとにして、慶長二年には城館、寺社、金山、河川を詳細に描き込んだ国絵図も作成された。現在、頸城《くびき》郡および瀬波《せば》郡の二図が伝存する。

小田原攻め

天正十七年十一月十一日、下野佐野《さの》氏の一族で秀吉の側近として活動していた天徳寺《てんとくじ》宝衍《ほうえん》は、景勝の家臣木戸元斎《げんさい》に対して「小田原の北条氏が上洛しなければ、関白殿下は必ずやこれを征伐するため出馬するでしょう。関八州の静謐《せいひつ》が実現できた時には関東諸侍の過半は景勝様へ仰せ付けられるとのことです」という書状を送っている（『上越』三三三五）。つまり、小田原北条氏を従わせた後は、関東諸侍たちの多くは関東管領の由緒たる上杉家に付属せしめられるということである。

次第に小田原攻めは現実のものとなりつつあった。すでに、上杉氏を含む北国衆には六人半役の関東御陣軍役が定められていた。

天正十八年、豊臣秀吉は天下平定の総仕上げともいうべき小田原北条攻めに着手した。北条氏は伊勢宗瑞以来、百年近くにわたって関八州に勢力を広げ、東国でもっとも整備された大名領国を形成する一大勢力であった。この北条氏が秀吉の再三の上洛命令を拒み、あまつさえ真田領となった上州名胡桃《なぐるみ》城を攻略したことが「惣無事」に抵触したとみなされた。

秀吉の軍勢の規模は、東海道を進む本隊十五万三千余、北国方面から上州へ入る別働隊三万五千余、水軍も含めて二十万余に達するものだった。

北国部隊の大将は前田利家である。上杉勢は川中島を経由して依田《よだ》康国《やすくに》、真田昌幸らと参会、金沢《かなざわ》を進発した前田勢と合流し、碓氷峠を越えた。

攻撃目標は北条方の将大道寺《だいどうじ》政繁《まさしげ》が守る松井田《まついだ》城である。三月初めに攻撃が開始された。寄せ手の上杉・前田勢は持久戦を強いられたが、依田康国らが西牧《さいもく》城を、景勝が国峰《くにみね》城を攻略し、松井田城を孤立させた。そして、四月十九日からの総攻撃の結果、二十二日に落城した。城将大道寺政繁は上杉家の藤田《ふじた》信吉《のぶよし》を頼り、景勝への取り成しを依頼した。大道寺の身柄はいったん前田利家が預かり、小田原の秀吉のもとへ赴くことになった。しかし、秀吉は同じく内応した宿老松田《まつだ》憲秀《のりひで》ともども、大道寺を小田原開城後に切腹させている。

北国勢は、続いて鉢形《はちがた》城攻めにかかる。浅野《あさの》長吉《ながよし》や徳川勢の本多《ほんだ》忠勝《ただかつ》らの応援により、六月十日、総攻撃が開始された。特に大手口に陣した本多勢は、二十八人持ちと称される大筒を放って城方を萎縮《いしゆく》させた。十四日に城は落ち、城主北条氏邦は正龍寺《しょうりゅうじ》に入って謹慎した。

六月六日、景勝はこの陣中から関東出身の武士七名を出羽庄内の大宝寺《だいほうじ》城在番とすべく、はるばる下向させている。

この時、庄内へ下った者は、漆原兵部丞《ひょうぶのじょう》、半田式部丞《しきぶのじょう》、中山治部丞《じぶのじょう》、田村弥九郎、原三郎左衛門、尻高《しったか》源三郎、尻高摂津守であった。直江兼続は堪忍分として五十俵を給し、河村彦左衛門から請け取るように指示を出している。

この一事を見ても、すでに上杉氏による出羽仕置が予定されており、これを請けて前記の七名を庄内へ下向させたと考えられる。

北国勢はさらに南下して八王子《はちおうじ》城を囲み、六月二十二日、ついに総攻撃が開始された。上杉勢は搦手《からめて》門を突破し、本丸を陥れ、北条領内屈指の巨城はわずか半日で陥落した。

これ以前に、前田利家と景勝は北条方の諸城攻略について、秀吉から手ぬるいとの指摘を受けていた。このことが、八王子城の攻略に少なからず影響を与え、城方の人命が多数失われる結果となったといわれる。

さらに、松山《まつやま》城も開城させ、北国勢は所定の作戦を終えた。

小田原城が開城したのは、七月五日のことである。しかし、景勝は秀吉から、小田原には入らず、忍《おし》城攻囲の支援に回るよう命令を受けた。

北条氏政・氏照《うじてる》兄弟は十一日に切腹、ここに小田原北条氏は五代百年の歴史に幕をおろしたのである。宿老松田憲秀や、前松井田城主大道寺政繁も同様に切腹を命じられた。当主北条氏直は高野山へ追放され、二十一日に小田原を発った。

秀吉は、武蔵《むさし》・相模・伊豆・上総・下総・上野・下野にまたがる旧北条領の過半を家康に与えた。そして、自らは宇都宮を経て、会津に向かい、奥羽仕置をおこなった。

景勝は天正十四年に秀吉から「関東其外隣国の面々」の申次について委《ゆだ》ねられるところがあった。さらに、関八州静謐の後には「彼表之者共景勝へ過半付けられべき由」という動きもあった。この段階では、秀吉は小田原北条氏を臣従させた後は、その領国を一、二カ国に削減し、北関東の領主たちを上杉家の与力とさせる構想を抱いていたのかもしれない。

しかし、北条氏とは姻戚関係にあった家康の上洛によって、秀吉の東国政策は徐々に変更が加えられていくようになる。

景勝、出羽へ

小田原北条氏は謙信以来の宿敵であったが、景勝はその終焉に立ち会っていない。忍城の降伏後、秀吉から庄内地方の仕置を命じられたのである。相役は大谷吉継《おおたによしつぐ》であった。小田原へ参陣していた小野寺義道《おのでらよしみち》の領国で一揆《いっき》が蜂起《ほうき》したのである。

景勝は、攻略した八王子城に三十日の在番を命じるべく、国許から新たに兵を呼び寄せた。この中には上田衆も多く含まれており、景勝の傅役《もりやく》であった「大井田殿」こと大井田平右衛門にも小旗二本・鑓《やり》十八本の軍役が課せられている。総勢は鑓百丁、鉄炮十五丁、馬上十三騎、小旗・腰差十六本など百五十余人となった。

一方、奥羽へ赴いた景勝と大谷吉継は大森城《おおもり》(秋田県横手《よこて》市)および横手《よこて》城(同横手市)を拠点に、仙北《せんぼく》地方の検地を実施した。これに反発した一揆総勢二万余が川連《かわつれ》・山田・増田の諸城に籠もって対抗する姿勢を見せた。景勝は山田城へ七手組を、増田城へは自ら出馬してこれを鎮圧した。増田城の陥落によって、山田・川連の二城に籠もった一揆も降伏した。景勝は大谷吉継と相談して、国人たちから証人を取り、大森城に収監した。これにより、一揆も一段落し、景勝も一帯を巡検したり、連歌会を張行するなど無聊《ぶりょう》を慰めている。

その後、景勝は大森城を色部長真に預け、戸沢道茂・青川道房の両名から起請文を取り、仙北支配を命じた。

仙北地方の仕置が済むと、景勝は庄内へ向かった。

十月二十一日、景勝は酒田《さかた》に本陣を置き、周辺の仕置を行った。このうち、大浦《おおうら》（鶴岡《つるおか》市）へ島津忠直を派遣したところ、一揆が蜂起し、上杉方が接収した諸城を包囲した。一揆の人数は三千余にもおよび、大宝寺城の芋川親正、藤島《ふじしま》城の栗田永寿も城を捨てて比較的堅固な大浦城へ入った。二十四日、知らせを聞いた景勝は暴風雨の中、最上《もがみ》川を渡り、大浦へ向かった。「景勝一代略記」は「酒田の渡御越」とあり、「越後古実聞書」では、上杉勢は船で海上四十里を押し渡ったとある。ともに当日の悪天候を記すところは共通しているが、最上川を渡河した後、陸路を南下したとあるほうが妥当であろうか。

景勝率いる上杉勢は、大浦城内の島津らと呼応して一揆を蹴散《けち》らし、一揆の大将平賀善可は捕らえられて火炙《ひあぶ》りの刑に処された。景勝が十日ほど大浦に滞留しているところへ、秋田津軽《つがる》方面を巡検していた前田利家の一行が到着した。

大浦一揆の蜂起は越後国内まで伝わり、景勝が自害したという雑説まで乱れ飛んだ。村上《むらかみ》城代丸田因幡守はあわてて船留を命じたが、在番衆の中には夜陰にまぎれて浜へ出て船頭に金品を与えて海路、逃亡する者が相次いだ。

在番衆のうちに三俣《みつまた》九兵衛という者がいた。九兵衛は景勝が死んだという噂について、「雑説とは思うが、主人の御命の瀬戸際を見届けないでいるのは無念である」と考え、同志を三百人ほど募って村上城を出立し、庄内へ向かった。一揆方に呼応した村では関所を置いて通行を妨げていたが、九兵衛らはこれを切り破り、ようやくにして大浦の景勝本陣へたどり着いた。主君の無事な姿を確認した九兵衛は、当地に到った子細を言上した。聞いていた景勝はその忠節を称《たた》え、「これより帰陣の供をするように」と申し付けた。

景勝は、大浦城に引き続き島津忠直、大宝寺城に芋川親正、藤島城に栗田永寿を置いて守備を命じた。このうち、藤島城は先の一揆の折、金右馬允によって奪われていたが、翌十九年五月、直江兼続が再度出陣し、起請文を与えて開城させることに成功した。これによって、庄内三郡は上杉領となった。

秀吉は小野寺義道父子に仙北地方を返還することを決め、父子が下向次第、色部長真が預かっていた大森城を明け渡すことになった。大谷吉継は色部長真に対し、小野寺への引き渡しを連絡し、景勝の功労については秀吉に言上したことを知らせている。

一方で、出羽仙北一揆の背後で糸を引いていたのが本庄繁長と大宝寺義勝の父子であるという噂がたっていた。さすがに秀吉はこれを見逃さなかった。本庄繁長は改易され、大和国西《にし》の京《きょう》に蟄居《ちっきょ》となる。庄内三郡は上杉家が領有することを認められた。その結果、本庄氏の旧領には、兼続の弟大国実頼、兼続の腹心で信濃出身の春日元忠が入ることになり、兼続自身も本庄氏旧臣の一部を「本庄衆」「大宝寺衆」として、配下に組み入れた。

三、権中納言景勝

京洛の景勝

景勝の滞京中、公卿との交流が記録にあらわれるようになる。そのひとつに勧修寺晴豊の日記『晴豊記』がある。上杉氏の祖重房は勧修寺家の出身で、ともに高藤《たかふじ》流藤原家につらなる同族であった。天正十七年（一五八九）十二月二十五日、景勝が朝廷に生きた白鳥三羽を献上した。朝廷の記録では、「ゑちこのなかう、はくてう三は進上あり」と記されている。

この時、晴豊がこれを披露している。景勝が献上した白鳥は御苑《ぎょえん》の池に放された（「御湯殿上日記」)。

先に景勝が従三位参議兼中将に叙位叙任され、御礼として参内した際もそうであるが、朝廷や公家社会では「ゑちこのなかう(越後の長尾)」と記されることが多い。景勝以前に越後が京都と交渉を持った時代は、守護上杉氏と守護代長尾氏が並び立っていた。また、直近では上杉謙信が二度上洛を果たしているが、その折は長尾景虎と名乗っていたことも影響があるかもしれない。

天正十九年閏正月五日、景勝が勧修寺邸での茶会に呼ばれることになり、晴豊は準備に追われる。翌六日はよく晴れわたっていた。ところが景勝は「余酔」つまり二日酔いで起き上がれなかったらしい。ようやく昼過ぎになって景勝一行が勧修寺邸へあらわれた。景勝に従うのは、直江兼続、千坂景親など十五名ほどである。茶会がおわると宴会となった。上杉主従のほか高岡出雲守、御霊《ごりょう》神社の別当などが相伴し、酒の相手として加茂の松下民部少輔《みんぶのしょう》が呼ばれてやってきた。

あまりの大酒に辟易《へきえき》したのか、晴豊は気づかれないように宴席を抜け出してしまった。上杉主従は「大さけにて立帰りの事也」と晴豊が日記に記している。

閏正月十九日、今度は景勝が千坂景親を使者にたて、晴豊を茶会に招待した。しかし、先日の酒宴に懲りたのか、晴豊は病気と称してことわった。その後も景勝からは何度か誘いがあったようだが、結局、日記からは晴豊が出向いた様子はうかがえない。

すると、二月十日、今度は「上杉内義」が「北向」へ鮒《ふな》五十四を贈ってきた(「上杉内義より北向へふな五十音信也」)。「上杉内義(内儀)」とは、景勝の正室菊姫である。「北向」は晴豊室である。晴豊の病気を心配した景勝が、菊姫に見舞いを贈らせたのかもしれない。もっとも晴豊は仮病ではなく、吉田《よしだ》神社の神主吉田兼見《よしだかねみ》の日記には、晴豊が体調を崩しているという記事が散見される。

上杉家が秀吉に臣従した際、上方に提出する証人(人質)として、菊姫、景勝の甥にあたる上条民部少輔義春の子弥五郎義廣が候補となった(『覚上公御書集』)。しかし、上杉家の関係史料においても菊姫が京都へ赴いた時期などはしぼりこまれていない。

最初に菊姫が証人となるという話が出てくるのは『覚上公御書集』の天正十二年である。この年、景勝は秀吉に対して証人を提出しているが、菊姫に関する記録はなく、孫を証人として提出する上条宜順の諸役を免除しているぐらいのものである(『上越』二九四六)。

天正十四年には景勝の上洛があり、この前後に京都へ赴いた可能性もある。

さらに天正十七年、「諸国大名家は悉《ことごと》く聚楽へ女中衆を同道し、今より在京すべきこと」という秀吉の命令が発せられた(「多聞院日記」)。これを受けて秀吉の弟である大和大納言秀長や筒井順慶《つついじゅんけい》らも妻女を上洛させた。興福寺の多聞院英俊は「世上是故震動也」と日記に記しており、秀吉の厳命によって世間に緊張が走った様子がうかがえる。この時、上杉家でも「景勝公ノ御簾中」を上洛させ、その際、千坂景親を御輿《みこし》添に命じたと『管窺《かんき》武鑑』にある。

つまり、菊姫の上洛時期については諸説あり、はっきりしたことはわからない。ただし、天正十七年の秀吉の命令は実弟秀長をも対象としたものであり、自立した戦国大名から臣従という形式をとった上杉家の場合は、すでに証人を提出していた。したがって、天正十二年か十四年の時点で菊姫は上洛していたと考えられる。

天正十七年に上杉家は、一条戻橋付近に屋敷地を与えられている。菊姫は上杉屋敷が落成するとここへ引き移ったのであろう。現在、

上杉家聚楽第屋敷推定地石碑

上杉屋敷については、一条戻橋西方の京都市上京《かみぎょう》区毘沙門町《びしゃもんちょう》と、それよりやや南寄りの長尾町《ながおちょう》一帯の二つの候補地がある。上杉氏同様に秀吉に臣従した安芸の大名毛利輝元《てるもと》の屋敷地について「聚楽より辰巳の方、御屋敷の右は備前の宰相殿（宇喜多秀家《うきたひでいえ》）、屋敷の左は越後上杉殿館なり。前は前野但馬守なり」と記している（「輝元公上洛日

記」)。長尾町の北西には浮田町《うきたちょう》があり、その間にはさまれた猪熊通《いのくまどおり》から大宮通《おおみやどおり》までの一帯が毛利屋敷と考えられる。したがって、上杉屋敷は、長尾町一帯に比定されよう。景勝と晴豊の交流を示す記事はこれぐらいだが、「上杉内義」こと菊姫は他にも登場する。安芸の毛利輝元も景勝と前後して上洛し、秀吉に臣従した。その「毛利内義」も晴豊の日記に頻繁に登場するが、これも贈答が主なものである。諸大名の妻妾《さいしょう》の政権周辺のキーマンに対する贈答合戦とも言えるだろう。全国の大名たちが集まる政治の表舞台の陰では、女性たちの戦いが展開されていたのである。

朝鮮渡海

天正十九年正月二十二日、豊臣政権を支えてきた秀吉の弟秀長が没した。二月には秀吉の茶頭千利休が秀吉の逆鱗《げきりん》にふれ、切腹を命じられる事件がおこった。後世の記録には、京都聚楽第の利休の屋敷を包囲したのは、秀吉の命を受けた景勝の軍勢三千だったと伝えている。指揮をとる六名の大将のうち、岩井信能は利休の弟子であったといわれ、内証にて切腹の命令が下ることを利休に告げた。それを聞いた利休は、茶の湯の支度をして、静かに検使を待ったという。

折しも北では反乱の火の手があがる。前年より大森城(秋田県横手市)を預かっていた色部長真は、南部《なんぶ》信直《のぶなお》、および三戸城《さんのへ》（青森県三戸郡）に入っていた浅野長吉の代官四名から陸奥《むつ》南部領における騒動について知らせを受けた。書状には「南部殿が天下へ御奉公されたが、当地の衆はいずれも京儀を嫌い」反抗したとあった。九戸《くのへ》政実《まさざね》ら一揆勢は強大で、南部氏が単独で鎮圧するのは不可能な情勢にあった。南部信直らは「京都之御人数」が派遣される風聞を耳にしていたが、遠隔の地ゆえに情報が途絶していた。そのため、色部長真へ照会したのであった。

六月二十日、秀吉は反乱の首魁《しゅかい》九戸政実らの討伐を命じた。やがて、徳川家康・羽柴秀次《ひでつぐ》を大将とした豊臣勢が陸奥へ進駐した。上杉家も出陣を命じられ、景勝は出羽長井《ながい》（山形県長井市）を経て、八月二十二日、陸奥葛西《かさい》柏山《かしやま》（岩手県金ケ崎町《かねがさきちょう》）に着陣した。しかし、上杉勢が直接戦闘をおこなったかは不明である。わずかに「景勝公一時乗ニ二城ヲ攻取奥州不残御仕置」（「三公外史」）とあるぐらいで、同時代史料からは上杉勢の実戦に関する様子はうかがえない。

九月はじめには乱は鎮圧され、これを受けて、上杉勢は十月上旬までに帰陣している。

この九戸の乱のさなか、秀吉の嫡男鶴松《つるまつ》が三歳で病死した。その知らせを、景勝は京都留守居役千坂景親より受けている。

十一月十日、景勝は勧修寺晴豊に書状を送り、「去秋奥州へ出陣しておりましたが、去月上旬に帰陣いたしました。来春は大唐御陣の御供がひかえております。そのため、年内の上洛は延引せよとの上意がありました。来春早々には、上洛してお目にかかりたく存じます」と知らせた。

その年の冬、秀吉は、甥の秀次に関白職を譲った。

関東を平定し、続いて奥羽の諸氏を臣従させた秀吉は、明国《みん》への遠征を企図する。その手始めとして、朝鮮《ちょうせん》に対し嚮導役《きょうどう》となることを通達した。明を宗主国とする李氏《り》朝鮮がこれを承諾するはずもなく、肥前名護屋《なごや》に軍勢を集結させた秀吉は、文禄元年（一五九二）三月、加藤清正《かとうきよまさ》、小西行長《こにしゆきなが》、宇喜多秀家、毛利輝元ら西国の諸将を渡海させ、朝鮮の制圧に着手した。上杉家には、一万石あたり二百人の軍役が課せられた。

三月一日、景勝は五千余の軍勢を率いて春日山城を発した。

徳川家康の家臣松平家忠《まつだいらいえただ》は、家康が三月十七日に九州へ出陣したことを知らされ、「伊達、南部、景勝、さたけ」の諸家が御手についたと日記に記している。この時期になると、景勝の呼称は朝廷周辺で定着している「ゑちこのなかう（越後長尾）」は別として、それまでの「長尾喜平次」はあまり用いられなくなる。かわって「景勝」という実名表記が圧倒的に多くなる。しかし、これは呼び捨てによる薄礼を示しているというわけではない。むしろその反対で、戦国期には文書に実名を記すことが敬意表現としてひろまっていた。ただし、その対象は特定の人々（社会的地位や家柄による）に限られていたようである。松平家忠が日記に記した表記もこれを反映していると考えられる。

肥前名護屋には、秀吉の本陣が置かれ、本格的な石垣造りの城郭が築かれた。上杉家は、徳川家康に次ぐ規模の屋敷が建てられ、景勝および直江兼続の本陣が構築されている。先に改易された本庄繁長も、懇願によって上杉家へ帰参し、従軍がゆるされた。

四月、上納する米三千石を直江兼続が八艘の大船を仕立て、越後から肥前名護屋へ輸送している。直江津《なおえつ》を発した船団は越前敦賀に入港し、陸路で大坂へ運ばれ、ふたたび船にて名護屋へ輸送された。名護屋に到着した米三千石は、豊臣家奉行増田長盛に引き渡された。兵糧輸送はこの四月にかぎらず、数度にわたって行われていたらしい。その都度、豊臣家奉行から引き渡しの手続きが示され、渡海組や名護屋滞陣の軍勢を養う兵糧を集積するシステムが構築されていた。

景勝は三月二十七日に京都を発ち、山陽道《さんようどう》を西に向かった。その途中、景勝は、伯父《おじ》である雲洞庵十三世通天存達形見の天目茶碗《ぢゃわん》を受け取った。存達は景勝の父長尾政景の兄で、僧籍にありながら御館の乱では春日山と上田庄の使者をつとめるなど甥の支えとなった。景勝は存達を「老師」と呼び、これに帰依していた。雲洞庵からの使者が到着する前に景勝は京都を発ってしまったため、後を追いかけてきたものであろう。四月十九日、景勝は「遺言ということで天目茶碗をお送りいただき畏《おそ》れ入っております」と雲洞庵に返書した。

名護屋へ向かう上杉勢が逗留する湊には、豊臣家奉行衆の差配によって、兵糧のほか大豆・稗《ひえ》・味噌《みそ》・塩・炭・蠟燭《ろうそく》・油・薪・糠《ぬか》・藁《わら》などが用意されていた。

四月二十一日、名護屋に着陣した景勝は七ヶ条の掟書《おきてがき》をさだめて、軍兵の綱紀粛正を図っている。しかし、遠国まで連れてこられ、さらに海の向こうの国を攻めるという状況に、欠落する者が続出していた。

八月には、名護屋在陣中の色部長真が体調をくずし、帰京がゆるされた。長真は京都上杉邸で病臥《びょうが》していたが、九月十日に没している。御館の乱以降、義兄新発田重家の乱にも与せず、景勝を支持して出羽の仕置にも尽力した忠臣であった。長真の子供たちはまだ幼少であり、その行末を直江兼続に託している。後に、嗣子の光長は兼続の妹を妻として上杉家中における色部家の地位を保った。

文禄二年正月十日、名護屋の陣中にて上杉主従は連歌会を催している。

我国と立かへるとしの霞《かすみ》哉《かな》　　景勝
雪に鷹なくはるのとお山　　兼続

望郷の思いを詠みこんだ主従の唱和である。滞陣も半年に及び、望郷の念もひとしおであったろう。

三月に入ると、秀吉は新たに東国衆による増派を考え、一番に浅野長慶《ながよし》（幸長《よしなが》）、伊達政宗、二番に前田利家、蒲生氏郷《がもううじさと》、三番に徳川家康、さらには関東衆、越後衆という渡海方針が検討された。結局、東国衆の増派は大幅に規模を縮小し、伊達政宗が四月に渡海するに至った。政宗は浅野長吉・長慶父子らとともに釜山浦《ふざんほ》の普請衆として布陣する予定であった。

続いて、五月に上杉勢に渡海が命じられた。当初、景勝は「もくそ城（晋州城）とりまき候衆」として、大谷吉継の一手衆として晋州城攻撃の一翼を担っていた。しかし、結果的に東国衆の大規模な渡海は中止となり、上杉勢は朝鮮半島沿岸部の城砦《じょうさい》のひとつ、熊川倭城の普請にあたることになった。

伊達勢に遅れること二ヶ月、六月十七日に釜山浦に上陸した上杉勢は、熊川へ移動、城郭普請に着手した。この年に現地を訪れた宣教師グレゴリオ・デ・セスペデスは熊川城の様子について、崖《がけ》上に位置して難攻不落を誇りながら、巨大な城塞《じょうさい》、塔、砦が見事に構築されていることに着目し、短期間に実に驚嘆すべき工事が施されている、と述べている（『十六・七世紀イエズス会日本報告集』）。

熊川城普請のほか、上杉家には名護屋・釜山間の物資輸送が課せられており、豊臣家奉行増田長盛が在陣中の島津《しまづ》氏に対し、城米千五百石、その内千石を「景勝舟」によって回漕《かいそう》する旨を伝えている。

上杉勢は戦闘による損耗はなかったものの、彼の地の気候・風土に悩まされ、相当の病人が出た。『覚上公御書集』には、藤田信吉組三百五人中、四十四人が患っているという状況を伝えている。

秀吉は、西国諸将に在番すべき城を指定するとともに、在番からはずれた諸大名や奉行衆の帰国を許可した。帰国組は全体を四組に分けられ、上杉勢四千五百人は、伊達政宗、佐竹義久《よしひさ》らとともに一番組に配された。同組では上杉勢の人数は最大である。

上杉勢は、八月二十九日に陣払いをし、他の諸将も順次、帰国の途に就いた。秀吉はその功を賞し、景勝に対しては名護屋に立ち寄らず、上洛するように長束正家《なつかまさいえ》をもって通達した。

この年、秀吉と淀《よど》殿との間に男子が誕生した。後の秀頼《ひでより》である。秀吉は名護屋陣の統轄を徳川家康と前田利家に任せ、自身は我が子の顔を見るために大坂へ急いだ。

文禄の役と称される第一回目の大陸出兵は、戦線膠着《こうちゃく》によって和睦の気運が高まった。朝鮮を支援していた明軍の間にも厭戦《えんせん》気分がひろがっており、講和を断固反対する立場をとっていた朝鮮をはずす形で日・明間の講和交渉が進められた。

秀吉の上杉邸御成

文禄三年（一五九四）正月、秀吉は上杉家に対して伏見《ふしみ》城惣構堀普請を命じ、人足四千人の上洛を要請した。景勝は、直江兼続と泉澤久秀に総指揮を命じた。人足の引率には、嶋倉孫左衛門、平林蔵人《ひらばやしくらんど》、河田平左衛門、舟橋名兵衛、山田修理亮らが任じられた。先の名護屋陣に引き続いて越後―敦賀間の海上輸送がはじまった。これに関しては、泉澤久秀が村々の肝煎《きもいり》に「天下之御朱印」をもって伝馬・宿送・雑事・賄い等の用を命じる黒印状を発給しており、伏見《ふしみ》の現場を指揮する兼続との間で役割分担がなされていたと思われる。

三月二十三日、景勝は春日山城を出立し、上洛の途についた。二十五日、旅宿より伏見の直江兼続に宛て、自身の上洛を知らせた。

近年、この二十五日付け景勝書状に対する直江兼続の返書が発見された。四月二日付けで兼続が景勝の側近清野《きよの》助次郎に宛てたものである。春日山城を出立し、上洛の途についたことを景勝自身の書状で知った兼続は、昨一日に秀吉が現場へやって来て、普請衆のいずれにも声をかけていたと伏見の状況を知らせている。しかし、越後から日々やってくる人足を収容する普請小屋が不足しており、泉澤久秀が手一杯のため、京都留守居の千坂景親に相談して急拵《きゅうごしら》えの小屋掛けを命じたという状況も記されている。

この書状中で「御成」という語が登場する。言うまでもなく秀吉が上杉邸へやって来ることを指している。つまり、今度の堀普請の完成を待って秀吉が上杉邸へ御成する件が、政治日程にあがってきているということである。そのため、堀普請は何としてでも期日までに仕上げなければならなかった。その「御成」については、石田三成がよく協力してくれていると兼続は記している。

また、これまで景勝と行をともにしていた直江兼続であったが、豊臣政権臣従後は主従が離れて行動する場面が多くなってくる。この事情をよくあらわしているのが、この年の六月十九日付けで景勝に宛てた石田三成書状であろう。

「貴殿（景勝）が在京されている間は、山城（直江兼続）を伏見に召し置かれますように。また、貴殿が伏見におられる際は、山城を出京させて、御成の用意等をするようにお命じになってください」（『上越』三六〇八）

伏見では堀普請が進行中であり、同時に洛中では秀吉の御成の用意をしなければならない。それを総管できる者として、景勝の代わりが必要となる。そのために、景勝が在京中は、兼続は伏見に差し置かれ、反対に景勝が伏見に居る時は兼続を在京させる、というのが豊臣政権の意向であった。

十月九日、石田三成・増田長盛が、秀吉の惣構堀普請検分の予定を景勝に伝える。

普請は無事に成功し、十月二十八日、京都上杉邸へ秀吉の「御成」があった。聖護院道澄《しょうごいんどうちょう》、菊亭晴季、勧修寺晴豊、中山親綱ら公卿衆、徳川家康、豊臣秀保《ひでやす》、織田秀信《ひでのぶ》、前田利家、蒲生氏郷、結城《ゆうき》秀康《ひでやす》、長宗我部《ちょうそかべ》元親《もとちか》、佐竹義宣《よしのぶ》、最上義光、堀秀治《ひではる》らが相伴した。直江兼続はじめ十一名の重臣たちは縁より秀吉に御礼を申し上げ、それぞれ銀子・太刀・馬・小袖などを進上した。その場で、景勝は権中納言の叙任が伝えられた。秀吉は、御礼として明日参内するようにと伝えた。景勝は了承し、翌日参内を遂げ、御礼を述べた。

菊姫の怪力

文禄四年七月三日、秀吉は、甥秀次に謀反の疑いがあるとして、関白と左大臣の官職を剝《はく》奪《だつ》した。秀次は十二日に高野山に出奔し、十五日に自害してしまった。二十日、諸大名は秀吉に起請文を提出し、秀吉と「御ひろい様（秀頼）」に対して、表裏別心を抱かず奉公することを誓った（『上越』三六五七）。

当時、景勝は三月に帰国して以降、越後に在国中であったが、上方の政変が報じられると、ただちに上洛した。

続いて徳川家康、毛利輝元、小早川隆景《こばやかわたかかげ》、前田利家、上杉景勝、宇喜多秀家の六名が連署して、秀吉の許可なく諸大名間で婚姻しないことなどを誓った五ヶ条の掟書（同日九ヶ条を追加。「掟書追加」と呼ばれる）が提出された（『上越』三六五八・三六五九）。

景勝の上洛が確認できるのが「掟書」の日付の翌日、八月四日のことである。

これについては、翌文禄五年に遡及《そきゅう》して作成されたとする説が提唱されている（矢部二〇一六）。「掟書」および「掟書追加」の日付が、三条河原《さんじょうがわら》における秀次妻子三十余名の処刑（秀次事件の解決）の翌日であり、当日が秀頼の「正誕生日」にあたる八月三日であることから、遡及作成された際にこの日付が選ばれたというものである。

関白家の処断によって、聚楽第は破却されることになった。聚楽第を取り巻くように集住していた大名屋敷も取り壊しが命じられ、伏見城下に屋敷地が与えられることになり、これへ引き移ることとなった。景勝の内室菊姫はこの年の十二月に落成した伏見屋敷へ移っている。この上杉伏見屋敷については、現在の伏見《ふしみ》区景勝町《かげかつちょう》一帯にあったとされている。

文禄五年（一五九六）閏七月十三日深夜、畿内をマグニチュード7（震度七）と推定される大地震が襲った。これによって方広寺《ほうこうじ》の大仏が倒壊した。伏見城も被害を受けたが、秀吉は無事だった。

伏見上杉邸は館門が倒壊したが、幸い死者は出なかった。しかし、菊姫が居住していた奥御殿の長局《ながつぼね》は大きな被害が出た。菊姫の様子を米沢藩の記録は次のように伝えている。

「景勝公の御簾中菊姫、長局の出口の梁を御抱え成され、女中共出よ々々と御声をかけられ皆々出済、御抱え成され候御手を放さるると其儘長局倒る。誠に大力量を諸人始めて見上奉る。流石武田信玄の御女なりと賞嘆す。常には一向御力出させ給はずとなり。
但甲州より菊姫様御入輿の砌、御夫婦様にて囲碁を御慰ありし時、公（景勝）悪手を御打なされ、（菊姫が）御みせ成さる様に仰せられけれども御承引なく、兎角して碁盤の足を菊姫様左の御手にて御持ち除けなさる。片手にて軽々と御持を　公甚だ御心に止られ夫より何の御慰こと等これ無く自然と御中御睦まじからず。夫さへ御力量見へたるに此度御仕業大力士と謂つべし」（『藤林年表』）
菊姫が倒壊する梁《はり》を抱えて侍女たちを逃した働きに、さすがは武田信玄の娘であると諸人が感心した。菊姫は普段は一向に大力を発揮するようなことはなかったので、人々は意外に思ったというのである。
ところが同記録は続けて、景勝と菊姫が囲碁をしていた話におよぶ。景勝が悪手を打ってしまい、それに気づいてあわてて石をひっこめたのであろう。菊姫が「どこへお打ちになりましたか」と詰め寄ったが、景勝は承知しない。そこで、菊姫は左手一本で碁盤の足をつかんで持ち上げてしまった、と記している。この一件で夫婦仲が冷えてしまったとあるが、囲碁も強いし、ごまかしも通用せずいろいろ面倒だと思い、それ以降、妻を相手に囲碁を打つことをやめてしまったという程度のことであろう。所詮《しょせん》根拠に乏しい逸話であるが、米沢藩ではこのように菊姫について記憶されていたということである。

〈第二章のまとめ〉

本能寺の変に救われた景勝は、秀吉につく道を選び、その結果豊臣大名として政権内に一定の地位を築くことに成功した。

①新発田攻め　新発田重家の五年に及んだ反乱を、完全に鎮圧する。

②小田原攻め　北国勢の主力として、長年の仇敵《きゅうてき》・小田原北条氏を討伐。

③文禄の役　末期になって渡海し、熊川城の築城にあたる。

秀吉に臣従したことにより、景勝の戦も豊臣政権によって公認された「公戦」となった。景勝の地位は安定していたが、豊臣政権はその頂点から急速に瓦解《がかい》していく。

第三章
会津国替えと関ヶ原合戦

神指城跡（会津若松市）
会津若松城をはるかに凌駕する未完の巨城。着工当時、すでに大木として知られていた東北隅の土塁上の欅（高瀬の大木）は、今も人間の営みを見守っている。

一、豊臣家大老景勝

佐渡・庄内の金山支配

上杉家の領国のうち、豊臣政権に臣従した時期にいたってはじめて領国化されたのが、庄内および佐渡である。特に佐渡は金山で知られている。戦国時代以前、佐渡の金については、島を領する本間氏の支配の様子も明らかではなく、越後上杉氏および長尾氏がこれに関わった記録もない。ただし島内の鶴子《つるし》銀山などではすでに採掘が行われていた。

やがて、鉱山の経営は秀吉が目をつけるところとなった。

文禄二年(一五九三)十二月二十三日、豊臣政権の奉行浅野長吉は直江兼続に対し、越後・佐渡両国のうちで銀、鉛採掘の山見立人を派遣するので、上杉家からも奉行を出して立ち会ってほしい旨通達した。浅野長吉は、越後・佐渡の両国で銀、鉛が出た場合、すぐに上申するよう伝えている(『上越』三五七七)。

これは上杉領のみに限られたことではなく、毛利氏や伊達氏といった諸大名の領国における金銀山においても同様であった。このことは、諸大名領国中に存在する全ての金銀山が、秀吉の支配下に入ったことを意味する。上杉景勝は越後・佐渡両国の鉱山を預かる立場にあり、兼続はその総代官という立場になるのである。

したがって、越後・佐渡の金山が景勝の代になって上杉家の直轄となるという論はあたらない。景勝時代、たしかに越後一国および佐渡にまでその支配は及ぶようになったが、それは豊臣政権の代理という性格が強かったのである。それは、新たに上杉領となった出羽庄内でも同様であった。

文禄三年八月十六日、直江兼続が十五ヶ条の覚書（『上越』三六一一）を発している。その中で、兼続は、「地下人が耕作を放り出して金掘に出ることを禁じ、田地が荒れ果てた時は成敗する」としている。また、金山奉行の専横を抑え、わがまま勝手な言動があれば、申し出るように、と通達した。これが庄内における上杉氏の鉱山支配に関する文書の初見といわれている。

文禄四年正月十七日、豊臣政権の奉行から上杉景勝に対して、

「越後佐渡両国の金山については、その方（景勝）に預け置くので、直江兼続を代官に任じ、金を上納させるように」

という指示があった（『上越』三六四〇、三六四一）。

これを受けて、直江兼続は志駄修理亮と立岩喜兵衛の両名に「庄内金山仕置之注文」と題する書状を与え、実務遂行にあたらせた（『上越』三六四二）。

志駄氏が代官に選ばれたのは、信濃川の舟運をとりしきっており、越後三条の鉄を管理していた関係であろう。また葛山衆の立岩喜兵衛は米沢移封後の在所を「吹屋」といい、以後も鉄に関わりが深かったことがわかっている。立岩は上杉氏による庄内仕置を経た後、庄内飽海《あくみ》・田川《たがわ》二郡の貢賦を管轄し、朝鮮出兵にともなう米の上方への移出をも担当していた。いずれも「事情通」が人選の理由であったかと思われる。

兼続がこの両名に出した「庄内金山仕置之注文」には、

・掘場祝儀役をはじめとする諸仕置については、豊臣家の奉行である浅野長吉が申し付けた通達に違背しないこと
・金山において米以下、商売ものに賦課される分一役（売上や収穫高の何分の一かを税率として定めたもの）等についても同様であること
・掘手に我儘《わがまま》な振る舞いがあれば、自国の者他国の者の区別なく成敗を加えること
・金山仕置に練達した人材を多く召し抱えているので、このうち特に才覚のある者を召し出し、案内者とすること
・金山諸役については、一ヶ月ごとに一紙や小日記とともに提出すること

などが掲げられている。

兼続は豊臣政権への上納という義務を果たすべく、既存の鉱山のみならず、新規に調査開

発を進めている様子がうかがわれる。また、才覚ある者を召し出すという専門職の育成・抜《ばっ》擢《てき》の裏には、地下人や越後へ流入してきた人々が金山で働き出し、田畑が荒れたり、風紀の乱れが生じるなどの事情もあった。前述の十五ヶ条の覚書「田川《たがわ》・櫛引《くしびき》両郡掟」の十四条にある「地下人金堀ニ出、田地荒候ハヽ、則可成敗之事」はこのことを規定しているものである。

佐渡における本格的な金山採掘は、上杉氏の手を離れて天領となり、江戸幕府の主導による開発がすすめられてからだが、慶長三年（一五九八）の時点で、豊臣政権に運上された越後の金は千百二十四枚四両一匁四分二厘、同じく佐渡は七百九十九枚五両一匁六厘、出羽のうち上杉領内から九十七枚八両八分五厘となっている。実に上杉領内の産金量は全国の六割を占めていた。

後に上杉家が会津に移封された際、景勝は金千三百七十六枚五両四厘五毛を持参金とした。豊臣政権に上納されたほぼ一年分に相当することがわかる（慶長四年九月二十三日「越後持参金一紙目録」）。

検地と国替え

慶長二年正月、秀吉は上杉家に対して、伏見城の舟入普請を命じた。前年、近畿《きんき》地方を襲った大地震により、秀吉は城を指月《しづき》から北東の木幡《こはた》山へ移した。景勝は人夫四千人を上方へ送ったが、家中は先の朝鮮出兵、伏見城惣《そう》構堀普請など立て続けの課役に疲弊していたと思われる。

この年、景勝から「御叱り」「御勘気」などという理由で、改易に処されたり出奔する家臣たちが相次いだ。「文禄三年定納員数目録」（江戸期の写し）には、本庄豊後、須田右衛門太夫、斎藤三郎右衛門、加地某、柿崎弥次郎らが景勝の勘気を受けたことが記されている。彼らの多くは同目録では千石級以上の軍役を果たす大身であった。

豊臣家の権力闘争という視点にたてば、豊臣秀次の失脚によって、秀吉奉行衆のうち増田長盛、石田三成らの主導権が確立した。

文禄四年（一五九五）、氏郷亡き後の蒲生家で経理上の不正が発覚し、秀吉の怒りを買うことになる。慶長二年には、奉行衆に近かった下野の宇都宮氏が改易されるに至った。宇都宮氏の取次役は、当初、石田三成であったが、後任の浅野長吉との関係が悪化したためと言われる。この時期、伊達政宗も浅野長吉に絶交状をつきつけている。浅野長吉による関東・奥羽の取り締まりは、伊達・宇都宮の脱落によって崩壊し、加えて、秀次事件に長吉の嫡男長慶が連座したことから、その政治的地位はいちじるしく低下した。

豊臣秀次の失脚と死、宇都宮氏の改易、会津蒲生氏の騒動と、にわかに政局は動き出した。

改易された宇都宮氏にかわって、蒲生氏が九十二万石から十八万石に大減封され下野へ移された。

そして、慶長三年正月、上杉家は秀吉から会津への国替えを命じられた。

上杉氏の会津移封は、急逝した蒲生氏郷に代わる北の守り――具体的には徳川家康に対する抑え――を委《ゆだ》ねるため、というのがよく言われる説である。

また別の説によれば、越後の総検地について、秀吉が期待したほどの成果が得られなかったことが会津移封の一因になったとも言われている。上杉領内では、文禄四年に総検地が行われた。前年九月から家臣団の石高による知行高調査が実施され、家臣たちからは知行定納の差出がなされた。これを基礎に作成されたのが、「文禄三年定納員数目録」である。

文禄四年の検地は、直江兼続の主導によるものと、豊臣家奉行増田長盛によるものが並行して行われた。これを受けて文禄五年から慶長二年にかけて、兼続の家臣河村彦左衛門を奉行とする検地（河村検地）が実施された。実際には、上杉領の総検地には上杉氏独自の手による部分と、増田長盛の指揮によるいわゆる「太閤《たいこう》検地」の規格に沿って行った部分とが混在していた。もし、この説のとおりだとすれば、戦国大名としての上杉氏の限界を示すものであろう。総検地によって、景勝の領主権は飛躍的に強化されたが、中間支配層の一掃をめざす中央政権から見れば、まだまだ不徹底な部分を残したものであった。

「たしかに、景勝の豊臣政権への臣従や太閤検地の実施は、近世的な支配体制へ移行するための一つの重要な画期となった。しかし、それのみでは中世社会に固有な在地領主制を解体させることはできなかった。鎌倉時代以来の本領からの切り離し、領主権の自立性の否定、すなわち在地領主制の最終的な解体は会津転封をまたなければならなかった」（『新潟県史』）という評価がある。

豊臣政権の主流派となった増田・石田にとって、会津に信頼が置ける大名を配することは望ましいことであったし、当時その候補を諸大名の中から選ぶとすれば、秀吉から関東および伊達・会津の取次を委ねられた上杉氏が適任ということだったのであろう。上杉氏の会津移封は、増田・石田と浅野という豊臣政権内部の権力闘争と無縁ではなかった。加えるに、上杉氏を越後から引き離すことによって、中央政権からも統制しやすい存在、一言でいえば、豊臣大名の規格にあてはめることが狙いとしてである。

いずれにせよ、上杉氏にとって、会津移封は権力構造上の画期となったと言える。

会津百二十万石

豊臣政権の指示は、「家中の者は中間、小者にいたるまで残らず会津に連れて行くこと。もし、命に服さない者があれば、すみやかに成敗を加えること。また、年貢を納め、検地帳に百姓として登録されている者については一切、召し連れてはならない」というものだった。

これを請けて、直江兼続は二月十日に十七ヶ条に及ぶ条書を今城次右衛門尉・本村造酒丞《みきのじょう》の両名に与えている。そこには、「もし百姓わがままを仕り、送りかね候はば、成敗申し付けべく候」と苛烈《かれつ》な文言も見られる（『上越』三七二四）。

移封の具体的な手続きとしては、各自がそれぞれの知行所から人足を徴発し、何度も往復させて荷物の運送にあたらせる。関東を経由するルート、あるいは越後府中から舟を使用するなど、各自の都合次第に任されていた。家中には在京している者もあり、その者たちの妻子の移動については、在所の下級役人に申し付けられた。また、米・麻を売って金銀を買う通達が出され、売り払った米は海路、敦賀経由で上方へ移送されていった。要するに引越し費用の捻出《ねんしゅつ》である。

だが、直江兼続はこれによって一時的に米不足となる状況も予測していた。移封後の九月二十七日、兼続は配下の山田喜右衛門に命じ、「越後兵糧」つまり旧領越後の米を購入するよう命じている（「上杉家記」）。

領内支城についても信濃海津城の須田氏、長沼城の島津氏、飯山城の岩井氏がそれぞれ豊臣家奉行衆に引き渡しを行った。かつて上杉謙信と武田信玄が激突を繰りひろげ、武田家滅亡後は景勝がその掌握に意を注いだ川中島四郡も、無縁の地となるのであった。

このように、会津国替えは上杉家にとっては、表向き栄転ではあったけれども、根を断たれるような悲痛な思いのほうが大きかったはずである。特に海運に従事する商人などにとって内陸の会津へ移ることは、自らの存立基盤が揺らぐ問題であった。当然、素直に移転に従わない者も出た。

寺泊《てらどまり》の豪商菊屋五十嵐新五郎は上杉家から扶持米《ふちまい》四百俵を給され、士分に取り立てられていたために、妻子ともども会津への強制移住を命じられていた。五十嵐新五郎一家は会津移転を敬遠し、船待ちと称して新潟に滞留を続けていた。その時、視察のために新潟湊へやって来た豊臣家の奉行石田三成に嘆願した結果、寺泊へ戻ることを許された、という例もあった（『藩制成立史の綜合研究　米沢藩』）。

先行して会津へ入っていた直江兼続は、石田三成とともに諸城の請取りにあたっていたが、二月二十一日には「こちらには、よき酒がない。治部殿（石田三成）に贈ってやるように」と国許《くにもと》に指示した。そして、早くこちらへ移られ領内仕置を行われるよう、この旨を（景勝へ）披露して欲しいと伝えている（米沢市上杉博物館所蔵文書）。

三月四日、兼続は石田三成と連署して、出羽長井郡の在地の肝煎《きもいり》たちに対し、蒲生四郎兵衛とその家来の荷物輸送のための伝馬・人足を徴発することを命じた。蒲生四郎兵衛は蒲生秀行《ひでゆき》の家臣で、米沢城主であった。その家中の引越しにあたって、伝馬二十八疋《ぴき》、人足五十三人を徴発し、芦野宿《あしの》（栃木県那須郡那須町《なすなすまち》）まで送り届けるよう命じたのであった。なお、人足たちの食料、馬の飼料などは蒲生四郎兵衛が給付することになっていた。

蒲生氏郷が会津に封じられた際の領土は、四十二万石であった。後に奥羽の一揆《いっき》を鎮圧するなどの功によって、大崎《おおさき》領へ移された伊達氏の旧領をあわせ、最終的に九十二万石となった。新たな上杉領は旧蒲生領に加えて、さらに庄内・佐渡を引き続き領有する。これを合わせて、百二十万石となり、豊臣政権下では、徳川家康、毛利輝元に次ぐ大大名となった。

新たな領国の整備

上杉家の領地は、会津・福島を中心とする陸奥国稲川《いながわ》・河沼《かわぬま》・大沼《おおぬま》・耶麻《やま》・猪苗代《いなわしろ》・南山《みなみやま》・伊南伊北・白川《しらかわ》・石川《いしかわ》・岩瀬《いわせ》・安積《あさか》・田村《たむら》・安達《あだち》・伊達《だて》・信夫《しのぶ》・刈田《かった》郡、出羽国長井・田川・櫛引・遊佐《ゆざ》郡、佐渡国羽茂・雑太・加茂郡の合計百二十万石余である（「会津移封所領目録」）。これは、豊臣政権が正式に宛行状《あてがい》を発給したものではない。ただし、前領主であった蒲生氏の時に出された知行高目録に九十二万石とあり、陸奥および庄内をのぞく出羽の所領高については確実であると言える。これに加えて、佐渡、庄内三郡を加えて江戸初期頃には上杉家でも百二十万石という数字を用いている。

領内にはおもな支城が三十近くある。それぞれの支城と城代を別表に示す。

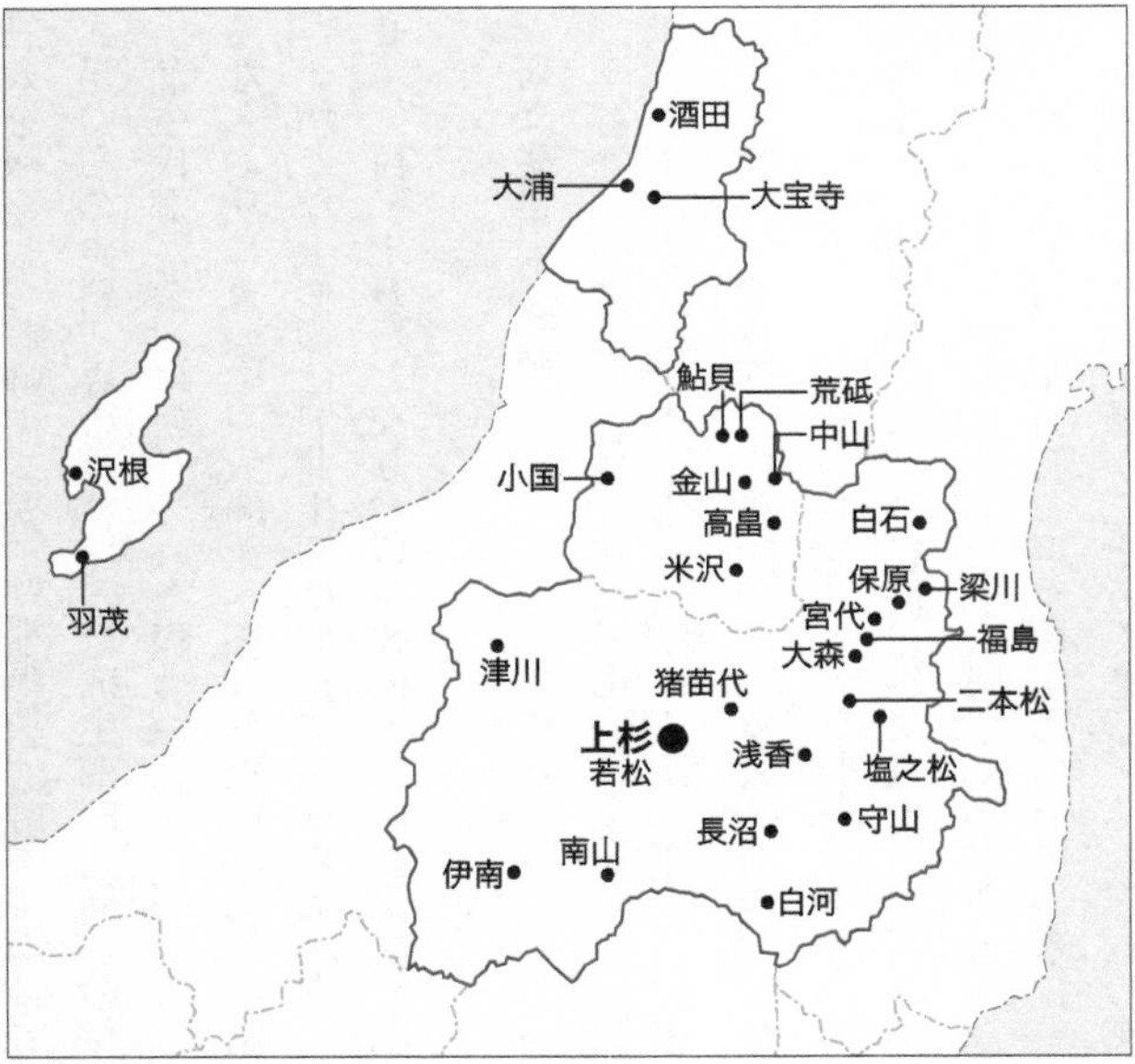

会津120万石支城図

主要なところでは、仙道筋（福島県中通《なかどお》り地方）の本庄繁長（福島城）、安田能元（浅香城）、須田長義（梁川《やながわ》城）、関東との境目に芋川親正（白河城）、大国実頼（南山城）、伊達領と対するのは甘糟景継《あまかすかげつぐ》（白石《しろいし》城）などである。

城代となった諸将の知行高はいずれも「文禄三年定納員数目録」に示された数値より二倍から三倍前後の加増となっている。

なお、執政直江兼続は米沢城代となったが、ほとんど会津若《わか》松《まつ》城に常駐して移封後の事務を担っていた。兼続のもとで岩井

会津百二十万石支城主一覧

	支城	城代	移封前の領地	出自
会津四郡	南山	大国但馬守実頼	越後小国城主	上田衆。直江兼続実弟
	伊南	清野助次郎長範	信濃更科郡猿馬場城主	葦名家臣平田氏
	津川	藤田能登守信吉	越後蒲原郡長島城主	武蔵国衆
	猪苗代	水原常陸介親憲	越後蒲原郡水原城主	旧姓大関氏
仙道七郡	白河	芋川越前守親正	信濃更科郡牧之島城主	信濃国衆。武田旧臣
	〃	平林蔵人佑正恒	信濃更科郡平林城主	信濃国衆。武田旧臣
	長沼	島津月下斎忠直	信濃水内郡長沼城主	信濃国衆。武田旧臣
	守山	竹俣左京亮利綱	越後蒲原郡竹俣城主	旧姓長尾氏
	浅香	安田上総介能元	越後刈羽郡安田城主	越後国衆
	二本松西	秋山伊賀守定綱	越後頸城郡糸魚川城主	
	二本松東	駿河守忠親	越後蒲原郡下条城主	近江出身。河田長親実弟
	塩之松東	山浦源五景国	越後蒲原郡の内で知行	信濃葛尾城主村上義清の子
	塩之松西	市川左衛門尉房綱	信濃高井郡市川城主	信濃国衆
	福島	本庄越前守繁長	北信濃の内で知行	越後岩船郡村上城主
	宮代	岩井備中守信能	信濃水内郡飯山城主	信濃国衆
	大森	栗田刑部少輔国時		信濃善光寺別当
	保原	大石播磨守元綱	越後魚沼郡の内で知行	武蔵国衆
	梁川	須田大炊介長義	信濃水内郡海津城主	信濃国衆須田満親の子
刈田	白石	甘糟備後守景継	越後蒲原郡五泉城主	上田衆。旧姓登坂氏
置賜	米沢	直江山城守兼続	越後三島郡与板城主	上田衆。旧姓樋口氏
	金山	色部長門守光長	越後岩船郡平林城主	越後国衆
	中山	横田式部少輔旨俊		葦名旧臣山内氏
	高畠	春日右衛門元忠	越後瀬波郡村上城主	信濃国衆
	荒砥	泉澤河内守久秀	越後蒲原郡大面城主	上田衆
	鮎貝	中条与次三盛	越後蒲原郡中条城主	越後国衆
	小国	松本伊賀同心		
庄内三郡	大宝寺	木戸元斎範秀	出羽藤島城主	武蔵国衆
	大浦	松本伊賀守助義	越後三島郡荻城主	信濃国衆
	酒田	志駄修理亮義秀	越後三島郡夏戸城主	越後与板衆
佐渡	沢根	須賀修理亮盛能		
	羽茂	黒金安芸守尚信		

信能、安田能元、大石元綱の三名が奉行として新領地の差配にあたった。各郡には代官がおかれ、会津四郡に満願寺仙右衛門、篠井弥七郎、松本内匠《たくみ》、山田喜右衛門、籠島新助、宇津江藤右衛門ら与板衆が、仙道七郡に関右京亮、石栗将監、舟橋名兵衛、安江五郎左衛門、小田切備前守、跡部外記《げき》、河田平左衛門ら信濃衆を中心とした者たちが、出羽長井郡には春日右衛門と本村造酒丞、庄内三郡には立岩喜兵衛、志駄修理亮が、佐渡三郡には河村彦左衛門がそれぞれ任じられた。各郡に配置された家臣たちは、それぞれの郡代官が下した知行目録を受け取り、在地に向かった。

景勝が会津若松に到着したのは、三月十九日のことであった。二十一日、景勝は江戸の徳川秀忠《ひでただ》に対し、秀吉の命によって領内各所の普請に着手したことを伝えた。二十五日付けの秀忠からの返書には「会津中納言殿」と宛名書きされ、普請を命じられたことはもっともなことであると了解の意が示されていた。

秀忠に報じたとおり、上杉領内の道普請が四月上旬より開始された。上杉領の中核ともいうべき会津については、南方の山路高原通り、越後通りの津川、仙道白川通り、背炙《せあぶり》峠、檜《ひ》原《ばら》峠など交通網の整備が急がれた。

なお、上杉氏の会津入部にあたって、伊達政宗が福島に侵攻したとして、『御年譜』三月二十九日条に兼続書状三点を載せている。それによれば、政宗が信夫郡に兵を出したため、これを撃退したとある。兼続書状は、水原親憲《すいばらちかのり》から注進があった小嶋豊後守、蓬田寒松斎、青柳隼人佐、小田切安芸守の戦功を賞したものであった。

しかし、秀吉の命令による国替えにあたって、政宗がこのような行動に出るとは思えない。宛名にみられる上杉方将士の名も、慶長五年（一六〇〇）の会津征討の折、仙道筋を守備していた者たちである。これらの兼続書状は慶長六年三月のものとするのが妥当であろう。

秀吉の死

秀吉が亡くなったのは、慶長三年八月十八日のことであった。秀吉死すの報がもたらされると、景勝は九月十七日に会津を出発、十月二日に伏見に到着した。

秀吉は、徳川家康、前田利家、宇喜多秀家、毛利輝元、そして景勝に対して遺言を残していた。秀吉は五大老それぞれに口頭で伝えられる遺言を守ることと、たがいに縁組をするよう求めている。家康には三年間在京を命じるとともに、伏見城留守居の責任者に任じられた。そのもとで、五奉行のうち前田《まえだ》徳善院《とくぜんいん》（玄以《げんい》）・長束正家ほか一名は伏見に詰め、残る二名は大坂城の留守居を命じられている。そして、秀頼が大坂城へ入った後は、諸侍およびその妻子は大坂へ移るよう定められた。

秀吉の死の直後、大老衆のなかで景勝だけが在京していなかった。他の四大老が九月以来、朝鮮在陣諸将に宛て、朝鮮との講和を急ぐよう命令を下している。十月以降、景勝も加わった五大老が連署して、朝鮮在陣諸将に対し順次帰国の命令を下した。すでに明・朝鮮側にも秀吉の死去が風聞として伝わっており、日本軍に対する攻勢が強まっていた。

その年の暮れには、秀吉の形見分けがなされた。徳川家康に「ゑんほのきはん絵（遠浦帰帆絵）」に金子三百枚が添えられたのを筆頭に、前田利家に脇差「見吉政宗」と金子三百枚、小早川秀秋《ひであき》に「捨子之御茶つほ」および「吉光ノ御わきさし」に金子百枚が下された。縁戚《えんせき》関係にある者や五奉行には遺品に添えて金子が下賜されている。景勝には「かん（雁）の絵」が下された。また、上杉家中では直江兼続が「金光《かねみつ》（兼光）」の脇差を拝領している（「太閤様被下候御帳之事」写）。

慶長四年二月、会津の留守を守る安田能元、岩井信能、大石元綱の三奉行からの飛脚が到着した。領国境目に異常がないことを確認した景勝は、仙道筋の諸城普請を夏までに完了させるよう命じる書状を作成し、三奉行にただちに周知徹底させるよう指示した。

閏《うるう》三月三日、秀吉の後を追うように前田利家が大坂屋敷で病没した。直後に、加藤清正ら主だった七人の将が、朝鮮在陣中に秀吉に讒言《ざんげん》したとして、石田三成を襲撃する動きを見せる。三成はひそかに大坂城を脱出し、伏見城内の自身の屋敷へ難を逃れた。大坂城下は武装した集団が行き来し、物々しい雰囲気につつまれた。

増田長盛と石田三成は、景勝・毛利輝元の両名に仲裁を依頼した。景勝と輝元は異見に及んだようだが、三成を排斥しようとする諸将を納得させることはできなかったようである。

石田三成の隠退

政争に敗れた石田三成は、奉行の任を解かれることになり、居城がある近江佐和山《さわやま》へ隠退することが決定したが、この裁定は家康の主導によるものであり、輝元は「気分悪、せうし(笑止)千万候」と記している。

その渦中で、上杉と徳川との間で縁談が持ち上がった。毛利輝元が叔父《おじ》元康《もとやす》に宛てた書状には「上様が仰せ置かれたとして、昨日、内府景勝縁辺の使者が互いに増田長盛を案内として調った」と記されている。この「縁辺」については、米沢藩関係史料には見られない。輝元書中には「公儀は上様御意のままと景勝は申せらる由候えども、是《これ》もしれぬ物にて候」とあり、景勝の真意を疑っているかのようである。この「縁辺」は秀吉の遺命に沿うものであったが、当時、景勝に子女はなかった。後述するが、関ヶ原合戦後に、直江兼続の娘を景勝の養女とし、家康の息子のひとりと結婚させ、上杉家当主とする風聞があった。慶長四年当時の「内府景勝縁辺」の一件が下地としてあったかもしれない。結局、この縁組は沙汰《さた》止みとなってしまい、景勝は八月に会津へ帰国する。

三成の救済にあたっては、歩調を合わせた景勝であったが、輝元ほど積極性が見られない。景勝および上杉家の動向は輝元が家中に宛てた書状などに記されている程度に過ぎず、景勝自身の肉声とおぼしきものは先の「縁辺」に対する「上様御意のまま」という言い訳ぐらいのものである。景勝は豊臣政権内の政争から距離をおきたかったのではないか。大老中で豊臣家と縁戚関係にないのは、景勝のみであった。徳川家は家康自身が秀吉の妹朝日を妻に迎えていたし、次男秀康は秀吉の養子、三男秀忠の室は秀吉の養女（江《ごう》、崇源院《すうげんいん》）である。前田家は、利家の娘（麻阿姫《まあ》）が秀吉の側室になっている。毛利家は秀吉の甥《おい》秀秋を「毛利両川」の一つ、小早川家に養子として迎えている。宇喜多秀家は秀吉の養子といったように、それぞれ閨閥《けいばつ》を形成していた。

加えて、景勝が大老衆の連署に加わるのが、政権参画の時期において最後発であったこととも関係するが、やはり最たる要因は上杉家の会津国替えであろう。秀吉による奥羽仕置を経て完成した天下平定後における、最大級の大名転封である。景勝の最大関心事はまず新領国の経営にあったろう。実際、大老連署の場においても、景勝のみが領国に帰国して不在であることが多かった。その結果、中央政権における存在感は低下せざるを得なかったと言えよう。また、景勝と他の大名家との交流もあまり見られない。要するに中央政権内に「景勝派」ともいうべきクラスターが見いだせず、その意味では景勝は社交的気質ではなかったのかもしれない。

八月十日、江戸《えど》城の徳川秀忠が景勝の帰国を祝う使者を会津へ送っている。また、家康も十月二十二日付けで「其元仕置被仰付之由尤候」と、景勝の領国仕置について承認している内容の返書をしたためている。

しかし、上方では先の石田三成と七将の一件に続いて、前田利長《としなが》らによる家康暗殺の風聞が流れ、不穏な情勢が続いていた。その状況をむしろ利用するかのように、三万余の軍勢を率いた家康は、秀吉後室北政所《きたのまんどころ》が京都へ引き移った翌日、その居所であった大坂城西の丸に入った。さらに西の丸には天守が築かれた。家康の大坂城入りに追随するかのように、諸大名は伏見から大坂へ引き移った。

神指原築城開始

慶長五年の正月を、景勝は会津若松城にて迎えた。

景勝は会津に入部すると、葦名、伊達、蒲生氏が代々居城とした若松城（黒川《くろかわ》城）にそのまま入ったが、間もなく西方の神指原《こうざしはら》に新城を築くことを決めた。

二月十日、直江兼続は普請奉行を命じられたが、おそらく本格的な近世城郭の普請は兼続にとっても初めての経験だったのではないだろうか。

兼続のもとで神指城普請を担当することになったのは、次の顔ぶれである。

小奉行　大国実頼、甘糟景継、山田喜右衛門、清水権右衛門
割奉行　島倉孫左衛門
材木奉行　満願寺仙右衛門

会津四郡、仙道七郡、長井、刈田、佐渡、庄内から動員された人夫は八万人とも十二万人ともいわれている。心清水八幡神社《こころしみずはちまん》（福島県会津坂下町《あいづばんげまち》）に伝わる「塔寺八幡宮長帳」は、南北朝時代から江戸時代まで二百八十年余におよぶ年代記であるが、慶長五年（一六〇〇）の項には、上杉氏が神指築城に際して、会津若松の周辺十三ヶ村からの調達では足りず、他国からも人夫を呼び寄せたと記している。

三月半ば頃、津川城主藤田信吉が妻子家臣等二百人を引き連れ、出奔するという事件がおきた。折しも謙信二十三回忌法要が執行された直後のことであった。

藤田能登守信吉は、もとの名を用土《ようど》新左衛門尉重利といい、武蔵藤田氏の一族であった。小田原北条氏に属して上州沼田城に在城していたが、その後、武田氏に従った。武田氏が滅亡した後に、上杉家に仕えた経緯がある。藤田の出奔については確かなことは不明であるが、

上方の雑説により、上洛《じょうらく》して徳川家康に釈明するよう景勝に進言したため、家中で孤立したといわれる。藤田は上杉領から逃れ出て、下野国那須《なす》の地に至ると、徳川家の庇護《ひご》下に置かれた。後述する「直江状」には「去月なかばに当国を立ち退き、江戸へ移り、さらに上洛した」ことが記されている。

藤田が城代を任じられた津川城は上杉領の西端、越後との境目にあたる。現在の県域でいえば、新潟県東蒲原郡である。しかし、藤田は地理的に近い越後ではなく下野へ立ち退いた。実は、藤田については「後《のち》かうさし（神指）の城ニ移ル」とあり（「直江支配長井郡分限帳」）、築城に着手せんとする神指城へ配置替えされていたことがわかる。

神指城はまだ普請が緒についたばかりである。おそらく藤田は、会津若松城下の屋敷に入ったのではないだろうか。いずれにせよ、関東へ走り入るには領国西端の津川よりも地理的に有利であったろう。

この時、大森城主栗田刑部も藤田に一味して出奔したといわれる。しかし、栗田刑部とその一族は上杉方の追手にかかり、処断されたという。また、栗田刑部自身は逃れて故地である信濃へ戻ったともいわれている。

一説に、以後の史料に「栗刑」なる表記がしばしば見られ、栗田一族の出奔については、この時期ではないとする見方もある。また、栗田刑部の一族とみられる栗田賢物（監物か）

は「会津へ御国替之節城代衆」として浅香城を預かっているが、これは浅香城主であった安田能元が奉行職として会津若松城に詰めていたためであろう。おそらく、この栗田賢物も刑部ともども出奔に加わっていたのではないだろうか。これ以後、上杉家中から栗田姓はほぼ見えなくなるため、時期は不明ながらも栗田一族が出奔したのは事実とみてよいだろう。

本丸工事は三月十八日、二の丸工事は五月十日から開始されたが、いずれも六月十日までに土用の入り（六月十一日）に合わせて中断している。その後、境目の普請は再開されたが、神指城はそのまま放置されたままとなった。後述するように、景勝の上洛問題が浮上し、緊迫した情勢となっていたため、境目の守備を優先したのであろう。

二の丸の土居の中には「提灯《ちょうちん》土手」と呼ばれる部分があり、これは工事が間に合わず提灯をたてて昼夜兼行の突貫工事を行ったことを示しているという。

この様子は、隣国越後の新領主堀氏によって上方へ通報された。中央での権力闘争に勝利をおさめた家康は、国許へ引き上げた景勝の動向に神経をとがらせていた。当然、神指城の普請を、家康が看過するはずがなかった。新領地へ移ったばかりで新城普請をはじめとして、領国支配の基盤整備にいそしんでいるのは百も承知で、家康は上杉氏の行為を豊臣秀頼に対する謀反として既成事実化させようと企図していた。表向きは、藤田信吉、堀秀治らの訴えを受けて、実否を確かめるという形式をとって、家康は上杉氏に詰問の使者を送ったのである。景勝がこれに応じて上洛すれば、家康主導の豊臣政権はひとまず形をなすことになる。

神指城は、外堀まで含めるとおよそ南北七一八メートル、東西六九八メートルに達する巨大な輪郭式平城だった。しかし、城内に建造物が構築されたり、城下の町割がなされた痕跡《こんせき》は確認できず、当初の計画の十分の一にも達しない段階で中断されたという指摘がある（福島二〇一四）。神指城の完成には少なくとも数年を要したと考えられ、したがって、同城は徳川家康を迎撃する目的で築城されたものではなかったことが明らかであろう。

会津征討が現実のものとなる一方で、結局、神指城は未完成のまま放置され、ついに後代においても使用されることはなかった。完成すれば、米沢城の倍近い規模を持つ本格的平城となったであろう。

二、会津征討

景勝の上洛をめぐる問題

上杉氏の会津移封にあたって、景勝は秀吉から三年間の在国を許されていたという。安芸毛利家家老吉川広家《きつかわひろいえ》は、景勝上洛延引の事情として、太閤様よりの御諚《ごじょう》によって三年間の役儀御免となり、領国の仕置を申し付けていたためであったと記している（「吉川広家自筆覚書案』)。ほかにもイエズス会宣教師による報告に「景勝は、三年間は領内に留《とど》まってもよいとの太閤様の許可を得ていると弁解し、政庁へは赴くまいと決意を固めた」とある(『十六・七世紀イエズス会日本報告集』)。しかしながら、三年在国の許可は文書としては残っておらず、実際は秀吉の死去の際には景勝は上洛しており、移封後に領国に在ったのは延べ一年にも満たなかった。

西笑承兌《さいしょうじょうたい》に宛てた直江兼続条書(「直江状」)においても「一昨年国替えを命じられ、程なく上洛し、去年九月に下国したばかりです。その上で、当年正月時分に上洛せよとは、いったいいつ国の仕置をいたせばよいのでしょうか」とふれられているが、「三年役儀御免」についてては持ち出されていない。江戸時代になって米沢藩で編纂《へんさん》された『御年譜』には、景勝を引見した秀吉が、かつて奥州仕置のために会津まで出馬した折、往還が不自由であったことを語り、「會津ニ下向アラハ道中ノ路橋等営繕シテ　往還ノ難行ナキ様ニ沙汰セラルヘシ然ラハ三箇年ハ参勤免許タルヘシ」と命じたとある。これは、後の「直江状」にも通じる内容でもあり、それを念頭においた叙述とも考えられる。

実際、秀吉が豊臣家大老の地位にある景勝に、三年もの長きの間、在国を許可するというのは考えにくい。上杉家は前年まで伏見舟入普請などを課され、四千人もの人夫を越後から京都へ送り込んでいたが、こうした課役を免除されたという意味にもとれる。吉川広家の覚書や、やや不正確ではあるけれどもイエズス会の報告にもみられるように、景勝は秀吉から領国仕置に専念できるよう配慮されていたと考えてよいと思う。

会津征討と、それに続く関ヶ原合戦を引き起こした「直江状」については、その真偽についても議論が分かれている。

徳川家康は相国寺《しょうこくじ》の西笑承兌に命じて、上杉景勝の上洛を促す書簡を書かせた。その承兌の書簡への返書が「直江状」と呼ばれている。「直江状」の内容自体には偽文書の疑いが持たれているものの、承兌と兼続の間で書簡がとりかわされたことは事実である。

承兌の最初の書状は、慶長五年（一六〇〇）四月一日付けとなっている。

承兌は前月から大坂に出向いており、大坂城で徳川家康と対面していたと考えられる。普通に承兌が連歌の友でもある兼続に書状を送るとすれば京都から発信すればよく、わざわざ大坂まで下る必要はない。大坂まで出かけて行ったのは、徳川家康の意向が働いていたからであろう。家康にしてみれば、正式な使者を派遣する前に、直江兼続と親交がある承兌に書状を書かせ、「先触れ」として送らせたというところだろう。

上方からの使者

四月一日に承兌は、兼続への書状をしたためて、同日、相国寺の塔頭豊光寺《たつちゆうぶこうじ》へ帰還したのであるが、『鹿苑日録《ろくおん》』三月二十九日条には、「豊光和尚、大坂より未《いま》だ帰宅無し云々《うんぬん》」と記され、承兌を気遣う様子がうかがわれる。承兌は、三月中に大坂に呼び出され、上杉景勝詰問状の案文を作成し、豊臣家の奉行や徳川家の重臣たちと協議を重ねていた。承兌の書状中には、「京都にて増田右衛門、大谷刑部少輔が万事、内府と申し合わせている」という文言がみられる。対上杉の協議には、増田長盛、大谷吉継の両名が加わっていた。

その書状が会津の兼続のもとへ届いたのは、十二日後の四月十三日であった。

承兌は、直江兼続に八ヶ条の条書をしたため、間もなく家康の使者として伊奈図書《いなずしょ》・河村長門《ながと》の両名が下向する旨を伝え、上方で取り沙汰されている疑念を列挙している。上杉家への詰問状といった体裁となっており、これに対する返書が、いわゆる「直江状」である。

原本は伝存しておらず、書状形式から編纂物への採録など、さまざまな形態の写しが残っている。諸本によって条数は異同があるが、だいたい十六ヶ条に及ぶ長大な内容になっている。「直江状」の日付は四月十四日となっており、この段階では上杉家の総意として、諸々《もろもろ》の理由によって景勝が上洛することはできないというものであった。

諸々の理由とは、当国が雪国であるため十月から三月までは往来が不自由であること、すでに数通の起請文《きしようもん》を提出していること、景勝を讒言した者への糺明《きゆうめい》がなされていないこと、上杉の取次役であった榊原康政《さかきばらやすまさ》が讒言をした堀監物《ほりけんもつ》の言を一方的に取り上げていることなどを挙げている。また、兼続は「夏中ニハ御見回りとして上洛仕られべく候内存」と記しており、景勝の上洛を全面否定しているわけではない。ましてや、「直江状」は家康への挑戦状といわれるようなものではない。兼続の書状は、すぐに上洛できない理由をこれでもかというぐらいにならべたてているため、一見、上洛を全面的に拒絶しているようにとらえられてしまうのだ。

家康の使者伊奈・河村が上方を発したのが四月十日である。同月下旬頃には伊奈・河村は会津に到着していたと考えられる。「直江状」冒頭の「今朔之尊書、昨十三日下着」という記述は、伊奈・河村両名が四月一日付けの承兌書状を携行して、会津へ移動する日数に無理があるため、「直江状」を偽文書とする証拠のひとつとされている。これは、江戸時代の編纂物等に、いかにも伊奈・河村が持参したように書かれているせいもあるが、承兌の書状は両名に先行して送られたと考えたほうが妥当であろう（山本二〇〇九）。

使者を迎えた景勝は「逆心之讒言」に対して存分があったけれども、万事をなげうって上洛する旨を使者に回答したとみられる。後述の景勝書状中に「就之存分雖有之、元来無逆心筋目之条、抛万事可令上洛覚悟落着」の一文がある。自らが豊臣家に対する逆心を抱いていないことを証《あか》すため、万事をなげうって上洛する覚悟があると景勝は記している。

ただし、自ら上洛する条件として、上杉に逆心ありと訴えた者に対する糺明を求めた。

豊臣秀次が処断された直後、景勝は徳川家康、前田利家、毛利輝元、小早川隆景、宇喜多秀家とともに五ヶ条の掟書に署名している。この中に、「無実之儀申し上ぐ輩《ともがら》これ有らば、双方召し寄せ、堅く御糺明を遂げられべき事」という一条がある。景勝の謀反の風説、上洛問題が浮上した今、上杉側が讒言をなした者の「御糺明」を頑《かたく》なに主張したのは、この掟書が念頭にあったためと考えられる。

最後通牒

江戸城にあった徳川秀忠は、三月までは景勝との間で音信をかわしていたが、月がかわって、四月二十日付けで浜松《はままつ》城主堀尾《ほりお》忠氏《ただうじ》に出された書状には「北国之義」「会津之義」という言葉がみえる。「北国之義」とは、先に家康暗殺の企《たくら》みに与《くみ》したと疑われた加賀前田利長の一件である。これは、前田家が膝《ひざ》を屈するかたちで決着がつき、大坂にいた利長の母芳春院《ほうしゅんいん》（前田利家後室）は江戸へ移されることになった。

そして、「会津之義」すなわち景勝の上洛問題について、秀忠は「ただ今の状況では（景勝は）上洛しないだろうと聞いている」と堀尾に伝えている。

兼続による返書（「直江状」）は、五月六日までには上方に達していた。

家康は、兼続からの返書を目にして、「我六十三（実際は五十九）に及べども、斯かる無礼の文を、手に取らず。是偏《ひとえ》に、景勝が所為なるべし。近日、会津へ発向して、速に退治せん」（『関原軍記大成』）と、激怒したと伝えられている。

家康にとっては、前田家と違い、上杉家が真っ向勝負に乗ってきたために政権簒奪《さんだつ》に向けて軍事行動に移る格好の口実ができた、という解釈が一般的である。だが、この時期、家康にとっても豊臣恩顧の大名たちに会津攻めの命令を下せるか、下したとしても、諸大名がこれに従うかどうかは未知数だったはずである。そして、家康の使者である伊奈図書、河村長門の両名はまだ帰還していない。家康は直江の返書を実際に手にとって読んだかどうかはわからないが、粛々と会津出兵の可能性を探っていたと考えられる。

しかし、五月七日には、徳川家康に対し、長束正家、増田長盛、前田玄以、中村一氏《なかむらかずうじ》、生駒親正《いこまちかまさ》、堀尾吉晴《よしはる》らが連名で上杉討伐の諫止《かんし》を試みているなど、事態は予断を許さなかった。

その折の豊臣家奉行らが連署した書中には、

「今度直江の所行、相届かざる儀、御腹立御尤に存じ候、さりながら、総別今迄何の仕合も仕らず、誠に田舎人にて御座候不調法故、此の如くに御座候」

とあり、奉行たちは兼続の所行を不届きであるとしながらも、田舎者ゆえの不調法である、と家康の会津征討を翻意させるのに必死であった。

家康が会津へ派遣した使者がいつ頃上方に戻ったのか不明であるが、五月十八日、徳川秀忠は信濃海津城主森忠政《ただまさ》に、景勝が上洛の意向を示したと書状を書き送っている。先の「直江状」にみる兼続の強硬な姿勢と、上洛を諾した景勝との間では一見乖離《かいり》があるように思われる。しかし、先触れとして告げ知らせてきた僧侶《そうりょ》へ早々に落としどころを回答することはあり得ないだろう。上杉の意向は、あくまで正式な使者を迎えた後、豊臣公儀を代表する家康の存念を確認した上でないと、軽々な判断は下せないのは当然であろう。

家康の会津征討の号令はそれから一ヶ月後のことである。その間、会津へ使者として遣わした伊奈図書、河村長門の両名が帰還し、景勝の返答を復命したと考えられる。すなわち、一転して景勝が上洛に応じると回答してきたのである。それには前述のとおり条件が付けられていた。上杉家に謀反のきざしあり、と家康に通謀した「讒人」を召喚《しょうかん》し、黒白つけるというものであった。しかし、結果的に景勝が求める「讒人糺明」は家康の容《い》れるところとはならず、かさねて景勝に上洛の期限を指定した上での催促（「日限を以催促」）がなされた。この回答に接した景勝は態度を硬化させ、上洛拒否を決する。

景勝書状と「直江状」

「直江状」が書かれた二ヶ月後、六月十日付けで景勝は、安田上総介能元、甘糟備後守《びんごのかみ》景継、岩井備中守《びっちゅうのかみ》信能、大石播磨守元綱、本庄越前守《えちぜんのかみ》繁長の五名に書状をしたためている。

宛名の五名は越後以来の重臣であるが、五人の者以上に重きをなした執政直江兼続の名がない。これは、景勝書状の内容について直江はすでに了解済みであったと考えられる。

今度上洛成らざる様子、第一家中無力、第二分領仕置のため、秋中迄延引の趣、奉行衆へ返答せしむの処、重ねて逆心の讒言をもって、是非上洛これ無くば、当郡に向かい行《てだて》におよばれべき旨に候、これに就いて存分これ有りといえども、元来逆心無き筋目の条、万事をなげうち上洛せしむべき覚悟落着、ならびに讒人紀明一ヶ条申入れ候ところ、是非無く只《ただ》相変わらず上洛とばかりこれ有りて、あまつさえ日限《ひぎり》をもって催促此の如く押詰められ、上洛の儀は如何《いかん》としても成らず候、数通の起請文反古《ほご》になり、堅約も好《よ》みも入らず、讒人の紀明もこれ無き躰《てい》、時刻到来無二思詰め候条、譜代・旧功牢人上下によらず、右の趣、よるべなく分別仕り候者は、供の用意申付けべく候、自然無分別をもって理不尽の滅亡述懐せらるを存じ候者は、何者なりとも相違なく暇出すべく候、しからば上方勢下り候日限聞届け次第、半途へ打出すべく候、諸口の儀に候条、領分端々押し破られ、地下《じげ》など心替り仕るべき儀必然に候、其時節、或いは在所を心元なく存知、或いは妻子を捨てがたき心中候ては、当座の不覚末代の名をくだすべく候条、兼ねて肉を切せてこれを存ずべく候、内々疑心なく仕置無二奉公存じ詰める者の紀明直に申出候は

ば、人により遠慮これ有べく候条、各分別をもって急度《きつと》相究めらるべき者也

六月十日　　景勝（花押）

安田上総介殿
甘糟備後守殿
岩井備中守殿
大石播磨守殿
本庄越前守殿

（「越後文書宝翰集」）

景勝は重臣たちに、次のように伝えている。

「分国仕置のため、秋まで上洛を延期したいと豊臣家奉行衆に通達したところ、逆心ありとの讒言があった。定められた期限までに上洛しなければ謀反とみなし、当家に対して討伐の軍をおこすということである。当方から申し入れた讒言者の糺明は行われず、これまで提出した誓紙は反古同然となった。上方勢は近日中に東下してくるであろう。知らせがあり次第、中途でこれを迎え撃つ所存である。譜代・新参、身分の上下を問わず、この上は是非もなしと思う者はいくさ支度の用意をせよ。もし、それを滅亡にいたる無分別と思う者は誰であろ

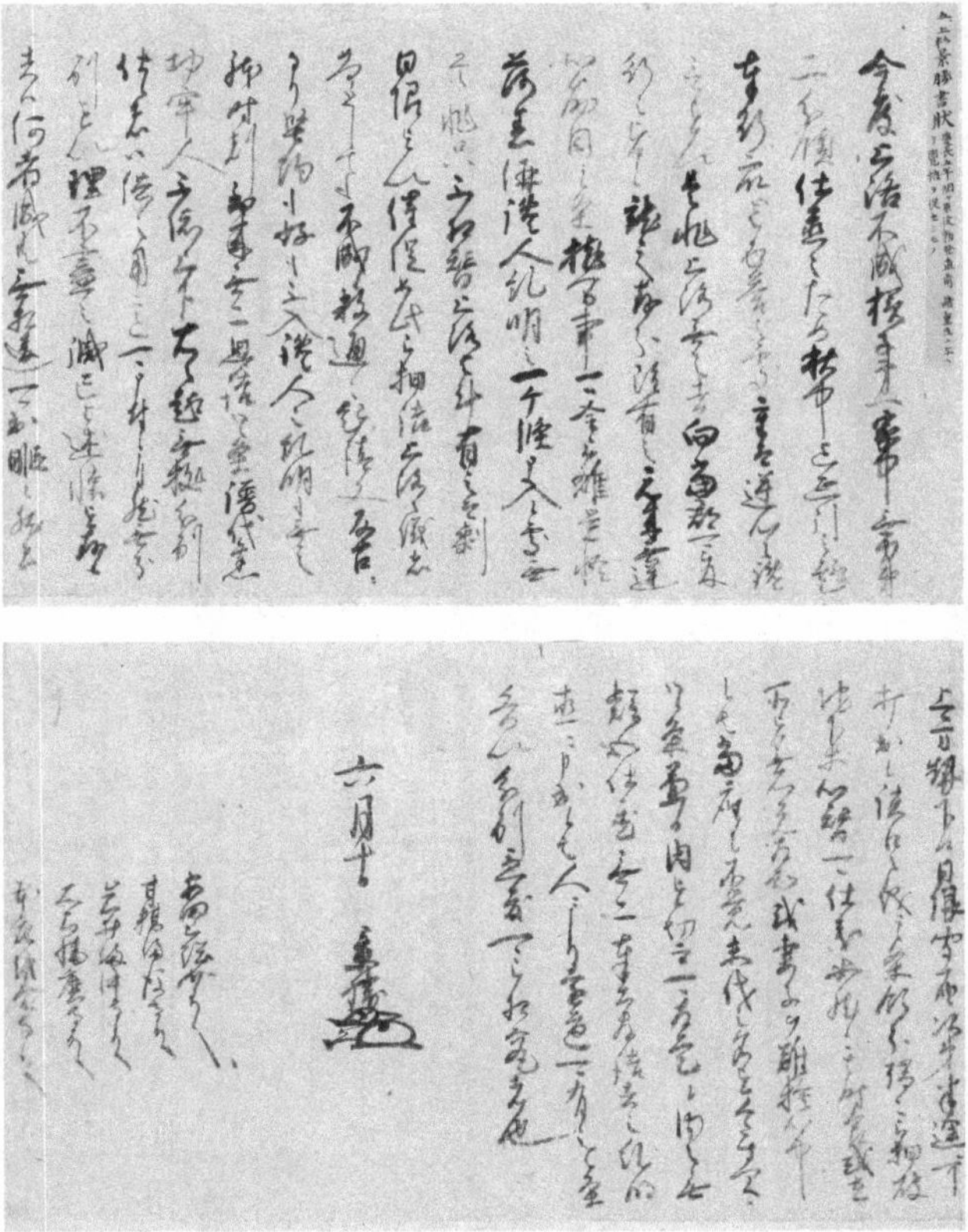

慶長五年六月十日付け上杉景勝書状（新潟県立歴史博物館所蔵）
「越後文書宝翰集」中の「毛利安田氏文書」に原本が伝来している。

う と暇を出すであろう」

ここで、上方とはっきり手切れとなった、と景勝は告げている。

この六月十日付けの景勝書状は「直江状」と照応するところが多い。「直江状」と異なり、条書の体裁はとっていないが、これまで提出してきた数通の起請文について反故《ほご》になったこと、上杉家へ讒言をなした者の糺明を求めたことなど、主旨は共通している。そのため、「直江状」はこの景勝書状をもとに偽作されたものではないかという説もある。

この景勝書状は、「越後文書宝翰《ほうかん》集」中の「毛利安田氏文書」の一通として原本が伝わっている。五名の重臣中、毛利を本姓とする安田能元の家に伝来したもので、ほかに甘糟家にも写しが伝わっている。おそらく重臣間で回覧され、その過程で書写されたのであろう。しかもこの書状は、管見のかぎりでは、江戸時代にも米沢藩の外に出た形跡がなく、他の諸大名家の記録、江戸期の編纂物、軍記類にも一切採録されていない。

現在知られている「直江状」写本の最古のものは、下郷《しもごう》共済会所蔵の寛永十七年（一六四〇）二月二十七日の奥書があるものとされている。この奥書を信用するならば、前述の景勝書状はそれ以前に上杉家の外に出ていないとおかしい。

したがって、この景勝書状をもとに「直江状」が偽作されたとは見做《みな》し難い。むしろ、先行する「直江状」の主旨を、二ヶ月後にしたためられた景勝書状でも継承していると考えたほうが妥当であろう。

なお、「直江状」には「当年三月は謙信追善のため、夏中には上洛する内存」という一節があり、景勝上洛にふれている。しかし、上洛の条件（讒人の糺明）がなされないため、延引せざるを得ない状況に至っている、と兼続は記している。そして、伊奈・河村の両使を迎えた景勝は、あらためて「秋中迄延引之趣」を奉行衆へ申し入れたが、重ねて逆心の讒言をもって上洛しなければ兵を差し向ける、という最後通牒《つうちょう》が発せられた。そこで、景勝は六月十日付けの書状をしたため、重臣たちに檄《げき》を飛ばしたのである。

会津征討軍、発向

上方の情報は、景勝の船頭をつとめる勝右衛門尉なる人物からももたらされている。勝右衛門尉は五月十八日に大坂を発《た》ち、木曾から越後へ抜けて六月九日に会津に到着した。

勝右衛門尉は、今度の雑説について家康が会津への出勢を命じたこと、それに際して豊臣秀頼の御供をして下向する意向を示した、と物語った。しかし、これは御馬廻衆《おうままわり》が秀頼を大坂城から出さないと強硬にはねつけたため、家康の手にある六万余の軍勢はその陣立もできていない様子（「彼人数六万計可在之由候、中々陣立不罷成之由候事」）であった。そのほか、下向する征討軍に対し、佐和山城主石田三成、清須《きよす》城主福島正則《ふくしままさのり》も城の借用依頼を断ったという風聞を伝えている。また、家康の東国下向が延び延びになっている原因のひとつとして、「高麗ゟ《より》人数蜂起候て壱岐・対馬へ乱入之由」という背景を語っている。この内容は、会津へ下向した勝右衛門尉が物語るところを、景勝右筆の来次氏秀《きすきうじひで》が米沢の春日元忠に知らせたものである（「杉山悦郎氏所蔵文書」）。

来次がこの書状をしたためたのは六月十日で、奇《く》しくも景勝が五人の家臣に上方勢を迎え撃つ覚悟を披瀝《ひれき》した書状と同日付である。来次書状には「爰元御普請先以土用中休息と仰出され、今日より御休候」という事情を説明している。土用は土の神が支配する期間として、動土・穴掘りといった土を動かしたり扱ったりする作業が忌まれたのである。慶長五年の夏土用は六月十一日から二十八日である。景勝は、土用の期間中、領内の普請を休ませ、武具の準備等をするように通達していた。つまり、前述の景勝書状も、家中に休息を言い渡し、小閑を得た時に作成されたことがうかがえるのである。

六月中旬、伏見留守居の千坂景親から急報がもたらされた。それによれば、徳川家康が諸将を集めて会津攻めを企図し、攻め口の担当を決定したという。近日中に進発すると千坂が予測したとおり、六月十六日、家康に率いられた上杉攻めの軍勢は東海道を東下、二十九日には鎌倉に達した。

三、幻の関東討入り計画

三成、景勝との連携を図る

慶長五年（一六〇〇）七月十九日、景勝は白河城在番衆に五ヶ条の条目を示し、芋川親正・平林正恒《まさつね》・西方房家の指図に従い、抜け駆けをせず、朋輩《ほうばい》中の年来の宿意や当座の所存があっても、万事の意地をなげうって励むように申し渡した（『覚上公御書集』）。

一説に、上杉方では白河城の南方、革籠原《かわごはら》（白河《しらかわ》市白坂《しらさか》一帯）において大規模な防塁を構築し、征討軍を包囲撃滅する作戦をたてていたといわれる。しかし、景勝が白河在番衆に指示した内容は、とてもそのような大規模な軍事作戦を企図しているとは思えないし、当時の上杉家の文書には「革籠原」に相当する地名すらも見出《みいだ》せない。上杉方による「白河決戦」は『東国太平記』などの軍書に由来するものであり、これに付随した「革籠原防塁跡」と称される遺構にも疑義が呈されている。

加えて、景勝は白河在番衆に「其表（白河方面）で手柄をたてた者については帳を仕立て注進するように」と伝えており、景勝自身が決戦のため白河に赴く予定はなかったと指摘されている（福島二〇一四）。そもそも上杉方が白河へ主力を集中すれば、家康に従っている北方の伊達・最上氏に背後を襲われる懸念がある。上杉領を地勢的にみても四方を敵に囲まれた状況にあり、ゆえに景勝は会津若松城から動かず、四境の状況を把握して、これに対処する姿勢に徹していたといえるだろう。

東海道を経て、江戸城に入った家康は、軍法を定めるとともに、会津攻めの手配りを命じた。すなわち、加賀前田利長に出羽・北国の諸勢を統轄させ、最上義光に対しては、米沢口から会津へ乱入するよう指示した。

一方、安芸の毛利輝元が上坂し、大坂城へ入ると、「内府ちがいの条々」が作成され、石田三成、大谷吉継らが中心となり、家康を弾劾する動きに出た。

七月二十一日に江戸を発った家康は、二十四日に下野小山《おやま》に着陣している。同日、伊達政宗によって白石城が落とされた。白石城代甘糟景継はちょうど若松城へ赴いており、不在中の出来事であった。

石田方による伏見城攻囲の報告が下野小山の家康の陣所にもたらされたのは、二十四日のことであった。家康は翌二十五日、諸将を集め、その席上、西上して上方の敵を討つべく反転することを決定したといわれる。この、いわゆる「小山会議」については、実否をめぐって議論がなされている。

会津征討軍は順次反転、西上し、家康自身も八月四日に陣を払って江戸へ戻った。この時、天命宿《てんみょう》（佐野市《さの》）に陣を置いていた真田父子は東西に引き別れ、安房守《あわのかみ》昌幸と次子信繁は沼田を経由して居城上田へ帰還した。一方、嫡子信幸《のぶゆき》は徳川方に残った。豊臣奉行衆は上田に戻った真田昌幸と連絡をとり、信州小県《ちいさがた》を経由して、沼田越えで会津の景勝と連携を図ろうとした。

七月二十九日、石田三成は三名の使者を上田城の真田昌幸のもとへ派遣した。三成は昌幸宛ての書状にて「そちらへ遣わした使者三人のうち一人は、あなたの返事を持たせてこちらへ帰してください。残る二人は会津への書状を携行させておりますので、そちらで確かなる者を差し添えて、沼田越えで会津へ遣わしてください。上杉からの返書を携えて使者が上田へ戻ってまいりましたら、案内者を一人添えて上方へ寄越すようお願いいたします」と、依頼した（『戰真』三九五）。

江戸には家康が滞留中で、宇都宮には家康の次男結城秀康の軍勢が在陣中である。東海道筋は会津征討軍が西へ向かっている。三成たちが景勝と連絡を取ろうとするには、真田領を経て山間《やまあい》の道をたどるしかなかった。

さらに、三成は八月五日付けで真田父子に条書を送っている。その中の一条に、

「今回遣わした飛脚は早々に沼田越えで会津へ送ってください。沼田・会津の間は味方の地ではないため難しいとは思いますが、人数を出したり、金品をもって懐柔してでも奔走して

飛脚を会津へ送り届けてください」とある（『戰真』四〇一）。この後も数日おきに三成は書状をよこし、景勝との連携にあたっては「申すには及ばないが、国のならいにて景勝様は物のそかどを申す方であるから、物やわらかに彼方《かなた》の気に入られるように伝えてください」と助言している（『戰真』四〇三）。

「物のそかど」は解釈が難しい。これは、景勝の性格について書いているようだが、何となくこだわりのある人柄だから、気に入られるように物柔らかに接してほしい、といった意味にとれる。

これに近いのが「麁《そ》に入り細に入る」という言い回しだろう。全体的な輪郭から細部に至るまで、という意味だが、「麁」「粗」＝概要、あらまし、「角」「廉《かど》」＝肝要な部分という意味合いに照らして、ほぼ同義と言える。つまり三成は、景勝が物事の大まかな把握かつ核心的な部分にこだわる人だから、順序だてて丁寧に説明することが大事だ、と記しているのであろう。三成はそれを上杉家の気風（「国のならい」）と思っていたようだ。豊臣政権で取次を担ってきた三成ならではの助言といえよう。

「関東へ袴着て乱入」

この時、直江兼続は安子島《あこがしま》（郡山市《こおりやま》）に陣を置いている。安子島とは、浅香城を指していると思われる。ここは交通の要衝で、白河城、および仙道表の諸城、そして会津若松にいる景勝との連絡にも至便な地であった。八月五日、兼続は岩井信能に対し、「内府いまだ小山在陣之由」と知らせている（『歴代古案』一一二二）。上杉方には上方勢が小山から引き返したという風聞は伝わっていたものの、家康の居所は把握できていなかった。

八月三日、上方からの使者によって「奉行中之連状」がもたらされた。七月十七日に作成された「内府ちがひの条々」を指すと思われる。景勝は、ただちに安子島に在陣中の兼続に伝達した。続いて、近江佐和山城の石田三成からも使者が遣わされ、会津に到着した。石田三成と上杉家との間で、家康挟撃を企図した事前共謀を示す史料はなく、現在のところ、七月中旬に佐和山あるいは京都を発し、八月三日から六日にかけて会津に到着した「佐和山よりの使者」が、確認できる両者の初めての接触である。上方と会津の連絡はほぼ半月を要している。

兼続のもとへは、常陸佐竹氏からの使者も到着していた。佐竹義宣は家康からの証人提出を断り、手切れとなった際には、御加勢申し請けたい、と伝えてきていた。兼続は「ふか〳〵請候て、使者かへし申候」と、景勝へ報じている。この使者への対応と、先に会津に到来した三成の使者へもたせる返書については、いずれも兼続が判断を下しており、景勝が事後承諾を与えているところが注目される。主要街道が交わる安子島が、情報収集や各支城との連絡にも都合がいいため、兼続は一時的に在陣していたのであろう。その間、佐竹氏・石田三成からの使者への対応など、外交を含めた仕置を景勝から委任されていたと考えられる。

しかし、関東出兵にあたって問題となったのが、一部戦闘状態に突入している伊達、および最上氏への対応である。兼続は豊臣家奉行衆が送ってよこした「内府ちがひの条々」を書写し、奥羽の諸将へ廻文《かいぶん》を仕立てた。これによって、最上氏の指揮下にあった出羽諸将の間に動揺がひろがった。南部・仙北・由利《ゆり》の諸将が秀頼に御奉公を申し上げるとして、上杉家に使者を送ってよこした。征討対象であった上杉家は、豊臣公儀の立場に一変したのである。

八月二十五日、景勝は毛利輝元、宇喜多秀家、そのほか豊臣家奉行衆に宛て、条書をしたためた(『戦真』関連二三五)。この頃には、八月四日に家康が小山を引き払って江戸へ戻ったと記しており、その動静に関する情報の確度があがっている。そして、上杉方が予定する軍事行動が記されている。

「内府が小山から江戸へ戻ったため、これを追って関東表へ軍勢を出そうとしたところ、最上・伊達が敵対してきた。そのため、奥口の始末をつけた上で、関東へ調義に及ぶ所存である。しかし、内府が上洛するにおいては、常陸佐竹と相談し、万事をなげうって関東へ乱入する用意がある」

石田三成は、上杉が南下して関東へ討ち入ることを求めていた。真田昌幸宛ての書状にも

「会津（景勝）・佐竹・貴殿（真田昌幸）ハ、関東へ袴着て乱入有るべく存じ候」と、景気のいいことを書いている（『戦真』四〇二）。景勝も「奥口相済、関東へ三昧仕るべく候」と記している。三昧《ざんまい》とは没頭するとか、専念するといった意味である。景勝は、関東へ兵を出すことを了承したが、伊達・最上が敵対行動に出ている以上、これを屈服させないと関東乱入はおぼつかないと考えていた。

さらに、上杉が関東出兵を躊躇《ためら》っているのが、江戸にいる家康の動向であった。あくまで家康やこれに従ってきた会津征討軍が西上し、毛利輝元や石田三成らの軍勢と対峙した時こそが、景勝が想定する関東乱入の戦機であったと思われる。

だが、この景勝書状は真田家に伝わっている。つまり、上方には届かなかったということである。八月二十四日、上杉に備えていた徳川秀忠の軍勢が宇都宮から移動を開始、九月二日に信州小諸に着陣、間もなく上田城の真田氏と交戦に入った。その結果、上杉と上方との脆弱《ぜいじゃく》な情報経路が寸断されてしまったのである。おそらく、八月二十五日付けの景勝書状が真田氏のもとに届いた直後、秀忠による上田攻めが開始されてしまったのであろう。

越後遺民一揆

時間はややさかのぼる。

上杉家の旧領越後は、現在の領主堀氏・溝口《みぞくち》氏が会津征討の一翼を担っていたが、これに対して、上杉方では在地土豪たちに呼びかけ、一揆をおこさせている。主な策源地としては、蒲原《かんばら》郡および上田庄がある魚沼郡である。これらを総括して越後遺民一揆と呼ばれている。

六月に「越後之地家、當方へ申より候間、つ河口（津川口）八十り口（八十里越《ごえ》）御代官ニハ宇津江殿（宇津江朝清）、満頼寺（満願寺）仙右衛門尉殿、すか野殿、かき崎殿御打入候」とあり、これは堀・溝口らの兵によって撃退されたという（「塔寺八幡宮長帳」）。しかし、その後も越後国内に帰農していた上杉家旧臣が蜂起《ほうき》し、彼らの指導のもとに抵抗を続けた。

七月二十八日には、兼続は山田喜右衛門に宛て「一か所や二か所では心もとないので、方々で一斉に蜂起させるよう申し付けるのが何より大事である」という指示を下している（『新潟』三三二五）。

越後国境に近い只見《ただみ》在番の将兵たちの中には、地の利を心得ている魚沼郡出身の者が多く配置されており、三方面から越後侵入を試みた。

第一手は、只見峡谷の六十里越《ろくじゅうりごえ》と呼ばれる難所を経て、越後国魚沼郡へ入った。一揆の指導者である佐藤氏はもともとこの地方をおさめた上田長尾氏の配下であったから、地縁には事欠かなかった。

八月一日、一揆勢は広瀬郷の土豪、農民およそ三千八百人を集め、下倉城《したぐら》へ攻めかけた。

翌二日に妻有庄、田河入《たがわいり》、堀之内《ほりのうち》、小千谷《おぢや》の一揆も合流して、四日町《よつかまち》に放火した。下倉城主小倉主膳《しゅぜん》は城を出て一揆勢と戦ったが、あえなく討死してしまった。

緒戦でめざましい戦果をあげた広瀬郷一揆であったが、やがて後詰に出てきた坂戸城主堀直寄《なおより》によって鎮圧された。

このほか、遺民一揆は只見峡谷の八十里越を経て古志・蒲原地方へ、そして津川方面から阿賀野《あがの》川を下って、村松《むらまつ》・五泉《ごせん》へ侵攻した。堀氏は多方面でおこった一揆を短時日のうちに鎮圧したが、このために会津上杉領への侵攻ができない状況となった。

八月三日、直江兼続は山田喜右衛門に「揚河北之儀ハ村上・溝口両人無別義候条」として、村上頼勝《むらかみよりかつ》、溝口秀勝《ひでかつ》らが領する阿賀野川以北への一揆煽動《せんどう》は無用と指示している。この時、村上、溝口らは上杉家に同調する姿勢をみせていた。一方、兼続は、堀秀治への警戒心を解いてはいなかったが、これも豊臣家奉行衆の触れ状によって味方につくだろうという観測を示していた。

八月四日にふたたび山田喜右衛門に宛てた書状中で、兼続は「先々一揆等ニふかく人数を遣候事、無用ニ候」と書いており、家康の動向がつかみきれていないため、越後方面への一揆支援を限定的なものにするよう指示している（『新潟』三二二九）。

この動きは、先にみた八月二十五日付けで毛利輝元、宇喜多秀家、豊臣奉行衆に宛てた景勝書状中にも「堀秀治が秀頼様に忠節を尽くすということなので、懇意にする旨を申し届け、一揆もしずまった」と記されている。つまり、堀秀治は味方であるという豊臣奉行衆の見解を受け入れ、上杉方では一揆の煽動をおさめたのである。しかし、堀氏は一揆勢の蜂起に態度を硬化させており、当初から徳川方についていたのは明らかである。豊臣家奉行衆―真田―上杉のラインは情報収集および分析において綻《ほころ》びをみせはじめていたといえよう。

この間、直江兼続は梁川城救援のため福島城に詰めていたが、本庄繁長に後を委ね、九月三日に米沢城へ入った。北上して最上氏を圧迫し、これを軍事力で屈服せしめ、関東乱入に同陣させることが目的であった。兼続は、最上が屈服すれば、伊達政宗も和睦《わぼく》に応じると見込んでいた。

最上攻め

九月一日に家康が江戸を発し、西上したのを知らないまま、同月九日、直江兼続は三万余の大軍を率いて最上領へ進攻した。庄内からも志駄修理亮、下次右衛門らが進撃し、最上方の諸城を次々に攻略しはじめた。このほか、与板衆本村造酒丞が指揮する別働隊が、兼続本隊とは別ルートで上山《かみのやま》城を陥れようと北上した。しかし、これは最上方に迎撃され大敗、本村は討死している。

山形《やまがた》城の最上義光は直江軍の進攻に驚き、本城山形のほか長谷堂《はせどう》、上山の二城に兵力を集中し、迎え撃つことにした。このため、最上方の支城の多くは自落し、城兵たちは三城へ移動した。しかし、最前線の畑谷《はたや》城主江口五兵衛光清はこれにしたがわず、籠城《ろうじょう》の構えをみせていた。

九月十三日、兼続本隊は畑谷城に猛攻をかけ、城主江口光清父子以下五百余人を討ち、撫《な》で切りにした。この強襲は「見せしめ」でもあった。

九月十四日、兼続は菅沢《すげざわ》山（山形市菅沢）に本陣を置き、長谷堂城を攻囲する。寄せ手に加わっていた上泉主水《かみいずみもんど》は「当地長谷堂相結び、鉄炮懸りに陣取り申され候、山形との間十里御座候、人数だぶだぶと籠め置き、その上、仕置手堅く見え申し候」と書状にしたためている（『覚上公御書集』）。東国では六町をもって一里としていたから、長谷堂城と最上義光がいる山形城との距離はおよそ六キロほどになる。

兼続は長谷堂城の周囲十四か所に井楼《せいろう》をあげさせた。その後の攻防では敵味方互いに勝敗があり、膠着《こうちゃく》状態に陥っていた。

長谷堂城が攻略されれば、山形城が孤立無援となることを恐れた最上義光は、嫡男義康《よしやす》を北目《きため》城（仙台市太白区）へ派遣して、伊達氏に援兵を乞《こ》うた。

伊達政宗は、村越茂助・今井《いまい》宗薫《そうくん》に宛て、

「最上へは、直江をはじめとして、仙道白河の人衆までも二千騎ばかり、足軽三万程にて陣取り仕り、畑谷の城を攻略し、最上川以西の地は過半、敵方の手に落ちた。出羽守（最上義光）は散々取り乱し、すでに山形城は落城間近である。上杉方は最上へ悉《ことごと》く人数を出しており、会津も景勝の周囲は小姓どもばかりで、皆最上へ参っているということだ」と、戦況を伝えている（『仙台』一〇八〇）。

結局、政宗は「内府様の御為」という理由づけで、最上義光の要請を容《い》れて、叔父の伊達政景《まさかげ》に三千の兵をつけて出羽へ派遣した。伊達政景は十七日に出陣し、二十二日に笹谷《ささや》峠を越えて小白川《こじらかわ》（山形市）へ布陣した。

九月二十一日、白河城から会津を経由して、最上氏の長谷堂城を攻囲中の直江兼続の陣に「上方散々ニ罷成候」という知らせが届いた。この文言は関ヶ原《せきがはら》における西軍敗退の知らせとする説があるが、十五日の戦いの結果が奥羽に届くには早すぎる。上方は毛利輝元・石田三成ら、いわゆる西軍を指すのではなく、京都・大坂の戦乱状況をいっていると考えられる（今福二〇一三①）。

この知らせを受けた兼続は、関東との境目について守将の配置替えを実施している。それは、上方での混乱によって、関東との間ですぐには戦闘にならない状況であると判断したためである。

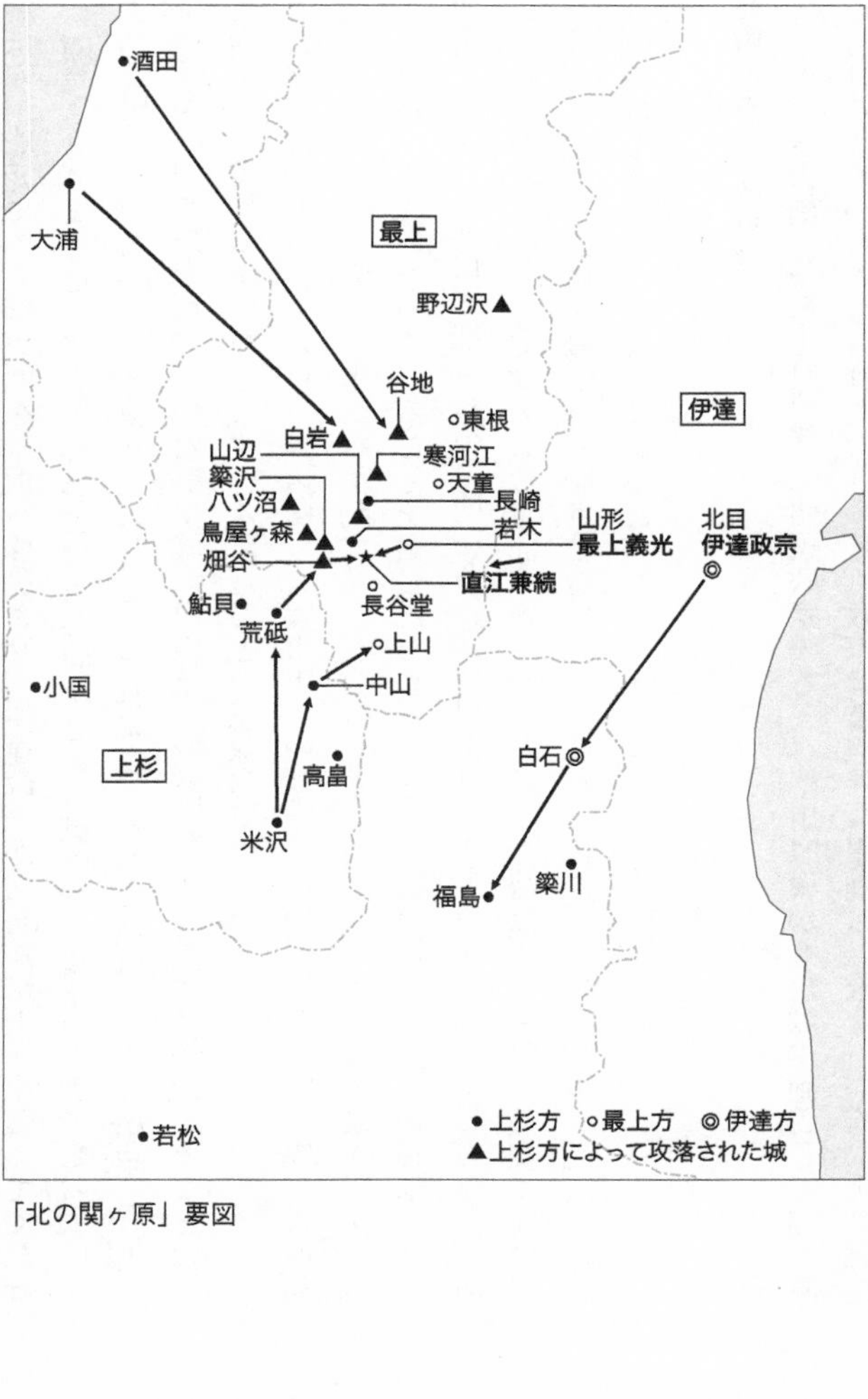
酒田
大浦
最上
野辺沢
谷地
東根
伊達
白岩
山辺
寒河江
簗沢
天童
八ツ沼
長崎
山形
北目
鳥屋ヶ森
若木
最上義光
伊達政宗
畑谷
直江兼続
鮎貝
長谷堂
荒砥
上山
中山
小国
上杉
白石
高畠
米沢
簗川
福島
若松
● 上杉方　○ 最上方　◎ 伊達方
▲ 上杉方によって攻落された城

「北の関ヶ原」要図

兼続は安田能元に「大国実頼を米沢へ移動させ、伊達政宗が白石か米沢へ出張ってくれば、これに対処させるように。当表についてはその時がきたら御直馬（景勝の出馬）をお願いするであろう」と報じている（『新潟』三二二三）。それまで下野との境目に接し、鶴淵《つるぶち》（日光市《にっこう》上三依《かみみより》）まで威力偵察を行っていた鳴山城《しぎやま》（南山城）の大国実頼が米沢へ移動したことは、この方面での軍事的緊張がひとまずゆるんだことを意味している。

さらに景勝は、九月二十四日、長沼城《ながぬま》（須賀川市《すかがわ》）の守備についていた安田堅親、竹俣利綱、黒川為実の三名に宛て、米沢へ移動するよう命令を下している。米沢の人数が最上表へ出払ったため、手薄となっていることを案じたためである。先に兼続が大国実頼を米沢に移した理由と同様、「其口之儀（長沼方面）先々無用所候間」とあるように、上杉方は関東方面からの侵攻がなくなり、守備の人数を北へ差し向けた。この時点で、景勝・兼続主従の考えは一致しており、伊達・最上を屈服させるに至っていない状況下では、関東へ乱入するといった判断はなされなかったのである。

情報戦において敗れる

九月三十日亥《い》の刻（午後十時前後）、伊達政宗のもとへ徳川家康から飛脚が到着し、関ヶ原合戦における勝報がもたらされた。さっそく政宗は重臣片倉景綱《かたくらかげつな》に「唯今　内府様より御注進候、美濃表にて大勝ちなされ候」と報じている。政宗のもとに届いたのは、家康のもとにあった今井宗薫の書状であり、これによって合戦の詳細が伝わった（『仙台』一〇八一〜一〇八四）。

同日のうちに政宗が家中へ知らせた書状の内容を総合すると、九月十四日、家康が赤坂《あかさか》へ着陣したところ、大垣城《おおがき》に籠城していた石田三成らが夜陰にまぎれて出城し、美濃《みの》山中に陣取った。十五日未明、家康方はこれに攻撃をしかけ、即時に切り崩し、大谷刑部少輔（吉継）、島津又一郎（又七郎豊久《またしちろうとよひさ》か）、戸田武蔵《とだむさし》（勝成《かつしげ》）、平塚因幡《ひらつかいなば》（為広《ためひろ》）らを討ち取った。石田三成、宇喜多秀家、島津義弘、小西行長らは逃亡した、というものだった。

今井宗薫の書状には、石田三成の佐和山城はまだ抵抗を続けており、「本丸は今に持ち候由にて候か」とあったが、政宗が飛脚に確認したところ、本丸も焼けた様子を目撃した旨を言上した。

主戦場となった山中より三里を隔てて陣を布いていた毛利・吉川・安国寺《あんこくじ》ら中国勢は合戦に参加することはなかった。毛利方からは「（今度のことは）安国寺の所行」として、安国寺恵瓊《えけい》を引き渡し、証人を提出する申し出があったという。合戦に勝利した家康は上洛し、東《とう》福寺《ふくじ》に到った。

政宗は、宗薫書状の写しを作成させ、山形で苦境に陥っている最上義光のもとへ転送させた。通説では、同じ頃、長谷堂城を攻囲している直江兼続の陣へも関ヶ原合戦の知らせが届いたとされている。しかし、上杉方では、先の伊達政宗が入手したような、詳細な戦況に接していた形跡はうかがえない。

十月一日、長谷堂城を囲んでいた直江兼続は、全軍に退却を命じた。これに、最上勢と伊達家からの援軍が追撃し、激しい戦闘となった。戦闘は午《うま》の刻から酉《とり》の下刻（正午から午後七時頃）にかけておこなわれた。この様子は、翌日朝には伊達政宗のもとへ伝わっており、最上衆が弱兵だったため直江を取り逃がしたと悔しがっている（「最上衆よハく候て、皆不討果、無念千万候」）（『仙台』一〇八六）。

兼続たちは三日に荒砥（白鷹町《しらたかまち》）まで引退いた。最上攻めでは、上泉主水が戦死、殿軍《しんがり》を担った水原親憲が負傷した。

通説では、前後して上杉方も関ヶ原敗報に接し、会津からの急報を受けた直江軍は退却に移ったとされている。しかし、十月四日付けで景勝側近清野長範《ながのり》に宛てた兼続書状には「仙道表御仕置」のため、安田能元を出立させるとある（『鶴岡市史』三七七、高橋二〇一〇）。また、追而書《おってがき》にも「今度不慮出来仕候様子」を詳しく安田に伝えたことが記されている。最上攻め中止の理由は関ヶ原の勝敗ではなく、仙道方面の軍事的緊張にあった。つまり、伊達勢が白石から福島方面へ移動しつつある急報がもたらされたのであろう。なお、この兼続書状について『鶴岡市史』は天正十八年（一五九〇）の奥羽仕置の時のものとしているが、慶長五年（一六〇〇）当時のものと考えたほうが妥当である。

当初、景勝は直江勢が最上表で滞陣している留守を狙って、伊達氏が米沢を襲うのではないか、と危惧《きぐ》していた。そのため、白河方面に配置していた諸将を移動させた。しかし、関ヶ原の勝報をつかんでいた伊達政宗は米沢方面には向かわず、白石から南下したのである。上杉主従の読みははずれたが、結果的に最上表の退陣を決断したために、南下する伊達勢に備えることができた。

十月五日、政宗は白石に着陣し、翌六日、桑折《こおり》筋へ軍勢を出した。この時、政宗書状に「明日七日のはたらき、梁川へうちよせ候べく候間、知行などはのぞみ次第とらせべく候」とあり、梁川城内から伊達方に連絡を取っている者たちがいたことがわかる（『仙台』一〇八九）。

景勝のもとには、伊達政宗が梁川方面へ出張ったという注進がもたらされた。宛名を欠く十月六日付けの書状において、景勝も自身出陣する用意があることを伝えている。また、最上領へ攻め込んでいた直江兼続も米沢に帰還していたことが把握されており、兼続にも出陣させる意向が示されている（慶應義塾図書館『古文書コレクションの源流探検』）。追而書には、梁川城主須田長義へもこの書状の内容を伝えるようにとあるが、景勝は誰に送ったのか。

『覚上公御書集』によれば、宛名は岩井備中守（信能）となっている。白河方面へ出張っていた岩井は、会津征討軍が反転した後、上杉領に執拗《しつよう》に侵入し続ける伊達政宗に対すべく、信夫郡へ移動していたようだ。景勝がいる若松と、対伊達の最前線にある梁川城との間には、上杉方の支城として福島、大森、二本松《にほんまつ》、猪苗代《いなわしろ》、安子島などがある。そのいずれかに岩井信能は在城していたと考えられる。

十月六日、伊達勢は福島城下まで南下、上杉勢と阿武隈《あぶくま》河畔で衝突し、馬上百騎を含む三百余を討ち取り、残りを福島城の虎口《こぐち》へ追い入れた。この時、別働隊は福島を迂回《うかい》して松川を越え、庭坂・佐崎野・荒井・大森あたりまで進攻し、会津・米沢との連絡を遮断する挙に出た。そして、政宗自身は国見《くにみ》まで兵をひき、翌七日の梁川城攻めを企図した。

しかし、伊達政宗は梁川城へは手を出さず、七日に撤退にかかった。梁川城の内応工作が不調に終わったものか、原因は不明である。この時、退却する伊達勢に梁川の上杉勢が追撃をかけている。伊達勢を追撃したのは、車丹波《くるまたんば》組の十騎であった。車丹波組は伊達方の先手石川昭光《いしかわあきみつ》の備えへ馬を乗り入れ、交戦した（「後藤新左衛門覚書」）。翌八日には東の「ぬか田」（伊達《だて》市梁川町白根額田《やながわまちしらねぬかだ》）へ合戦場が移動しており、退却する伊達勢にひきつづき上杉方が攻撃をしかけていたことがわかる。

米沢に帰還した直江兼続は、景勝から福島表への後詰について知らせを受けていたが、

「道不自由」のため詳しい情報が入ってきていなかった。そのため、出陣を控え、なおも伊達方の動きをうかがっていた。十月七日、兼続は、景勝側近の清野長範に「御直馬の儀もまずは延引され、二本松へ人数を出し、福島表の様子をうかがわせるのがよいでしょう」と通達した（『歴代古案』九六六）。

兼続は、伊達家に内通していたとおぼしき横田大学・同源兵衛一類を会津へ召還させるとともに、町人・地下人も含めて不審者の糺明を命じた。さらに、梁川城主須田長義の家中からも証人を取るよう命じている。

和睦交渉の開始

美濃関ヶ原における合戦の結果、敗れた石田三成、小西行長、安国寺恵瓊らは捕らえられ処刑された。大坂城に入っていた総大将毛利輝元は家康と和睦し、帰国した。しかし、その所領は周防・長門の二カ国に削減された。もうひとりの大老宇喜多秀家は逃亡し（後に八丈島《はちじょうじま》へ配流）、その所領は没収された。

関ヶ原の合戦が終結すると、日本全国で戦闘状態にあるのは、奥羽と九州のみとなった。

上杉家では、安田堅親、竹俣利綱、黒川為実ら主戦派が、佐竹氏と連携して南下し、江戸を衝《つ》こうと息まいたが、十月二十三日、兼続はその意見を退ける書状を書き送った。他にも、安田能元は長沼に在城している甘糟景継に対し、こちらが準備した兵が「御用に罷《まか》り出ざる儀」になり笑止である、と会津若松での決定に不満をぶつけている。

上杉家は、豊臣家を表向きの頂点とした武家社会からはじき出された形になった。豊臣家は依然として存在しており、徳川家康は勝者として政権を担う立場にある。全国の諸大名もこれに従っていた。戦国時代さながら会津・米沢に割拠して、地域権力を維持するか。あるいは、膝を屈して中央政権に復帰し、上杉家を武家社会の中に位置づけなおすか。上杉主従が後者を選択したのは、当然のことであった。

徳川家康は大坂城に入り、ただ一人の豊臣家大老として専権をふるう地位を手に入れていた。

景勝は、中島玄蕃《げんば》、舟岡源左衛門を京都へ派遣し、京都留守居役千坂景親の差配によって、家康近臣本多正信《まさのぶ》、本多忠勝、榊原康政に接触させた。その結果、本多ら三名からは「上杉方の意向を家康まで聞き届けられた」という感触を得ていた。景勝は使者として本庄繁長を上洛させることに決し、直江兼続に上州館林《たてばやし》城主榊原康政へ照会させ、往来の自由を保証せしめた。

十二月二十二日、景勝は、福島城を守っている六十二歳の老将本庄繁長に「寒い時期に長い旅程といい、痛ましく思うが早々に罷り上るように」と書き送り、小袖《こそで》一重を贈った。また、翌二十三日、京都留守居千坂景親に、本庄繁長を上洛させることに決定したため、これと相談するよう命じた（『覚上公御書集』）。

全権を託された本庄繁長は、福島城在番衆に対して、留守中法度を定め、当番以外の者が本城へ出入りするのを禁じ、留守中どのようなことがあっても越前（繁長の官名）の書判印判なく勝手に下向する者は欠落《かけおち》と見做し押し込める、などの綱紀粛正を示している。上洛する本庄繁長に、景勝は嶋倉泰忠を差し添えた。

上方との交渉がはじまり、慶長六年の正月を迎えてもなお、伊達勢の上杉領侵入は続いていた。伊達方の攻撃は時に「草調儀（しのび働き）」によるもので、相馬境《そうまざかい》を通じて四本松《しおのまつ》（二本松《にほんまつ》市）付近まで進出していた。

一方、最上義光は庄内方面へ進出し、上杉方の諸城を攻略した。先の最上攻めの際に、庄内から直江軍に呼応した下吉忠《しもよしただ》は、酒田に帰還できないまま最上勢に包囲され降伏した。その下吉忠が先導して庄内制圧が進められていた。志駄義秀が拠る東禅寺《とうぜんじ》城も最上勢に包囲され、和睦交渉の末に開城し、志駄以下は米沢へ退去した。上杉領は百二十万石とはいえ、飛び地状態で援軍を送ることができない。佐渡も同様で、代官河村彦左衛門以下は徳川方に降《くだ》っていた。こうして上杉家は、越後時代から引き続き領有してきた佐渡、庄内を失うことになった。もっとも、景勝は開戦直前に本庄繁長ら重臣たちに宛てた書状で「合戦になれば、領国周縁は敵の侵入を受け、地下人《じげにん》共が心替りするのも必然であろう」と記しており、こうした状況になることはある程度予測していたと思われる。

ともあれ、上方での和睦交渉の端緒をつかんでいる今、残る上杉領を堅守し続けるしか方途は残されていなかった。

二月九日、千坂景親が会津へ到着、本多正信と榊原康政らの斡旋《あっせん》によって和睦が決定したことを報告した。

上杉家の処分

関ヶ原の戦いによって、上杉家は敗者の列につらなり、厳しい減封処分を受けた。景勝の後半生にふれる前に、慶長五年以降の有為転変についてみておこう。

関ヶ原の戦いで勝利した徳川家康は、大坂城から毛利輝元を退去させることに成功した。毛利家は所領安堵《あんど》をとりつけたと思ったが、実際には防府《ほうふ》・長門二カ国三十七万石に減封された。そのほか、大老衆では宇喜多家が改易となった。当主秀家は薩摩《さつま》島津氏に匿《かくま》われていたが、後に身柄を移され、配流先の八丈島で生涯を終えている。家康以外の大老衆で唯一身代を保ったのは、加賀の前田利長のみであったが、すでに生母芳春院を証人として江戸に送っており、大老として中央政権に参画することはなかった。

一方、家康に味方した豊臣恩顧の諸大名は戦功に応じて大封を得たが、その領地は西国を中心とした地方に集中した。主なところでは、加藤清正（肥後《ひご》五十二万石）、福島正則（安芸四十九万石）、黒田長政《くろだながまさ》（筑前《ちくぜん》五十二万石）、細川忠興《ほそかわただおき》（小倉《こくら》三十九万石）、小早川秀秋（岡山五十万石）、山内一豊《やまうちかつとよ》（土佐《とさ》二十四万石）などである。

奥羽では、上杉方の攻勢を退けた最上義光が五十七万石に加増された。対照的に、上杉領へ執拗に攻撃をしかけた伊達政宗は、結局自力で切り取った白石三万石の加増にとどまった。また、宇都宮へ移されていた蒲生秀行が会津六十万石に返り咲いた。

上杉家の処分をどうするか、家康とその周辺で結論を出すまでには紆余《うよ》曲折があったらしい。上杉家同様に、家康との和平交渉を模索していた薩摩島津家では、直江兼続の娘を景勝の養女として家康五男松平信吉《のぶよし》に娶《めと》せ、百万石を与えて上杉家を相続させ、景勝に三郡ほどの領地を与えて隠居させるという風聞を摑《つか》んでいた（『鹿児島』一五四四）。しかし、これは実現することはなく、信吉はその後、秋田へ転封された佐竹氏の後、水戸《みと》へ入部し、武田氏を称した。甲斐武田氏の復活であったが、翌年、武田信吉は二十一歳で早世してしまう。

景勝に二、三ヶ村を与えて隠居させ、そのかわりに上杉家の家督を本多正信の息子（本多政重《まさしげ》）に譲り、これに直江兼続の娘を娶せる、という構想も似たようなものであろう（後述）。やはり、はじめは家康も景勝を政治的に引退させ、誰かを養子にして上杉家を存続させようと考えていたようである。このあたり、中国の毛利輝元が隠居し、息子秀就《ひでなり》に家督を譲った例を踏まえているのかもしれない。

しかし、家康周辺でも躊躇《ちゆうちよ》する施策だったのではないか。結局、景勝の身分はそのままで、会津・佐渡・庄内を没収し、出羽置賜《おきたま》郡および陸奥伊達・信夫郡を与えるかたちで決着した。表高三十万石で、所領は以前の四分の一となる。戦後処分としては、最大の減封となった。

慶長六年七月一日、景勝と兼続は会津を発し、二十四日に伏見上杉屋敷に入った。主従の悪びれたところがない様子は、京洛の評判となった。島津家の家臣が上杉主従の上洛を目撃し、その様子を国許に知らせている。

「去る二十四日に長尾殿（景勝）御自身が上洛されました。勿論《もちろん》直江山城守（兼続）が御供しておりました。景勝御手廻は馬十騎ばかり、直江山城守手廻は馬三十騎ほどでした。これを見た京童《きようわらわ》もあれこれと取り沙汰しております」（『鹿児島』一五二九）

主人より家臣の御手廻が多いことが、島津家中や京都の人々の関心をひいたような書きぶりであるが、あるいは、他家からみると、出頭人たる直江兼続の威勢がこのように映っていたのであろうか。

二十六日、景勝は大坂へ下向し、秀頼ならびに家康に謁見した。先の島津家の記録によれば、景勝が持参した進物は鷹《たか》八十居《もと》、そのうち「（鷹）十二居・銀子千枚・さらし布」は家康に贈られたという。

この時は処分は言い渡されず、八月十六日になってふたたび大坂へ赴いた景勝は、西の丸において米沢への減封の沙汰が言い渡された。やがて、宿所に戻った景勝が、出迎えた兼続に言った言葉は淡々としたものであった。

「今度、会津を転じて米沢へ移る。武命の衰運、今においては驚くべきにあらず」

景勝自身、権力闘争に敗れたことを自覚していたのである。

米沢移封

在京中の景勝・兼続主従は家康の家臣本多正信の指南を受けつつ、移封の事務手続きに入った。

処分が下されてから四日後の八月二十日、直江兼続は安田能元、水原親憲、岩井信能の三名に宛て、五ヶ条の条書をしたため、移封にともなう最初の命令を発した。

一、米沢へ引っ越すにあたり、本多佐渡守（正信）の指図を受け、平林蔵人、嶋倉孫左衛門を下向させるので、両人にしたがうこと。

一、米沢の侍町、地下《じげ》町の受け取りは、岩井・水原・安田の三人に依頼する。

一、仙道筋在城の者は直々に伊達・信夫郡へ遣わし、そのうち米沢に屋敷地入用の者を吟味すること。
一、知行はこれまでの三分の一とする。
一、長井郡中の仕置については、春日右衛門に命じてあるので彼と相談するように。

直江山城守
兼続

八月廿日

岩井備中守殿
水原常陸介殿
安田上総介殿

（『御年譜』）

二十日以前に、領国へは今度の処分について第一報が発信されていた。したがって、この条書は具体的な処置に踏み込んだ内容となっている。

景勝は、平林正恒、嶋倉泰忠の両名にこの命令書と指南役の本多正信の条書をもたせて帰国させることにし、国許で混乱が生じないよう手早く処置を講じた。

兼続の指示を受け、岩井・水原・安田の三奉行は米沢へ移動し、侍ならびに地下人を収容する屋敷の調査を開始した。

十月三日、景勝は豊臣秀頼・淀殿母子に暇乞《いとまご》いの挨拶《あいさつ》をすませ、十五日に伏見を発った。

〈第三章のまとめ〉

豊臣政権の大老となった景勝であったが、会津国替えもあって上方を不在にすることが多く、豊臣家との婚姻関係もなかった。結果として、政権中枢から一定の距離を置くこととなり、それが家康による排除を招くことになる。

①会津攻め 景勝に上洛の意志はあったが、家康は実現不可能な条件をつけ、上杉攻めへと政局を誘導した。

②最上攻め 上方で石田三成らが蜂起すると、景勝は直江兼続を最上領に進攻させた。しかし、結果的に撤退を余儀なくされた。

③家康との交渉 上杉家の処分が決まるまでには時間を要した。老臣・本庄繁長が上洛し、景勝・兼続主従は残された領国の防衛にあたった。

豊臣政権崩壊の過程で権力闘争に敗北した上杉家は、会津百二十万石から米沢三十万石に大幅減封となった。景勝は兼続とともに米沢入封の準備を始める。

第四章
米沢領三十万石

米沢城本丸跡（米沢市）
景勝以来、歴代上杉氏の居城。本丸内に謙信遺骸を安置した御堂、二の丸には20もの真言寺院が配置される特異な城であった。

一、米沢中納言景勝

米沢への入封

処分が決まった景勝は、慶長六年（一六〇一）十月三日に大坂で豊臣秀頼に謁し、太刀と銀子百枚を献じた。また、秀頼の生母淀殿にも銀子五十枚を進上した。そのほか、秀頼近臣たちにも金品を贈り、帰国の挨拶《あいさつ》をすませた。やがて、秀頼から暇が許されると、再度大坂へ下って徳川家康に謁し、謝詞を述べた。景勝は後事を留守居役千坂景親に託し、十月十五日、伏見を発《た》ち、同月二十八日に米沢に至った。会津移封後、景勝が米沢に足を踏み入れるのはこれがはじめてとなる。

上杉氏の所領は、出羽国置賜郡および陸奥国信夫・伊達郡の三十万石となった。それまでの庄内、佐渡、会津に配置されていた家臣たちはあらたな米沢藩領へ移動する必要に迫られた。中には、上杉家に帰属することもかなわず、徳川方に属したり、零落する者もあった。関ヶ原戦後の減封処分によって、家臣をひとりも召し放たなかったというのは事実ではない。しかし、越後以来の主要な家臣たちのほとんどは今回の処置を受け入れ、主家にしたがった。

当時、米沢の人口は文禄・慶長期において四万六千余人とする記録がある（『邑鑑』）。そこへ上杉家臣団六千余名、家族・召使いなども含めれば三万余名が移住してきたのであるから、領民への負担、城下町の狭小さといった経済発展への影響ははかりしれないものがあった。百年後の元禄《げんろく》年間には、総人口が十三万余人に達するが、そのうち三万余りが武士階級、すなわち米沢藩士とその家族であり、依然として武士階級の高い比率を見ることができる。

居城となる米沢城は堀一重をめぐらしただけの質素なものだった。当然ながら、城下は上杉家中とその家族三万余を受け入れるだけの規模を有していない。そのため、郊外に「原方衆」と呼ばれる陪臣集落を形成して半農半武士の生活を営むことになった。陪臣の中には商いなどに手を出す者もおり、次第に陪臣集落はそれ自体で完結するコミュニティを築き上げていくことになる。代表的な陪臣集落としては、直江氏による李山《すもももやま》、毛利安田氏の川井《かわい》・窪倉《くぼくら》、色部氏の窪田《くぼた》、斎藤氏の長手《ながて》、千坂氏による簗沢《やなざわ》（以上、米沢市）、中条氏による山口新地《やまぐちしんち》、本庄氏による鮎貝《あゆかい》（以上、白鷹町）、下条氏による勧進代新地《かんじんだいしんち》（長井市）、安部氏による高梨《たかなし》（南陽《なんよう》市）、大国・樋口・鮎川氏らによる添川上町《そえがわうわまち》（飯豊町《いいでまち》）などがあった。

慶長八年二月二十一日、景勝は幕府から江戸に邸地を与えられた。現在の法務省がある一帯で、江戸城桜田門《さくらだもん》の前である。江戸屋敷造営の奉行には、下条忠親、楠川将綱、山田修理亮、上野内膳《ないぜん》らが任じられ、作事頭には渋谷弥兵衛が命じられた。

道路を隔てた反対側にも下屋敷を与えられている。こちらは現在の警視庁があるあたりで、土地の形状が三角形であることから、当時から「鱗《うろこ》屋敷」とも称された。巷間《こうかん》、執政直江兼続の屋敷とされることもあるが、江戸初期の古地図には「上杉下屋敷」と記されている。

下屋敷内には菜園があったようだが、慶長十四年に出された「下屋敷法度」には、「屋敷内の菜園を雁や鴨が荒らしていても追い立ててはならない。雀などの小鳥に対しても荒っぽくしないこと」といった一条がある。

菊姫の葬儀

慶長八年、景勝は二年ぶりに上洛の途につく。十月十七日に伏見に入り、徳川家康に拝謁した。続いて十九日には大坂へ至り、豊臣秀頼に上洛の挨拶をして、伏見へ帰邸した。

景勝はそのまま伏見上杉屋敷で年を越したが、前年から病臥《びょうが》していた正室菊姫が伏見屋敷で亡くなった。享年四十七である。宿敵武田信玄の娘であったが、上杉家では甲斐御前、甲府夫人などと呼称され、尊崇されていた。日が暮れてから妙心寺塔頭《みょうしんじたっちゅう》亀仙庵に棺《ひつぎ》が運ばれ、葬られた。法名は大義院殿梅巌周香大禅定尼である。導師は海山元珠《かいざんげんじゅ》がつとめた。海山は直江兼続らが私淑した南化玄興《なんかげんこう》の弟子である。慶長三年に京都留守居役千坂景親の開基による亀仙庵の開山となるなど、上杉家との縁が深かった。一説によれば、会津征討がおこった際、菊姫は同庵に潜行したともいわれている。菊姫の墓は、後に米沢林泉寺にも建立されている。

「少将殿」という人物が高野山清浄心院《しょうじょうしんいん》に菊姫の日牌《にっぱい》供養を依頼している記録も残っている。この「少将殿」は菊姫の側に仕えていた侍女であろうか。

この菊姫の葬儀については騒動があった。

菊姫付きであった宮島親家が、米沢からの指示を待たずに葬儀を取り仕切った。ところが、入れ違いに直江兼続から「世上へ知られないように万事米沢にて取り計らうように」という指示が届き、菊姫の異母弟武田信清《のぶきよ》が迎えとして上洛してきたのである。しかし、とうに菊姫の葬儀は終わっていた。宮島はこの件を咎《とが》められ、浪人の身となり高野山へ入ったという。

菊姫墓（林泉寺）

その後、宮島は高野山に十二年住し、元和《げんな》二年（一六一六）になって上杉家に帰参している。しかしながら、当主の景勝が在京中であり、葬儀のあり方に問題があったとはおかしなことである。

また、宮島は碁会所で相手をした美濃の侍（名前は不明）から菊姫葬儀の取り計らいに手落ちがあったことを嘲笑《ちょうしょう》され、喧嘩《けんか》におよんだという話も伝わっている（「御家中諸士略系譜」)。宮島は相手の侍を討ち果たし、切腹しようとしたが宿の者に止められ、京都町奉行日下部《くさかべ》兵右衛門方(伏見城留守居日下部定好《さだよし》)へ届け出ることにした。日下部の配慮によって高野山無量光院《むりょうこういん》宛ての書状を渡され、宮島は高野山へ赴いた。その後、無量光院と日下部が斡旋《あっせん》し、帰参の取り成しがなされた。上杉家に帰参後も、宮島は討ち果たした相手の息子から追及をうけたが、無事にこれをかわして事なきを得たという。宮島を親の仇《かたき》とつけ狙った人物は「将軍家御馬買」、すなわち公儀御馬買として米沢藩領へやってきたとあり、幕府関係者であったところに、問題の根源があったように思われる。宮島の喧嘩相手が幕府関係者であったため、上杉家では幕府を憚《はばか》って家中の不手際としたのかもしれない。

嫡男誕生

慶長九年の景勝の周辺は慌ただしい。この頃、景勝には側室がひとりあった。公卿《くぎょう》の四辻《よつつじ》大納言公遠《きんとお》の娘である。

五月五日、景勝に男子が誕生し、玉丸と名づけられた。後の米沢二代藩主上杉定勝である。生母四辻氏(桂岩院)については不明な点が多い。通説では、四辻大納言公遠の娘といわれ、米沢藩の記録でもそのようになっている。しかし、四辻氏の系図には該当する女性の記載がない。後に藩主となった上杉定勝がキリシタン公家猪熊光則《いのくまみつのり》を庇護《ひご》しているが、彼の父季光《すえみつ》は、四辻公遠の子であり、定勝生母とは兄妹の間柄であった。当時、幕府の禁教令が布《し》かれ、まだその影響がさほど強くない東北へ逃げ、従兄弟《いとこ》の定勝を頼ったといわれる。光則は、上杉一門の山浦《やまうら》の姓を与えられ、山浦玄蕃《げんば》と名乗った。景勝側室と四辻家の間に何らかの関係があったことは確かであろう。

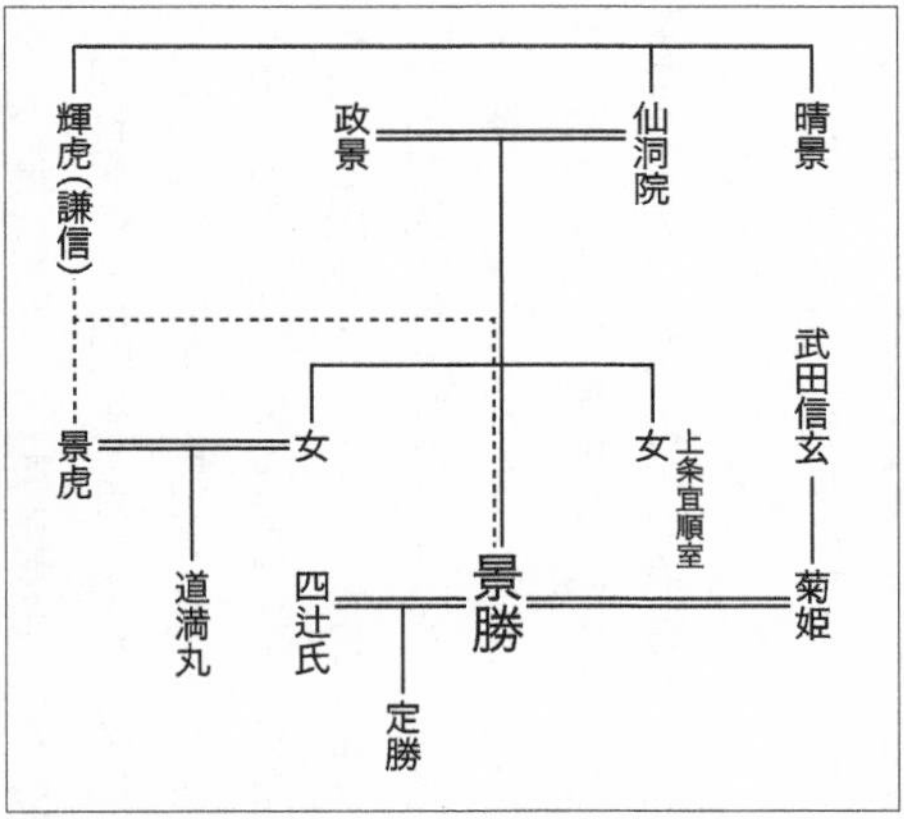

景勝婚姻関係図

一説に、桂岩院の母は四辻家の家女房であった杉原氏ともいわれる（「外姻譜略」）。このあたりが四辻家の正式な系図にあらわれない理由であるかもしれない。当時、桂岩院の実家である四辻家では、公遠の長子季光が勅勘《ちょっかん》を蒙《こうむ》り、出奔していた。また、公遠自身も文禄四年（一五九五）八月十三日に死去し、後を継承した季継《すえつぐ》はまだ十五歳の若さであり、四辻家は危機的状況にあった。

この四辻氏の素性について、筆者は以前、吉田神社の神主吉田兼見の日記『兼見卿記』に登場する娘の後身ではないか、と書いたことがある（今福二〇〇八）。『兼見卿記』にしばしば登場する「直ヲイ息女九歳」がそれである。

同日記の文禄四年三月二十八日条に「上杉息女九歳、守所望之間調遣之」とあるのが初出と思われる。旧冬、吉田兼見が召し使っている「五イ」が取り次いだお守りを贈ったという記事である。続いて、七月二十三日条に「越後上杉家中直ヲイ山城守息女九歳、為猶子可来之由」と出る。あいにくこの日は兼見が急な用件で他行していたため、息子の兼治《かねはる》が対応し、三献の祝儀が行われた。帰宅した兼見は、上杉家へ使者を遣わし、明日来るように言伝《ことづて》をした。翌二十四日、「息女」をはじめとして御乳《おち》、御局《おつぼね》、そのほか供の者十五名ほどが吉田神社へやって来た。饗応《きょうおう》の席で吉田兼治が「御まん御料人」と命名している。つまり、九歳の「直ヲイ息女」は、吉田兼治と猶子契約（家産の相続を目的としない仮の親子関係）が結ばれたということなのであろう。

八月二日には、「御まん」が「女房衆御せん（直江兼続室）」、「十一歳息女」とともに来訪し、一泊して翌日には兼見による加持祈禱《きとう》を受けている。その後、「御まん」は吉田神社を訪れて祈禱を受けたり、吉田家としばしば贈答をかわしたりしているが、上杉家が会津国替えとなった慶長三年以降は『兼見卿記』の欠失があり、確認できなくなる。

「御まん御料人」は、直江兼続の「息女」と記されており、兼続・おせん夫妻の実子ではないか、という見方もあるだろう。兼見の日記に登場する「十一歳息女」は後に本多政重（直江勝吉）に嫁ぐ於松であると思われる。このほかに兼続には「梅」という娘があったともいわれるが、根拠とされる「古山梅竜心大姉」（「越後国供養帳」）という法名は、実際には兼続室おせんの逆修供養（生前供養）のものである。大名家の関係者なので、兼見は単に敬う意味で「息女」と記した可能性もある。

一方、景勝は慶長四年九月以降、会津に帰国しており、関ヶ原合戦をはさんで慶長六年七月まで在国している。四辻氏は「往年潜ニ米府ニ下着シ玉ヒテ　御本城ニ御住居ナリ」とあり、上杉氏の米沢移封後に下向したことになる。「三公外史」は、慶長八年に米沢へ下ったと具体的な時期を記している。景勝は慶長六年十一月頃から慶長八年十月まで在国していた。おそらく四辻氏は、慶長八年の前半に京都から米沢へ下向したものであろう。「藤林年表」は、北陸《ほくりく》道を経由してひそかに米沢へ下ったと記している。そして、米沢では代官松木甚三郎のはからいによって大町《おおまち》に居住したという。

四辻大納言娘墓（極楽寺）

その後、米沢林泉寺の過去帳を筆者が確認したところ、四辻氏の法名とともに、十八歳という没年が記されていた。つまり、『兼見卿記』に記されている年齢と合致するわけである。さらに、「御まん御料人」の猶子契約と、四辻公遠の死去がほぼ同時期である点も気になる。しかしながら、これだけでは確定的なことは言えず、あくまで仮説の域を出ない。

世継ぎとなる男子を産み落とした後、四辻氏は産後の肥立ちが悪く、八月十七日に没した。林泉寺に葬られ、桂岩院殿月清正佳大姉と諡《おくりな》された。後に息子の定勝の代に極楽寺《ごくらくじ》へ移葬されている。

この時、景勝は家康を介して豊臣秀頼から帰国の許可をもらい、八月十六日に大坂を発した。二十一日に伏見を出発して江戸桜田の屋敷に入った。ここで景勝は、四辻氏の訃報《ふほう》に接したのであろう。景勝が米沢に帰国したのは、閏《うるう》八月上旬であった。景勝は正室、側室に相次いで先立たれてしまった。

『御年譜』は、父子の対面を「(景勝公は)はじめて玉丸君に御対面し喜ばれた。しかしながら、玉丸君御生母が逝去されたため、嘆き悲しんだ」と伝えるのみであるが、「三公外史」によれば、米沢城留守居の広居出雲守が男子誕生の御祝辞を申し上げたところ、景勝は「五十ニナリテ」と機嫌よく笑ったという。五十歳になってはじめて人の親となった景勝の、照れくさいながらも喜びに満ちた様子が伝わってくる記述である。また、四辻氏の年齢についても十八歳と記され、先にふれた林泉寺の過去帳とも一致する。

慶長十一年（一六〇六）四月、三歳になった玉丸は江戸へ上ることになった。景勝は松木石見貞吉を傅役《もりやく》に任じ、従者たちを選別した。上杉家のたったひとりの世継ぎであったから、道中は慎重にゆっくりとしたペースで江戸をめざした。四月下旬に米沢を発し、江戸桜田邸に入ったのが五月上旬のことであった。以降、玉丸は家督相続によって初入部を果たすまで、十七年間を江戸で過ごすことになる。

本多政重の招請

関ヶ原戦後の上杉景勝の処分について、世間ではいろいろ取り沙汰《ざた》されていたようだ。それが、前章でも述べた景勝の隠居と、家督継承者を外部から連れてくるというものである。しかし、結局、景勝の身分や地位はそのまま保全されることになった。

ただし、家康の家臣本多正信の次男政重を上杉家へ迎え入れるという話がにわかに持ち上がった。本多政重は、景勝の家督継承に関わる存在とみられていた。とは言っても、政重自身が上杉家の家督を継ぐというわけではない。「本多家譜」には「奥州米沢の上杉景勝殿には、実子がなかった。家臣直江山城守兼続には娘があり、これを主君の養女となし、政重に娶《めあわ》せ、その間に男子が出生した時には、上杉家を相続させる意図があった」とある。当時、景勝には嫡男玉丸があったが、誕生したばかりだったため、このような事情があったのかもしれない。

本多政重は宇喜多秀家に仕えていたが、関ヶ原の合戦で主家は没落し、浪人となっていた。天正八年（一五八〇）の生まれで、はじめ徳川家臣倉橋家の養子となったが、刃傷沙汰《にんじょうざた》をおこして出奔している。後に宇喜多秀家、前田利長などに仕えた。そこへ関ヶ原の戦いの後、薩摩島津家に匿《かくま》われていた旧主宇喜多秀家が京都に送られることを伝え聞き、これに殉死するべく、前田家を致仕した。しかし、宇喜多秀家は一命を助けられ、八丈島に流罪と決した。そのため、浪人の身上にあったのである。

しかし、一介の浪人を召し抱えるのとはわけが違うのは、景勝の次の書状からうかがえる歓迎ぶりであろう。

書状にてお伝えします。あなたが当地へおいでになる件について、もっと早くに連絡するべきでしたが、今、当家は万事遠慮している状況です。時が経ってしまいましたが、各方面の調整も済み、喜んでおります。あなたが早々に到着するのを待ちのぞんでおります。なお、対面した時にお話しましょう。
三月十七日　　景勝（花押）
本多対馬守殿

（「本多氏古文書」）

この書状は、慶長九年のものである。すでにふれたように、景勝はこの年の二月、京都で正室菊姫を亡くしたばかりであった。この書状は伏見か大坂から出されたものであろう。上杉家では本多政重のもとへ二人の使者を派遣していた。

政重を婿養子に迎える直江兼続も同様で、米沢から四月二日付けで先の使者が到着したか心配であるとして、「其元相済候ハヽ、早々御下向待入候」と書状をしたため、青柳隼人佐をあらたに使者として派遣した。

政重は、八月、直江兼続の婿養子（兼続の娘於松と婚姻）となり、景勝から偏諱《へんき》を受け、直江大和守勝吉（後に安房守）と改めた。禄高は一万石であった。上杉家中では、直江兼続に次ぐ大身であり、破格の厚遇と言えるだろう。大和守は兼続の正室おせんの実父で、上杉謙信の老臣直江景綱が称した官途であり、ここでも上杉側の配慮が感じられる。

直江大和守勝吉に出された起請文《きしょうもん》がある。年未詳十月十二日付け、および十六日のもので、後者には「最前、二ヶ条の誓詞」とあり、連続して出されたものと考えられる。また、十六日のものには「山城守重光」と署名がある。直江兼続が諱《いみな》を重光に改めるのは、慶長十年十二月三日以降同十二年十二月までの間と考えられている（木村徳衛『直江兼續傳』）。したがって、この起請文は慶長十一年十月から十三年十月までのものであろう（ただし本書では煩《はん》瑣《さ》を避け、直江兼続と表記する）。

兼続は、十月十二日、「本多正信殿のご支援を忘れ、貴所（勝吉）と親子の契約を違《たが》え、なおざりにする気持ちはない」「五ヶ条を申入れるほかは、何事につけても他人に対するような隔心は持たない」という二ヶ条の起請文を提示した。兼続が言うところの五ヶ条の申入れは、この起請文の末尾に記されている。

覚

一家中大体之事、　　一内々立入様子之事、

一郡中仕置之事、　　一家中指引之事、

一竹松身上之事、以上

（『上杉』八七六）

「竹松身上之事」にある竹松とは、兼続の実子竹松（後の直江平八景明《かげあき》）のことである。続いて、四日後に兼続は新たな起請文を勝吉に提出する。

「あなたは御家中の杖《つえ》・柱ともなるべき者であり、余人をもって代え難い存在である。死ぬ

も生きるもあなたと心はひとつであれば、何の心配もしていない。しかし、若さゆえの分別によって、あなたの心情も変わってしまわないだろうかと案じている。私からあなたに対して悪しき対応をするつもりは毛頭ない」（『上杉』八七七）

箇条書きにした前の起請文とは対象的に、勝吉の心に訴えかけるかのような内容になっている。

これは、上杉家にやって来た後、直江勝吉をとりまく環境に変化がおこったのであろう。勝吉を動揺させまいと、兼続は二通の起請文をしたためたと考えられる。その変化とは、おそらく妻に迎えた於松の病死であったと考えられる。兼続の長女於松は母おせんとともに京都にあったが、やがて母子ともに江戸の桜田邸に移っていた。於松は、勝吉に嫁いでわずか数ヶ月後に病死してしまった。慶長十年正月七日に、高野山清浄心院に供養依頼した記録が残る（「越後国供養帳」）。先にみた『兼見卿記』文禄四年（一五九五）八月二日条に出る「十一歳息女」を於松に比定すれば、享年二十一の若さであった。

直江家には、兼続の実子竹松もおり、よけいに勝吉の立場を案じた兼続は、先の起請文をしたためたのではないだろうか。間もなく兼続は、自分の姪《めい》於虎（大国実頼娘）を養女として勝吉に嫁がせた。「本多家譜」の記述を信用するとすれば、景勝の養女として勝吉に嫁いだ於松に対し、於虎は兼続の養女として嫁いだ。この時点で、勝吉の子が上杉家の家督継承者となる話は立ち消えになったのではないだろうか。勝吉が慶長十四年夏頃に自らの官途大和守を安房守に変えているのも、こうした状況の変化を受けてのものかもしれない。

一方、こちらも年未詳であるが、直江勝吉が上杉景勝および喜平次《きへいじ》（定勝）に捧《ささ》げた起請文には「ひとすじの如在《じよさい》（手抜かり）なく、喜平次様へ御奉公いたすべき事」という一条がある。上杉家では、直江勝吉が将来的に喜平次（定勝）を支える存在となることを期待していたのである。

しかし、結果的に直江勝吉は慶長十六年夏、上杉家から離れた。慶長十四年には直江景明が近江膳所《ぜぜ》城主戸田《とだ》氏鉄《うじかね》の娘を娶っていた。その仕儀を見届けて、自ら身を退く決心をしたのであろう。勝吉は父本多正信の領地岩付《いわつき》にひきこもっていたが、やがて藤堂高虎《とうどうたかとら》の斡旋によりふたたび加賀前田家に仕官することになる。その折の藤堂高虎書状中に「然らば、本上州（本多正純《まさずみ》）舎弟直江安房守身上の儀、直江山城守実子御座候について、彼者に安房守知行方相渡す分にて彼地立退きいたし、其身は逼塞《ひつそく》してこれ有るべき由」とある。直江勝吉は、前田家に再仕官後、本多安房守政重を名乗る。前田家中最大の五万石を知行する加賀本多家のはじまりとなる。なお上杉家との交流は、景勝、直江兼続の主従が存命中はもとより、景勝の息子定勝の代まで続いた。

将軍秀忠の御成

関ヶ原の戦いの結果、豊臣家大老の合議に基づく政権運営は破綻《はたん》した。戦前に家康に膝《ひざ》を屈した前田利長をはじめとして、戦後に景勝、毛利輝元は政権中枢から遠ざけられ、宇喜多秀家は没落した。

景勝は、身分上は変わることなく、大坂城へ伺候《しこう》し、秀頼への年賀、端午の節句など時候の挨拶を欠かしていなかった。

関ヶ原以後、景勝の大坂城伺候が確認できるのは、慶長八年、九年、十一年の三回である。景勝は、すでに豊臣家大老としての政治的立場からは失墜しており、大坂城へ伺候しても、豊臣秀頼のもとで天下の政治を動かすことができるわけではない。しかしながら、関ヶ原以後も、豊臣家寄りの大名は大坂へ足を運んでいた。また、家康もそれを表立って咎めだてはしなかった。

「上杉家文書」中には、宛名が「米沢中納言殿」とされた豊臣秀頼御内書が数通含まれている。年次の特定は難しいが、いずれも景勝が端午、重陽《ちようよう》、八朔《はつさく》の祝儀として、帷子《かたびら》・単物《ひとえもの》、呉服などを贈ったことへの礼状である。取次には片桐且元《かたぎりかつもと》、片桐貞隆《さだたか》（且元弟）があたっていた。また、大蔵卿局奉書が一点伝わっている。書中「菖蒲の御祝儀」とあるので、端午の折のものであろう。それによれば、景勝は秀頼に御服三つ、「姫君さま（千《せん》姫）」に一襲《かさね》（装束一揃い)、「御うゐさま(淀殿)」にも一襲を贈っている。

なお、景勝は大坂城を出て京都で隠棲《いんせい》していた高台院《こうだいいん》(秀吉後室)にも「菊の御祝儀」(重陽の節句)に小袖を贈っている。高台院自筆消息(『上杉』八八〇)には「いつも〳〵給候」とあり、折々に贈答があったことがうかがえる。

しかしながら、豊臣家とのつながりも、もはや儀礼的なものにとどまっていた。

その一方で、上杉家は江戸に開かれた幕府の意向を伺いながら進退を決しなければならない必要性が生じた。関ヶ原の敗者であった上杉氏には、政治をつかさどる幕府への臣従という手続きが待っていた。

景勝が大坂城へ伺候し、秀頼母子への挨拶を欠かさない一方、直江兼続はすでに述べたように、幕府の重鎮本多正信の子左兵衛政重(直江勝吉)との養子縁組を行い、幕閣との結びつきを強化した。幕府からの課役、施策の通達は兼続に伝えられ、兼続は景勝の承認のもと、国許《くにもと》へ布達するという流れが誕生したのである。そこには、豊臣家の大老としての地位で言えば、家康と同僚であった景勝への配慮が働いていたと考えられる。

慶長十四年六月、本多正信の取り成しによって、上杉家は十万石分の役儀免除という恩典に浴す。景勝がこれを国許へ報じると、まるで加増があったかのように上下が喜びに沸いたという。兼続はさっそく本多正信に礼状をしたためた。この一件は、景勝が直江勝吉を通じて本多家へ御礼をする手続きが指摘されている（阿部哲人「米沢時代　江戸幕府と直江兼続」）。景勝の命を奉じた勝吉から本多家の家臣岡本忠宗へ礼状が発給され、これを岡本が主の正信に取り次いでいるのである。

この時、勝吉は軍役免除については「あいちゃ」（勝吉の母か）という女性のお取り成しのおかげであると景勝が言っている、と書いている。つまり、景勝は本多家の女性「あいちゃ」の尽力を認識しており、勝吉を通じて御礼をしたことになる。上杉家がわざわざ浪人「本多政重」を招請したのは、まさに幕府との関係性に安定をもたらしてくれる期待感にあったといえよう。そして、さらに大きな課題がやってきた。

翌十五年には、将軍徳川秀忠の上杉邸御成の内意がもたらされたのである。

五月六日、本多正信が上杉桜田邸へあらわれ、直江兼続が応対した。その折、当年冬頃に徳川秀忠の上杉邸御成について、内々心得置くように、という話があった。景勝はさっそく兼続に、本多正信を指南役に恃《たの》み、御成御殿の造営にとりかかるよう命じた。

御成御殿は六月二日に起工され、総監に山田修理亮、上野内膳、御作事奉行に渋谷弥兵衛が任じられた。落成は十二月十八日で、二十二日には本多正信が装飾や諸道具について検分にあたった。正信は、御成当日は景勝の嫡男玉丸も一緒に将軍を出迎えるように伝え、その席で名を改めるようあらかじめ申し渡しがあった。なお当日の臨席は、直江兼続、同勝吉、同平八のほか老臣数名に限られる旨、兼続に通達された。

秀忠御成は二十五日巳《み》の下刻（午前十一時頃）であった。天候にもめぐまれ、景勝と玉丸は御成御門で秀忠を出迎えた。秀忠から景勝に「包永御太刀一振、備前守家御刀一腰、左文字御脇差一腰、御服五十領、銀子五百枚」、玉丸に「御服三十領、銀子三百枚」が下された。景勝、玉丸に続いて、兼続は「御服五領、銀子五十枚」、勝吉、平八に「御服三領、銀子三十枚」、本庄充長と千坂高信《たかのぶ》に「御服二領、銀子二枚」をそれぞれ賜った。

このあと秀忠に対し、上杉家から献上の品々があった。景勝は「来国俊御太刀一腰、正宗御刀一腰、貞宗御脇差一腰、御服三十領、銀子三百枚、純子（緞子《どんす》、高級織物）三十巻、綿子三百把、御馬一疋鞍皆具」、玉丸は「御服二十領、銀子二百枚」を進上した。以下、直江兼続が「御服三領、銀子百枚」、勝吉が「御服三領、銀子三十枚」、平八が「御服三十領（三領カ）、銀子三十枚」、本庄充長と千坂高信がそれぞれ「御服二領、銀子二十枚」ずつを献上した（『御年譜』）。

これによって、慶長十五年（一六一〇）当時の上杉家重臣の顔ぶれがわかるが、本庄越前守繁長は老齢、千坂対馬守景親はすでに没しており、その子の代になっていた。兼続は上杉家の執政としての地位を維持し、養子勝吉、実子平八が加えられ、下賜の内容についても両名が本庄・千坂を凌《しの》いでいる点が注目される。進物も、兼続が御服三領、銀子百枚、勝吉と平八が御服三領（平八の三十領は誤記か）、銀子三十枚を献上しているのに対し、本庄および千坂はそれぞれ御服二領、銀子二十枚となっている。臨席した重臣五名のうち、直江父子三名が席次において上位にいるといえよう。

なお、景勝の世子玉丸はこの席上、出座があり、秀忠の命により千徳と名を改めることになった。そして秀忠は、手ずから来国光《らいくにみつ》の御腰物を授けた。

秀忠の上杉邸御成は滞りなく済んだ。秀忠は「謝礼として今日登城するのは無用」と伝えて、未《ひつじ》の下刻（午後三時頃）に帰城した。

翌二十六日、景勝は登城して秀忠御成の御礼を述べた。同日、駿府《すんぷ》の家康へも使者を遣わし、御服三十領、銀子三百枚を進上した。

直江兼続は本多正信へ今回の御成指南の謝礼として、来国次《くにつぐ》の御腰物、御服三十領、銀子五百枚、正信の内室へ綿子三百把、銀子三百枚を贈った。

二十七、二十八の両日、桜田邸では御成御殿の「御跡見」が行われた。家中の者たちや来訪者が将軍御成の場所を見学するのである。さらに景勝の命により、家中諸士、小給の輩にいたるまで「御跡見の御祝」が下された。それらが終わって喧騒が去ると、景勝は兼続・勝吉・平八の直江父子、江戸家老千坂高信、御成御殿造営にあたった山田修理亮、上野内膳、渋谷弥兵衛を召して、それぞれに褒美の品を与えた。

かくして、上杉家は関ヶ原の敗者となって以来、天下に面目をほどこし、同時に徳川家への臣従が再確認されたのであった。

二、米沢城下と藩制の整備

米沢城下の屋敷割

関ヶ原合戦の後、領土経営にのりだした諸大名の領地では、白亜の巨城が次々に普請されつつあった。時代の空気はいまだ華やかな安土桃山《ももやま》文化の影響下にあり、この時期に出現した絢爛《けんらん》たる建築は、伊達家の仙台《せんだい》城、加藤家の熊本《くまもと》城、井伊《いい》家の彦根《ひこね》城など枚挙に暇がない。

それにくらべて、同時期に整備された上杉家の米沢城はどうか。石垣もなく、天守もなかった。三十万石クラスの大名としては実に質素であった。

米沢城が小規模ながらもその威容を整えるのは、三の丸の拡張を経てからである。その規模は東西一〇五一メートル、南北一九五五メートルに及び、上級・中級家臣団の屋敷がこれに取り込まれることになった。

慶長十四年（一六〇九）五月二十八日、直江兼続は腹心の平林正恒に二十二ヶ条を示して、具体的に諸将の屋敷割を指示した。

兼続の条書から窺《うかが》えることを要点を絞って書き出してみたい。

まず、町割の実務者は平林正恒となっていたことである。平林は、前年に死去した春日元忠の後を受けて米沢奉行に就任した。その一方で、安田能元、黒金泰忠両名と相談して行うこと、と指示している。兼続は越後以来の実力者安田、黒金両氏に配慮を示しながら、領内の仕置を進めていた。とりわけ、安田能元は現在の屋敷が狭いと主張しており、兼続は「幸本町通河井口」へ移転するよう、具体的な場所を示して通達している。

このほかにも、市川（房綱か）、村上（名は不詳。村上国清の縁者か）の両名については景勝の希望もあり、広い屋敷地を与え、場所については「それぞれの望み次第とし、こちらからは指示はしない」と特別なはからいにも留意している。市川氏は景勝の従兄弟である。村上氏は義清以来、上杉家の客分であり、また山浦上杉氏の名跡を継いでいる一門衆であった。

その一方で、兼続は小姓衆の父子を一か所に集め、出仕に至便なように取り計らうよう、実務面を重んじた指示を与えている。

後半は、青苧《あおそ》・麻・綿・紬《つむぎ》などへの指示である。

この二十二ヶ条をしたためた翌月四日、兼続はさらに三十八ヶ条の指示をまとめている。

これも、要点を掲出する。

兼続が前書で懸案としていた、赤湯《あかゆ》街道戸《と》張《ばり》に差し置きたいとする二名については、岩井信能、色部光長の名をあげている。岩井は越後時代、兼続と誓詞を交わした仲であり、色部は兼続の義弟である。最上・伊達に対する備えとして、米沢から赤湯《あかゆ》に通じる街道には、兼続が自ら信任する者を配置したかったのであろう。

ここでも、大身の者への配慮が働いている。たとえば、安田能元・泉澤久秀・甘糟景継らが屋敷地として希望する場所は十分な空きがなく、それらを補塡《ほてん》するため、兼続の養子安房守勝吉につかわした分を割り当てるように申し出ている。そのほか、武田信清、長尾権四郎などはもとの屋敷をそのまま割り当てるように、と指示している。つまり、慶長六年の米沢減封時に、武田・長尾といった名門に割り当てられていた屋敷地はそのまま使用させ、再移転の負担をかけないように配慮したものであろう。

高家、大身への配慮を見せつつ、一方で兼続は自身の政策に深く関わるものに対しては、積極的な判断を下している。

たとえば、鉄炮《てっぽう》の名手丸田俊次には、「鉄炮張立に近い場所を選んで屋敷地を渡すように」と指示している。また、この条書の宛先である平林正恒に「その方には日々の用向きを申し付けるため、屋敷地については勝手よき所を選んで取り置くようにせよ」と命じている。兼続は、自身が留守がちであるため、「用所」を申し付ける配下の者たちの屋敷割は「勝手能き処」を必要に応じて確保することを許可するなど、平林に一定の権限を与えているのである。

このように見ていくと、兼続は、政権運営に直接携わらない高家や重臣には、概《おおむ》ね先方の要望を容《い》れ、自分から屋敷地を指定することはしていない。むしろ、要望に添えない場合は、自分の養子に与えた土地を割譲する姿勢もみせている。

一方で、景勝の小姓衆、兼続の配下である奉行や与板衆には、職務に支障をきたさない至便なところを選び、場合によっては兼続自身が屋敷地を指定している。政権運営にあたる上で、機能性を重視したものであろう。

こうして、前後六十ヶ条に及ぶ指示を与えた兼続であったが、自身の屋敷は後回しとしていた。

米沢藩の職制

米沢藩士は、当然越後国出身者が一定数を構成している。彼らは越後守護上杉氏、守護代長尾氏、あるいは景勝の実家である上田長尾や古志長尾の家中の系統である。

上杉家は越後、会津、米沢と移ってきた。その過程でさまざまな土地の出身者が召し抱えられている。特に目立つのが、信濃関係者である。謙信の代に北信濃をめぐって出兵、武田信玄と抗争した。その時に上杉方となった国衆や在地土豪がそのまま被官化したものである。

また、天正十年（一五八二）に武田家が滅亡した後に上杉を頼った家も含まれている。

そのほか、山内上杉氏以来の由緒を持つ関東衆、謙信が版図に加えた越中・能登衆、庄内を支配していた大宝寺衆、会津移封後に上杉家へ仕えた会津地生えの者や前領主であった蒲生家旧臣、それ以外にも百二十万石時代に召し抱えた牢人《ろうにん》たちも米沢藩という組織体を構成していた。

景勝時代の組織の全貌《ぜんぼう》がうかがえる史料として、「文禄三年定納員数目録」がある。その名称どおり文禄三年（一五九四）にまとめられたもので、地名や寄親にあたる人名を冠した「衆」や「組」で構成されていた。ここでは、各支城の在番衆がほぼ把握できるが、役職として、春日山留守居衆、御納戸衆、御蔵衆、御側御手明衆、御手明御弓衆といったものにかぎられている。

会津に移封された後は、「会津御在城分限帳」「直江支配長井郡分限帳」がある。ここでは百二十万石の広大な領国に点在する支城主が定められた。同時に、支城主クラスに役職めいた記述が散見されるようになる。

若松奉行として、安田能元、岩井信能、大石元綱の三名がいる。中でも安田は浅香城主を兼ねているが、おそらく会津若松に常駐し、他の二人とともに城下の差配にあたっていたと考えられる。その傍証として、在京中の景勝がしばしば安田・岩井・大石の三名に領国支配の指示を出していることが挙げられる。なお、大石は慶長六年に病没した。その後は安田・岩井の両名に水原親憲が連名に加えられるようになる。おそらく、三奉行の一角を水原が継承したのだろう。

また、若松諸司代として泉澤久秀、米沢諸司代として春日元忠の名がある。『御年譜』では、春日を米沢町奉行と称していることから、それぞれ若松町奉行、米沢町奉行の職にあったと考えてよかろう。なお、百二十万石時代には、米沢城は直江兼続が城主となっていたが、実際の実務は春日が担っていたのであろう。春日元忠の没後は、平林正恒が奉行職を襲ったことは前述した。

米沢藩の組織構成は、侍組、五十騎組、与板《よいた》組の三つに大別されていった。侍組は、越後時代からの有力国衆の末裔《まつえい》が多い。

五十騎組は、景勝の旗本に起源をもつ者たちで、多くは上田長尾以来の家臣たちである。与板組は執政直江兼続の指揮下に入る中下級家臣たちであった。兼続存命中は「直江自分衆」と称されたが、その没後は与板組となった。与板とは、越後時代に直江氏が領していた地名に由来する。

時代が下ると、新参者や家中の庶子たちが各組に編成されていったため、組の由緒とは無縁の者が増え、その根源に対する帰属意識は次第に希薄となっていくのである。

景勝に仕える人々

直江兼続、平林正恒、千坂景親などは、藩政や幕府との交渉の場面で活動した面々だが、景勝の日常生活をささえた人々にもふれておこう。彼らは、まず政治や外交の場面にはあまり登場しない。したがって、その実態や活動時期などを追える者はわずかである。

景勝に近侍する中でトップに位置するのが、御小姓頭である。これは、会津葦名氏の旧臣という経歴をもつ清野助次郎長範が拝命し、米沢移封後に城内二の丸に「総支配」として居住した。清野は、会津の戦国大名葦名氏の家臣平田氏の出で、主家滅亡後、上杉家に仕えたといわれる。その後、景勝の命によって信濃国衆清野氏の名跡を継いだ。文禄年間から景勝の近習として活動している様子がうかがえる。上杉家が会津百二十万石に封じられた当時は、陸奥国伊南《いな》城主として一万三千二百石を領する大身であった。しかし、役目柄、ほとんど景勝に近侍しており、在城はしていなかったと思われる。景勝の死後には、侍組に編入され、寛永十年（一六三三）に奉行職（家老に相当する）に就任している。

清野以前には、御側用人として山岸尚家が任じられている。実父は上田衆深沢和泉守で、越後以来の家臣である。山岸氏は黒滝城主であったが、当時の当主山岸右衛門が文禄の役で景勝にしたがって渡海し、帰国の際に病死した。遺児忠兵衛がまだ幼少だったため、深沢家から尚家が陣代として山岸家に入った。忠兵衛が成長後に最上陣で討死した伯父《おじ》山岸宮内の名跡を継いだため、尚家は陣代から右衛門の後継者となったのである。

御小姓のうち、景勝の食事に関する役割を担う御膳《ごぜん》番に、堀江長家、百束《ひゃくそく》景和、大井田俊継らがいた。主君が口にする飲食物を管掌する立場にあるのだから、その責任は重大である。大名の食事では「毒味役（鬼役ともいう）」の存在が知られている。上杉勢が朝鮮に渡海した折、景勝に現地の水を供するにあたり、毒味をして死んだと伝わる根津弥七郎も、御手水《おちょうず》番を勤める禄高三百石の小姓であった。

天正七年に小姓に任じられた松木貞吉は、上杉一門と考えられる「琵琶島殿」の家来であった。「琵琶島殿」が断絶した後、能登甲ノ城在番衆の与力として能登に配され、織田氏との攻防の最前線に立った。能登から春日山へ戻ると、御馬廻《おうままわり》、続いて近習に取り立てられ、御台所《みだいどころ》支配を勤めた。慶長十一年（一六〇六）四月、世子玉丸（後の上杉定勝）が江戸へ出府する際に傅役として付属された。その子の石見秀貞も幼少時より景勝の近習となっている。そのほか、景勝に殉死した高野孫兵衛茂時も越後時代から仕え、台所頭を勤めている。

景勝の健康面をみる御側医として、中条周彭《しゅうほう》がいる。周彭は揚北衆中条氏の出身であったが、持病があり、武将となる道を捨てたようだ。家伝の医学を学び、中条本家から分知され、慶長七年に景勝の近習となった。この系統は代々、米沢藩医を勤めている。もうひとり、平岡正久は、山内上杉家の家臣の出である。はじめ景勝の近習として仕え、御館の乱の戦功によって感状を受けている。後に側医に転身し、景勝没後は法体となって休斎と号した。おそらくそのまま定勝の側医を勤めたと考えられる。

そのほか、右筆として、宇津江朝清、来次氏秀、土佐林《とさばやし》義重、狩野正朝らがいた。とくに宇津江、来次、土佐林の三名は「米沢三筆」とも称された。宇津江は上田衆であるが、来次、土佐林は出羽庄内の在地土豪であった。景勝と執政直江兼続はそれぞれの右筆集団を抱えており、直江右筆として来次氏秀の子朝秀《ともひで》、倉賀野綱重、高津貞恒、鱸《すずき》信成、平田八兵衛らがいた。

御小姓が景勝の生活面をサポートする役割であるとすると、御近習は警護役の性格が強くなる。越後時代には、岩井信能、福島豊重、村田與十郎、大石兼扶、松木秀保、福王寺景重らがいた。中には、岩井信能のような後に城代クラスへ出世する者も出たが、彼らの多くは家中や国衆の子弟であり、部屋住みの身分の者も多かった。彼らは、景勝が死去すると、御馬廻や御中之間に配属替えとなった。世襲的側面は希薄で、主君との私的なつながりが重視された一代かぎりの出頭人であったと言えよう。

景勝には、こうした側近く仕える者たちがあったが、その身分は医師・右筆などを除いて一代かぎりのものであり、その逝去にともない、藩内組織に再編された。その一方で、景勝は嫡子玉丸のために近侍する者たちを選出していった。慶長年間に玉丸に付属せしめられた者に、御膳番および御床番に任じられた千坂親利をはじめとして、千坂親信、松木秀貞（玉丸傅役松木貞吉の子）、宇佐美友次、武藤正重らがある。この顔ぶれの中には、幼少にして玉丸付きとなって、将来の側近となることを期待された者たちもいたと思われる。

謙信御堂と二の丸寺院群

上杉家が会津に国替えとなった際、春日山城内の謙信の墓はそのまま残されていた。謙信は天正六年三月十三日に死去すると、春日山北郭の大乗寺内に葬られた。武装した遺骸《いがい》を甕《かめ》棺《かん》におさめたという。景勝は、大乗寺・妙観院・宝幢寺に謙信の遺骸と墓所を守護させて、越後を去った。しかし、間もなく新領主の堀氏より、謙信遺骸の移転を要請された。やむなく景勝は、岩井信能、山岸尚家、広居忠家に百人の兵をつけて越後に派遣し、謙信の遺骸を会津へ移した。その際、景勝は謙信の遺骸に俗人がふれないよう厳命している。

謙信の遺骸は会津若松城内に設けられた仮殿に安置されていた。神指城が落成した時点でそこへ移される予定であったともいわれる。

そして、関ヶ原の合戦を経て、上杉家が米沢へ移封になると、謙信の遺骸もまた米沢城へ移されたのである。

慶長十四年六月五日、景勝は正式に米沢城東南に廟堂《びょうどう》（御堂）を造立するよう命じ、材用の調度について沙汰があった。実際には、その前日の六月四日に、直江兼続が米沢町奉行平林正恒に示した三十八条にも及ぶ書中に「御経堂」に関する一条が見られる。

「御経堂の材木を調達し、同経堂屋敷の四方に堀をめぐらし、土居《どい》を高く設けるようにと（景勝様の）御意があった。堀口は三間ばかり土をかき上げ、その地形にならって構築するように。堀に向かって建てる出家衆の屋敷は、鉢伏へ相談の上で各々へ渡すように申し付ける」（『歴代古案』八五四）

これによれば、御堂は当初、「御経堂」と呼ばれていた。また、「出家衆屋敷」は二の丸寺院のことであり、これらの屋敷引き渡しについては「鉢伏と相談せよ」という指示が下されている。「鉢伏」とは、御堂北西に位置する鉢伏門にその名があるが、これは御堂を管理する霊仙寺に通じる門である。霊仙寺は山号を鉢伏山と言う。ただし、慶長十四年当時は、まだ霊仙寺ではなく、自性院《じしょういん》という寺名であった。しかし、後に本丸に入って霊仙寺となる存在がこの時点で「鉢伏」と呼ばれていたことがわかる。

現在の米沢城本丸の堀にかかる大手門の橋を渡ると、左手に周囲よりも小高い場所がある。これが御堂跡（登ったところに祠堂《しどう》跡と刻まれた石碑が建っている）である。堀の外側から眺めても一段高い御堂跡はひときわ目をひく。他の城であれば、望楼や櫓《やぐら》が建てられていたであろう。

慶長十七年正月二十四日、景勝は御堂の本殿造営を命じた。直江兼続は、平林正恒、倉賀野長左衛門尉に命じて、御堂石垣を築くための用材を集めさせた。

本丸御蔵に仮安置されていた謙信の遺骸は、御堂の本殿地下およそ二メートルのところに切石で構成された石室で西向きに安置された。この切石のうち二枚は春日山城から運ばれてきたもので、まさに越後、会津、米沢と移されてきた謙信の遺骸は、それを安置していた器ごと遷座させてきたことがうかがえる。石槨《せっかく》（石室）周辺の小砂利までも携行させた景勝にとってみれば、石槨内の空気までもそっくり移したかったのではないだろうか。この点から見ても、景勝が打ち捨てるように謙信の遺骸を越後へ残して来たという考えはあり得ない。

謙信の遺骸を納めた甕の上から炭と清浄な砂がまかれ、切石十一枚、漆喰《しっくい》、切石四枚で固定された。そして、高さ四尺一寸・厚さ九寸の竪石《たていし》四枚を箱形に組み、その外側に漆喰を二寸五分塗り、箱形に十六枚の石で囲ませ、漆喰、切石三十二枚、消し炭七寸で覆われた。

謙信の遺骸を納める閟宮《ひきゅう》の構造法には、大乗寺の法脈的伝の秘法が用いられたといわれる。謙信の墓所は真言宗密教の教理に基づいた葬礼であった。

御堂は、平林正恒を奉行として、石垣普請と本殿造営が行われた。慶長十七年六月五日に御堂および二の丸寺院が完成した（「三重年表」）。基礎工事がはじまってから、三年近くを要したことになる。城内に建立するため、幕府の意向をうかがいながらの作業となれば、これほどの時間がかかったことも納得できる。

こうして米沢城は、本丸にはおよそ六分の一を占める「謙信の墳墓」が、二の丸南側にはそれを護持する二十もの寺院群が建立されるという特異な構造になった。御堂は、米沢城大手門の左手の高所に設けられている。そこは城内でもっとも神聖な場所であり、上杉家の精神的支柱といわれるゆえんである。

また、米沢城西郊には、火災などの際、謙信の遺骸を避難させる場所も設けている。これは、間口六十間、奥行百間にも及ぶもので、その後は上杉家歴代当主の墓所となる御廟所となり、現在に至っている。

三、景勝のよこがお

父親としての立場

景勝の嫡男玉丸は、米沢で誕生した後、江戸へ上り、桜田邸で過ごすことになる。前にも述べたが、慶長十五年十二月、将軍徳川秀忠が上杉邸へ御成した際、その命によって七歳だった玉丸は千徳と改めている。

国宝「上杉家文書」中に、両掛入文書箱という三段に分かれた文書箱に保管されている文書群がある。一の段に謙信、二の段に景勝、三の段に定勝のそれぞれ直筆とされる文書があつめられている。景勝のそれには「両掛入古文書　景勝公御直筆」という書付けがあり、在国中の景勝が江戸にいる息子へ書き送った書状が四十通ほど含まれている。宛名は千徳あるいは喜平次となっており、慶長十六年以降元和九年三月までのものと推測できる。書状であるため、個々の年次比定が困難であるが、内容に照らして見ていきたいと思う。以下、書状の日付を記しているが、いずれの時期か確定できないものもあることをおことわりしておく。

まずは、千徳殿宛てとなっているものが十八通ある。そのうち「かけかつ」とかなで署名しているものが五通あるが、おそらくこれが比較的早い時期のものと考えられ、書状中のかなの比率が高いのが特色である。後年になるにつれて、次第に漢字の比率が増していき、息子の成長にあわせて景勝が配慮していることがわかる。

千徳殿と宛名された十八通のうち一通は、正月七日、年頭の祝儀として扇を贈ってきた千徳に対する礼状である。徳川秀忠の御成以降、景勝が米沢で新年を迎えたのは、慶長十九年となる。夏中には江戸へ上ると書いているので、同年正月のものであろう。この書状はかなが多く、おそらく最も早い時期に書かれたと思われる。

六月二十日付けの書状では、髭籠《ひげこ》（竹で編み残した端を髭のように立てた贈答用の籠《かご》）に林《りん》檎《ご》を入れて贈っている。米沢城二の丸で世話をさせている「庭の林檎」であろう（後述）。景勝が六月二十日前後に在国していた年としては、慶長十六年、十七年、十九年があり、特定はできない。千徳は米沢城で誕生したが、三歳の時に江戸へ出府したため、林檎が実っている庭の記憶はなかったかもしれない。景勝はしばしば江戸の息子に庭の林檎を贈っている。また、十一月十三日付けの書状は署名が「かけ勝」となっており、千徳が将軍家から拝領した枝柿を贈ってきたことへの返事である。お返しに景勝は「松尾梨」が入った箱を贈っている。

江戸にいる千徳はさまざまな物が手に入りやすかったのであろう。景勝が相変わらず「庭の林檎」や「松尾梨」を贈っているのと対象的に、父への贈り物も次第に種類が増え、樽酒《たるざけ》、珍しい肴《さかな》、蜜柑《みかん》などが贈られた。その都度、景勝は「たいへんうれしい。さっそく賞味した」などとしたためている。

最初は年始の挨拶や贈答、あるいは「息災にしているか」と相手を気遣うぐらいの内容であったが、次第に景勝の気持ちは千徳の教育に向けられていく。

年未詳の八月十六日付け書状では、景勝は「論語はすべて覚えたとのこと、よい心がけである。まずは他の本はさしおき、論語をよく学ぶように」と、指導している。『論語』が暗唱できるようになったと伝えてきた息子に、内容や意味について深く学ぶことを望んだのである。

また、八月十九日付けの返書では、景勝は追而書《おってがき》に「手習いに励んだとみえ、字が上手になった。また読書も油断することなく繰り返し練習することを忘れないようにしなさい」と書いている。千徳の書状を目にした景勝は、息子の書の上達ぶりを褒めている。この一節に、まずは謙信が景勝に宛てた書状が想起されよう。出陣中の謙信のもとへ祈念の巻数《かんじゅ》を添えて書状を送り、それに喜んだ謙信が「字も一段とうまくなっているので、手本を送ろう」と褒めている書状のことである。おそらく、この書状を息子にしたためている間、景勝の脳裏には叔父《おじ》謙信との交流が去来していたのではないだろうか。

また、景勝は読書に励むように記しており、時には約束した「朗詠（和漢朗詠集）」を贈っている。『和漢朗詠集』は平安時代に編まれた朗詠に適した詩文集であり、初学者向けの書物であった。

景勝の文芸的嗜好《しこう》はほとんどうかがうことができないのだが、息子にすすめているものはある程度、彼自身の体験にもとづいていると考えられる。

海外史料にみる景勝

イエズス会側の史料にも景勝の名は散見される。関ヶ原合戦の直前には、景勝は「日本でもっとも強大な諸侯の一人」といった記述もみられる。家康との対峙もきわめて好戦的に描かれている。そんな景勝も、高野山に赴いた帰途には堺へ立ち寄っており、南蛮人を目にする機会もあったと思われる。

セバスチャン・ビスカイノは、スペインの探検家である。彼は、先にスペイン船が難破した際、日本人が救助活動にあたったことへ感謝の意を伝える答礼使として来日した。しかし、その目的は別にあり、日本のどこかに存在すると信じられた金銀島の探索にあったという。

慶長十六年（一六一一）九月十七日（ユリウス暦で十月二十二日）、ビスカイノは江戸を出立した。徳川家康から日本沿岸の測量をする許可を得て、奥羽へ向かったのである。

ビスカイノは、古河、宇都宮、氏家《うじいえ》、白河を経て九月二十四日（十月二十九日）、会津若松に至った。当時の領主は上杉家にかわって会津六十万石に返り咲いた蒲生秀行である。秀行は、ビスカイノ一行を城に招待し、忠郷《たださと》・忠知《ただとも》の二子を同席させてもてなした。

米沢についたのは、九月三十日（十一月四日）の夜であった。ビスカイノ一行は、米沢の領主である景勝が家康にたてついた人物であることを知っていた。

「領主は景勝殿にして、国中最も大なる領主の一人であるが、（家康が）皇帝となる野心をもって戦をおこした時、味方にならなかったため、これを幽閉しその収入二百万以上を減じ、その子達を人質として江戸に留《とど》めた」

と、『金銀島探検報告』に記されている。

一行は、米沢に入ると通訳を城に遣わし、携行してきた将軍秀忠の書状を披露した。これによって、上杉領内の通行および宿泊の自由を求めたのである。

これに対して、景勝は使者を遣わして返答をした。

「旅舎其他《その》必要なるものを準備し、自分の家に入るが如く領内に入るべし」

この言葉にビスカイノは感激したのであろう。会津の蒲生秀行のように城へ招待はされなかったが、この厚意にこたえるため、ぜひとも城を表敬訪問し、景勝に謁見することを希望した。

ところが、景勝は一転して「少しく不快なり」との回答を示して、ビスカイノ一行とはついに会おうとはしなかった。いったい、領内を我が家のように心得るようにと応じた景勝が、なぜ手のひらを返すような態度をとったのであろうか。

ビスカイノが景勝に面謁したいという希望を、『金銀島探検報告』は「其手に接吻《せっぷん》する許可を請」うたと記している。それに対して、景勝は「少しく不快なり」と回答し、会おうとはしなかった。『金銀島探検報告』の筆者は、家康の後ろ盾を有するビスカイノ一行を迎えることは、贈答をはじめとする金銭的負担を有するため、景勝がその支出を惜しんだ、と記している。そもそも『金銀島探検報告』の筆者は、家康に敗れた景勝を「皇帝（家康）が其収入を搾取せるに依《よ》り憂鬱《ゆううつ》なりしが故に」と、ビスカイノとの会見を拒んだと考えていたのである。こうした景勝評はビスカイノ特有の物の見方に起因しているようでもあり、これに先んじて謁見した皇帝、すなわち家康についても「年老いていよいよ欲心を増し、既に三億以上の貯《たくわえ》を有すれども、なお一物を所持せざるもののごとくする」と記しており、宿泊施設の用意や諸事の出費に何の援助もなかったことを恨んでいるかのようである。

しかし、景勝は、家康・秀忠父子の命令を請けている立場にあり、果たして支出を惜しんで一行をもてなすことをやめたりするだろうか。むしろ、同報告が記す「其手に接吻する許可」をビスカイノが請うたことが、景勝の生理的な拒絶反応をひきおこしたととったほうが自然ではなかろうか。

このあたり、ビスカイノの率直かつ唐突な申し出に困惑した景勝の心情をうかがわせる。まさに石田三成が「物のそかど」にこだわると評した、景勝らしいエピソードである。子供も交えて歓待した蒲生秀行や、この後、一行を接待する伊達政宗とは対照的で興味深い。

ともあれ、ビスカイノとの会見は実現しなかったが、景勝は、一行が旅行を継続することを許可すると同時に、上杉領内で必要とするものは、ことごとく支給する指示を伝えたのであった。

〈第四章のまとめ〉

米沢三十万石へと大幅に減封された景勝であるが、ようやく実子に恵まれるなどの慶事もあった。この時期は藩制の整備につとめていく。

①定勝の誕生　五十にして初めて実子に恵まれる。しかし、定勝生母の側室四辻氏、それに先立って正室菊姫も亡くなっている。

②米沢城下の整備　屋敷割は直江兼続によって行われ、機能性を重視している。一方、平林正恒を奉行とした謙信御堂の建設は、真言密教の形式に則《のっと》ったものであった。

③父としての景勝　江戸で成長した定勝と、国許の景勝との間で交わされた書状が多く残り、ひとりの父親としての景勝の面影をうかがうことができる。

米沢減封に至るまでの激動の日々と異なり、景勝にようやく平穏な日々がおとずれた。もはや戦国時代は終わり、景勝は大名たちの間でもベテラン世代となっていた。

第五章
米沢藩祖・景勝

伝上杉景勝所用具足（宮坂考古館所蔵）

「浅葱《あさぎ》糸《いと》威《おどし》黒《くろ》皺韋《しぼかわ》包《つつみ》板物《いたもの》二枚胴《にまいどう》具《ぐ》足《そく》」。前立には一対の鳳凰が向かい合っており、中央の小さな円盤に七柱の軍神の名を刻んである。

一、景勝の嗜好と周辺

景勝と刀剣

上杉景勝の嗜好《しこう》というものは、なかなか史料からは見えにくい。鷹狩《たかがり》は謙信の生前には鷹を借りるといった書状も残っているので、若い頃からたしなんだようだ。また、茶の湯や連歌などはそれに耽溺《たんでき》するほどではなかったようである。

その中で刀剣好きということが、残されている史料や伝来の品々からうかがえる。景勝自身が選んだと巷間《こうかん》伝わる「御手選三十五腰」については、これを裏付ける史料がない。近代になって上杉家で作成された『刀剣台帳』には由緒として「御重代三十五腰」と記載される二十六口が確認できる。「御重代三十五腰」という書き込みが、上杉家に伝えられた何らかの所伝によるものならば、これらの刀剣が「御手選三十五腰」を占める可能性は残されている。

それとは別に、国宝「上杉家文書」中に「上杉景勝腰物目録」という景勝自筆の刀剣目録がある。全部で二十八口の刀剣の名が記されている。

まずは「上ひさう（上秘蔵）」として十口があげられている。

景勝所用刀剣一覧

No.	上杉景勝腰物目録	上秘蔵	通称・号	銘
1	くさまーもんし	○	草間一文字	
2	ひめつるーもんし	○	姫鶴一文字	「一」字
3	たけ又かね光	○	竹俣兼光	
4	三か月	○	三日月兼光	備前長船兼光 延文五年六月日
5	からかしわ	○	唐柏	長谷部国信
6	たかきなか光	○	高木長光	長光
7	うんしやう	○	備前雲生	雲生 （裏）菊紋
8	日光なかミつ	○	日光長光	
9	山てうまう	○	山鳥毛	
10	もりいへ	○	備前守家	
11	小はせへ		小長谷部	
12	のりかの		備前則包	則包
13	もりいへ		備前守家	
14	たかせなか光		高瀬長光	長船貞光 文永十一年十月廿五日
15	くせなかミつ		久世長光	
16	きくーもんし		菊一文字	無銘
17	あきひろ		相州明広	相州住明広 応安二年八月日
18	ひせん三郎		備前三郎国宗	国宗
19	あらミなかミつ		新身長光	
20	一もんし		一文字	
21	とをちか		遠近	
22	とをちか		遠近	
23	あしかゝ十代		足利重代	
24	はゝきらい		伯耆来	
25	ミつたゝ		光忠	

※この他、座敷・床の間に配置する刀剣として「あらミなかミつ（新身長光）」「一もんし（一文字）」「ひせん三郎（備前三郎）」の三口があがっているが、表中の18〜20と重複している可能性あり。

※2・14米沢市上杉博物館所蔵、9瀬戸内市所有、16東京国立博物館所蔵、4・5・12個人蔵

景勝が「上秘蔵」とした「ひめつる一もんし（姫鶴一文字）」は、米沢市上杉博物館所蔵として、代表的な上杉家伝来の一口である。

しかし、多くは上杉家を離れてしまっている。たとえば「三か月（三日月）」と記されている備前長船兼光《びぜんおさふねかねみつ》は、現在アメリカの蒐集《しゅうしゅう》家が所蔵している。また、国宝に指定されている謙信所用「山てうまう（山鳥毛）」（瀬《せ》戸《と》内《うち》市所蔵）は長く個人蔵であったが、自治体への売却にあたって五億円という破格の値がつき、話題にもなった。「山鳥毛」あるいは「山焼亡」とも記され、「蓋シ焼刃ノ美ナル鳥毛ノ如ク山野ノ燃ル如キヲ以テ其模様ヲ形容シタルモノナリ」（『刀剣台帳』）とあり、謙信が関東へ出兵した際、これに従った上州白井《しろい》城主長尾憲景が献上したものと伝えられている。なお、長尾憲景の子景広が景勝に仕えて、子孫は代々、米沢藩の奉行職についている。

「上杉景勝腰物目録」と冠せられてはいるものの、景勝の愛刀にかぎらず、謙信や山内上杉氏伝来の刀剣が選ばれていると考えられ、上杉家として秘蔵中の秘蔵を集めたものであろう。その中で「さしきとこのまに（座敷床の間に）」として「あらミなかミつ（新身長光）」「一もんし（一文字）」「ひせん三郎（備前三郎）の刀」の三口が記されている。

「一文字」には「錦《にしき》の袋に入れ、黒金透かし鍔《つば》、赤銅龍 笄《こうがい》、小刀」、同様に「備前三郎《びぜんさぶろう》（国《くに》宗《むね》）」には、「黒金菊鍔、黄の龍《りゅう》の笄、萌黄《もえぎ》の下げ緒」の誂《あつら》えを記している。この「萌黄の下

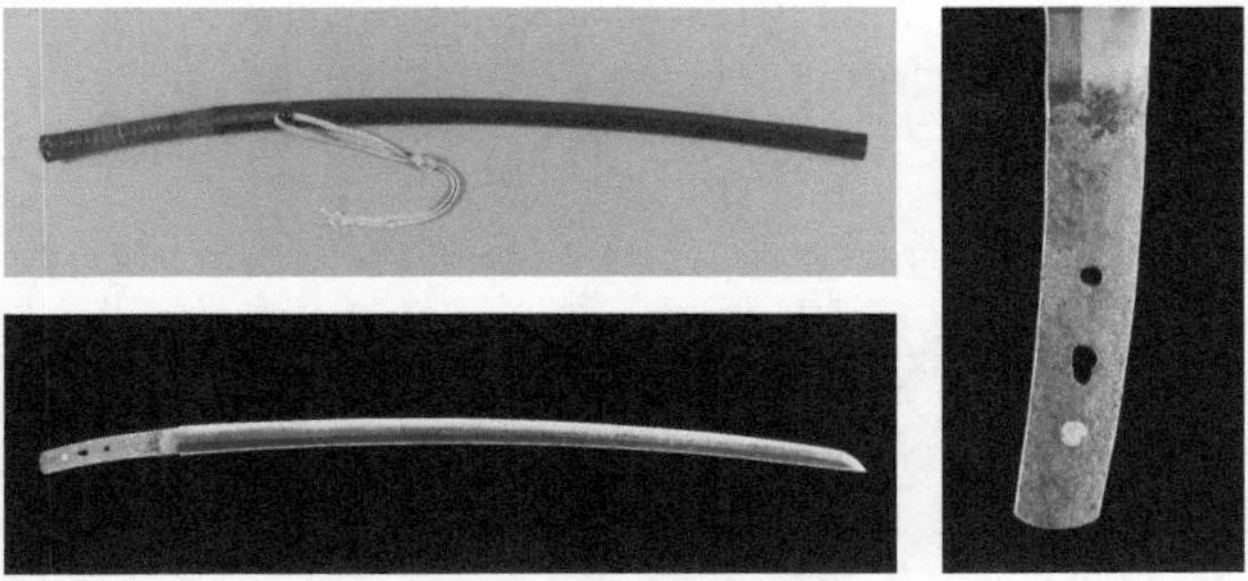

姫鶴一文字の拵《こしらえ》・刀身・茎《なかご》（米沢市上杉博物館所蔵）
茎には「一」の字が刻まれている。

げ緒」には「むらさき」と書いて、塗りつぶした後に「もよき（萌黄）」と書き直している。細かい部分にまで景勝の刀剣へのこだわりが感じられる史料である。

景勝が米沢城本丸東南隅に建立した謙信御堂本壇にも「長光」「国光」「助宗《すけむね》」「国綱《くにつな》」の四口が配置されていた。明暦《めいれき》元年（一六五五）に作成された「御堂近火手配之図」は、いわば御堂の防災マニュアルであるが、図中の三間四方の本壇正面に「長光之御太刀」、左に「国光」「助宗」、右側に「国綱之御太刀」と記されている。

景勝と鷹狩

上杉謙信が景勝に宛てた書状には、鷹についてふれたものがある。これが、景勝の鷹に関する最初の記述となるだろう。上田庄から春日山城へ向かう途中の景勝に宛てたもので、上鷹、おほ鷹など、こちらへ来たら、貸してやるという内容である（『上越』一四五九）。

また、謙信は「今日は天気が悪いのでこちらに来ることは無用である。明日の天気を見合わせた上で参るように」という内容の書状を、景勝と山吉豊守に宛てて書いている。これなども、あるいは鷹狩に関する内容ととれるものである。

織田信長や徳川家康ほどではないが、謙信も鷹狩が好きだったようだ。謙信の側近であった山吉豊守にも「昨日は御鷹野の御供」をしたという書状が残っている。また、上田衆の栗林次郎左衛門尉に、謙信が自ら鷹狩でしとめた雁を贈っており、これで雁の汁を作って朋輩《ほうばい》たちに振る舞うように、と伝えている。

このほか、織田信長は家臣鎌田五左衛門を遣わし、鷹を求める際には上杉家に便宜を図ってもらっている。奥羽の鷹は上方の信長には垂涎《すいぜん》の的で、謙信はおそらく奥羽産と思われる上等の鷹を所有していたのであろう。

かわって景勝の代、上杉領の米沢・福島ではよい鷹が入手できなかったらしい。

慶長十六年（一六一一）九月、景勝は鷹をもとめるため、奉行平林正恒の副状《そえじょう》をもたせた鷹匠五人を佐竹領へ派遣した（『梅津政景日記』）。

佐竹氏は、関ヶ原合戦では旗幟《きし》を鮮明にしなかったが、上杉方とは連絡をとりあっていた。景勝が謝罪のため上洛《じょうらく》し、米沢へ減封処分が下された翌慶長七年に、常陸五十四万石から出羽久保田《くぼた》二十万石に減転封されている。上杉領とはちょうど最上領をはさんで北に位置する。

佐竹方は上杉家の鷹匠一行に宿や賄いを用意してくれたが、あいにく売買できる鷹は久保田（佐竹の城下町。現在の秋田市《あきた》）にはなかった。佐竹方の説明では、領内で取れる鷹はすべて将軍家に進上するきまりになっているという。つまりは、佐竹氏にとっては鷹が将軍家とのつながりを維持する大切な資源なのであった。さらに、領主佐竹義宣も鷹狩を好んだが、自身が使用する鷹はすべて松前《まつまえ》で求めていた。そして、景勝の鷹匠にも松前で入手するのがよいだろうと通達した。

佐竹領に逗留《とうりゅう》していた上杉家の鷹匠一行は松前へ下ることを決定し、佐竹義宣から百両を借り受けた。佐竹家臣梅津《うめづ》政景《まさかげ》は自身の日記の九月十四日条に「景勝様御鷹匠衆、今日罷立候」と記している。佐竹家では通行手形を調え、馬を準備し、境目までの案内人をつけてくれた。景勝が差し遣わした鷹匠衆のその後と鷹を入手する顚末《てんまつ》については、記録がない。しかし、景勝も鷹狩に関心を示し、上等の鷹を求めて他領へ人を遣わしていたのであった。

年未詳三月二十六日付けで、景勝側近清野長範に宛てた直江兼続書状（米沢市上杉博物館所蔵）には、鷹狩に興じる景勝の様子が伝えられている。

当時の書状の往復は、鸚鵡《おうむ》返しのように往信の内容をひきとって返信することが多い。そのため、景勝が書いてよこした内容（あるいはそれに付属した清野の副状）を、兼続が清野への返書の中である程度記しているのである。それによれば、「（景勝様は）昨日御鷹野物数取らせられ、御機嫌能、御遊山之由」を承って、満足であると兼続は記している。

幕府との関係は諸大名にとって緊張を強いられる場面が多い。兼続は、景勝の健康を慮《おもんぱか》り、十分に気晴らしをしてもらいたいと願っていたのであろう。

「こちらは変わったこともないので、どうかごゆるり（御悠々）となさって御逗留あそばされますよう、（景勝様に）申し上げてください」と兼続が清野に披露を依頼している。

この時、直江兼続は江戸屋敷におり、景勝は清野長範らを連れて鷹狩に出ていた。江戸の兼続のもとへは昨日の景勝の御書が届いているため、比較的近い距離であろうと考えられる。

元和元年（一六一五）十一月二十日、幕府から「府中領幷八王子邊」に鷹場を賜っている。これは、徳川秀忠が老中奉書にて下したもので、江戸から在国中の景勝へ転送された。『御年譜』によれば、「今度、御鷹場として八王子の山林ともに、府中領に入込んでいる三千石の町場を拝領した。府中に仮屋をつくり、景勝公は度々お出かけになり、終日の御放鷹《ごほうよう》を楽しんだ」とある。前述の兼続書状中にある鷹狩を行ったのも、この府中・八王子にまたがる御鷹場であったと思われる。

鷹場を下賜された大名は景勝のほか、伊達政宗など諸大名でも三十数家にかぎられていた。しかも世襲されることはなかった。あくまで将軍家と大名個人との関係性が重視されたのである。鷹場の下賜は、慶長六年九月、伊達政宗に武蔵国久喜《くき》（埼玉県久喜《くき》市）百ヶ村が与えられたのを嚆矢《こうし》とする。景勝はだいぶ遅れたと言えるが、やはり豊臣政権下で家康とほぼ同格の身分であったこと、関ヶ原合戦後の政治的立場などが影響していると思われる。そして、大坂冬の陣（後述）において徳川家の軍事動員に応じた結果、徳川幕府への臣従が確認され、今回の下賜がおこなわれたとみることができよう。

幕府から諸大名に対する鷹場下賜は、表向きは恩典というかたちをとりつつ、将軍と大名個人との主従関係を確認する側面を有していた。おそらく景勝は、この鷹場においてしとめた獲物を幕府に献上したと考えられる。合戦がなくなりつつある時代を迎え、忠勤を示す戦場働きは、与えられた鷹場（戦場）で、しとめた獲物（敵の首級）を披露することで視覚化されることになったのである。

主従関係の確認ということでは、鷹狩は贈答の面でもさまざまな意味合いが付与されるようになった。先にみた諸大名への鷹場の下賜以外に、将軍自ら鷹狩において得た獲物を諸大名に下賜することがあった。それが「御鉄炮之白鳥」「御鷹之雁」といったものである。

元和六年閏《うるう》十二月一日、景勝は江戸の喜平次に、幕府から贈り物が届いたことを知らせている。米沢の景勝のもとへ「御鉄炮之白鳥」が届けられ、また喜平次のもとへは「御鷹之雁」が贈られたという。景勝は酒宴を張り、「御鉄炮之白鳥」を肴《さかな》に家中一同へ振る舞った。将軍家の威光の下、景勝が家中との主従関係を確認するという身分制度の確立をもたらすものでもあった。

林檎・松尾梨の世話を命じる

現在残る米沢城の絵図面によれば、二の丸西南隅に「御菜園」が確認できる。おそらくこのあたりに林檎、梨などが植えられており、景勝は「庭の林檎」と称して、しばしばその生育具合を問い合わせていた。収穫のタイミングについても指示するぐらいであるから、景勝自身が果樹の手入れについて関心が深かったことがうかがえる。

景勝の書状によく登場するのは、林檎、桃、梨などである。林檎は江戸にいる息子（定勝）にしばしば贈っていることが、書状から確認できる。桃は米沢城本丸の謙信を祀《まつ》った御堂に供えられた。梨は、松尾梨という品種で、米沢藩から幕府への献上品として定められていたようだ。『御年譜』には、毎年、松尾梨献上の記事がみられる。

桃、林檎への執着と景勝自身のこまかい性格がにじみ出た年未詳の五月十五日付けの景勝書状（「南陽市御殿守所蔵文書」）をみていこう。一つ書きであるが、一条目の後に二条目が改行されずに続けられている。景勝は同じ話題としてわざとそうしたのであろう。

九日の返書が到来し、目を通した。城の庭の梨・桃は今年はもう花を咲かせたであろうか。桃がなったら、よくよく熟し具合をみてから御堂に差し上げるように。

一、林檎はいつも来月末にもいでいるので、ありのままに逆らって早く採ろうとするのは無用である。時期を見はからって書状にて指示をする。一、井戸水を土に入念にしみこませるのがよい。水は毎日かえることが肝要である。

一、手ぬぐいの布が届いた。これは、そこもとの納戸から調達したものか、あるいは役人より取り寄せてこちらへ送ったものであろうか。

一、そちらより届いた文の料紙だが、麝香《じゃこう》のにおいがする。今後、書状をよこす場合は、他の紙に書くように。また、封ののり付けのことであるが、その方は糊《のり》を付けすぎた上にあまりに強く押しつけている。こちらより送った書状のように端っこだけ糊付けしてよこせ。この返事は詳しく書いてよこすように。以上。

五月十五日（花押）

広居善右衛門尉殿

まずは年次比定を試みてみよう。景勝は、城の庭の梨・桃が開花したか（「仍其元庭之梨桃ハ当年花さき候や」）、と書き出している。つまり、開花を迎える以前に江戸に出府中であったことになる。さらに、語感から国許《くにもと》を発《た》ってかなり経過していると思われ、おそらく江戸で新春を迎えた年と考えられる。

次に、桃が熟したら御堂にあげるように、と記している。米沢城本丸東南隅に謙信の廟所《びょうしょ》（御堂）の本殿造営を命じたのが、慶長十七年正月である（『御年譜』）から、慶長十八年以降と考えられる。

五月十五日に景勝が江戸にいた年としては、慶長十五年、同十八年、元和三年、同八年が該当する。この中で、慶長十五年および元和三年は四月下旬に米沢を発っているから、除外する。残る慶長十八年、元和八年の両度ともに景勝は江戸で新年を迎えており、「当年花さき候や」という書状の内容に照らしても自然であろう。

景勝の花押型も確認しておこう。『上越市史』の分類に倣うと、c型に相当する。c型は天正年間から晩年まで、景勝の生涯を通じて私的な書状にかぎって使用されている。景勝が息子定勝に宛てた書状にも七点ほどみられる。宛名が千徳から喜平次に変わる時期にまたがっているが、大半が喜平次宛となっているため、慶長末年から元和年間のものと考えたい。ただし、景勝は同時期に花押を複数使用している。たとえば、元和九年正月十日に景勝は喜平次宛書状を二通したためているが、それぞれbおよびc型が用いられている。そのためこの広居善右衛門宛ての書状も確定はできないが、ここでは元和八年が有力としておきたい。

なお、「新潟県立歴史博物館研究紀要」では、この広居善右衛門を忠家とする。しかし、広居忠家は天文五年（一五三六）の生まれで、慶長十一年七月二十一日に七十一歳で没している（「平姓廣居氏系図」）。したがって、宛名の広居善右衛門は息子の忠佳と思われる。息子の善右衛門忠佳も慶長年間に家督を継ぎ、父同様に納戸方を兼ねた。

江戸にいる景勝と米沢の広居とは、五月九日以前に景勝から発信があり、九日に広居が景勝へ返書をしたためている。景勝はそれを五月十五日に読んだ。料紙の糊付け、麝香の話などからして、景勝の自筆といってよいだろう。

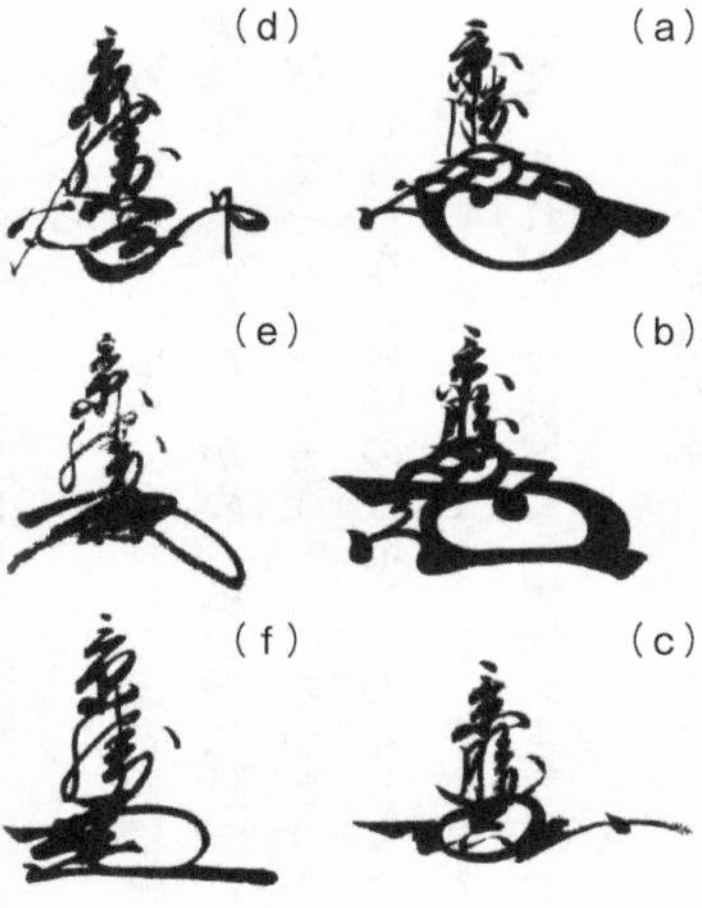

景勝の花押

景勝は書中において非常に細かい。まず、この時に広居が寄越した書状の料紙のにおいが気になった。「麝香の匂いがするが、今後は別の紙を使用するように」と指示する。

封の糊もしっかりとしており、開封に手間取ったようだ。「この返書のように端のみに糊付けするように」と、手厳しい。本来は、米沢の林檎や梨が懸案事項であったはずだが、後半は広居が寄越した書状のにおいや封の糊への注文になっており、「この返事は詳しく書いてよこすように」と念押しまでしている。

残念ながら、広居のさらなる返書や景勝の反応は確認できていない。しかし、おそらく景勝は糊の具合をたしかめ、紙を顔に近づけて匂いを嗅《か》いでから、自分が伝えたことを広居が理解してその旨を書き記しているかどうか書面を確認したことであろう。物事をおざなりにすませられない景勝の性格を垣間見《かいまみ》ることができるようでもある。

合戦に明け暮れていた若き頃、景勝は領国の城砦《じょうさい》について普請を怠らないように厳命していた。それが、今は城内の果樹の生育具合を心配する景勝であった。

二、大坂の陣

大坂征討

慶長十六年（一六一一）三月二十八日、二条城《にじょう》において徳川家康・豊臣秀頼の対面がなされた。秀頼は加藤清正、浅野幸長を従えて大坂城から淀川《よど》を遡上《そじょう》、京都に入った。会見はただ吸い物のみが供され、滞りなく終わった。

この時、家康は在京諸大名に三ヶ条の法令を下している。江戸に在《あ》った景勝は、京都留守居から転送された写しによって内容を把握していたが、慶長十七年正月、江戸在府中の東国大名に対しても、三ヶ条の条書が示された。

一、右大将家以来、代々将軍家の法や礼式の目録を出すので堅く守ること
一、御法度に背き、上意を違《たが》えた輩《ともがら》を隠匿しないこと
一、各々抱え置く侍中、叛逆《はんぎゃく》・殺害人の届けがある者については、互いに召し抱えてはならない

内容は、前年四月に在京大名衆に発せられた三ヶ条を踏襲したものである。

これを遵守すべく連判したのは、景勝のほか、松平忠直《まつだいらただなお》、丹羽《にわ》長重《ながしげ》、立花宗茂《たちばなむねしげ》、蒲生秀行、最上家親《いえちか》、南部利直《としなお》、津軽信政《つがるのぶまさ》らであった。

慶長十九年正月、家康の六男松平忠輝《ただてる》が越後高田《たかだ》城へ移った。幕府は高田城普請を、忠輝の岳父である伊達政宗はじめ、東国諸大名に命じた。上杉家にも江戸留守居の千坂高信より急使がもたらされた。黒金孫左衛門泰忠、嶋田庄左衛門正信に総監が命じられ、数千人の人夫を越後へ派遣した。

越後は上杉家の後、堀秀治が入部していたが、慶長十一年に三十一歳の若さで急死した。

その後、堀家は御家騒動の結果、慶長十五年に改易に処されている。

忠輝は入封にあたり、堀氏の福島城を廃し、高田へ移ったのである。

伊達政宗は三月十六日に仙台を発ち、二十一日に江戸に参着した後、越後へ入っている。

高田城普請は八月に終わり、黒金・嶋田らが帰還した。これにあたって、直江兼続は書状をもって本多正信の指南を謝している。

この年、方広寺大仏殿の再興をめぐって、豊臣・徳川の間で緊張状態が続いていた。大仏殿再興は、豊臣秀頼が父秀吉追善のために行っていた一大事業である。大仏殿開眼供養の方針をめぐって、幕府はこれに介入し、豊臣方と激しく対立した。加えて、豊臣家が牢人《ろうにん》たちを大量に召し抱えていることが問題視され、大坂・関東は手切れとなった。

十月一日、徳川家康はついに大坂城を攻めるべく、全国の大名に動員令を発した。

江戸屋敷にいた千坂伊豆守、水原親憲の両名が国許へ使者を走らせたところ、その使者は江戸へ向かっていた景勝の一行と下野国鍋掛《なべかけ》（那須塩原《なすしおばら》市）でいきあった。景勝は、米沢に残っていた直江兼続に急使を送った。十月八日に命令を受け取った兼続は、平林正恒に命じて米沢および福島の諸士に対し、軍旅の用意を整えるよう触れを出させた。

兼続は、江戸で軍勢到着を待ちわびる水原親憲に「百人でも二百人でも調い次第、発向させる」と報じ、十五日から十八日にかけて、準備が整った諸隊から順次、江戸へ出立させた。

大坂への出陣に際し、幕府から伊達政宗、上杉景勝、佐竹義宣の三大名に先陣が命じられた。景勝は出陣にあたって、本多正信、酒井《さかい》忠勝《ただかつ》の両名に宛て、家康および秀忠へ違背なき旨の起請文《きしょうもん》を提出した。

伊達・上杉・佐竹の三将は十月二十日に、秀忠に先んじて江戸を発した。同じ先陣の伊達勢は馬上七百余騎、総人数一万八千ともいわれる規模である。

これにひきかえ、米沢からの軍勢到着を待つ間もなく、景勝は江戸詰めの面々のみを率いて出陣しなければならなかった。

江戸留守居の千坂伊豆守も気を揉《も》み、兼続へ重ねて軍勢の督促をしている。

兼続も「道中を急ぎたいが、伝馬が不自由している。かわりに通夫を動員しているため、遅れが生じている。二十二日ぐらいまでには参着できるだろう」と焦燥をにじませている。

伝馬の不足はおそらく大坂征討にともなう諸大名の用に供され、需要が一気に高まったためであろうか。しかし、千坂宛ての返書と直江家の家宰渋谷弥兵衛宛ての書状で、兼続は大軍を収容する宿所の手当てなどに言及するなど、「上杉家の悉皆人《しっかい》」として、如才なさを発揮している。

米沢を発した上杉勢は、二十三日までにすべて江戸へ参着した。彼らは江戸で一息つく間もないまま、先行した景勝の後を急追し、藤枝《ふじえだ》の宿でようやく合流することができた。これによって、上杉軍は総勢五千余の陣容を整え、征途についた。

この大坂出征時のものと思われる、「上杉家押前次第」という行軍に関する史料が「上杉家文書」にある。上杉の兵たちの多くは、釘貫紋笠《くぎぬきもんがさ》、黒具足、茶色の木綿母衣《ほろ》という軍装であった。

景勝はすでに六十歳になっていた。これは、七十三歳の徳川家康を別にすれば、諸大名中では最高齢の部類になる。慶長十年代に入ると、景勝と同世代の大名の多くは家督を譲って隠居するか、没してしまっていた。景勝のただひとりの実子である千徳（定勝）は慶長九年の生まれで、家督継承にはまだ早すぎた。このため、景勝は当主としての責務を果たさなければならなかったのである。

鴫野・今福の戦い

上杉勢の先陣は十一月六日に木津《きづ》（京都府木津川市《きづがわ》）に着陣した。さらに木津から玉水《たまみず》（大阪府茨木市《いばらき》）へ移動。二十三日に飯森山麓《さんろく》を経て、二十四日に天神森に陣を移した。夜になって、伏嗅組《ふしかぎ》（上杉の諜報《ちょうほう》組織）が敵陣地を探索し、報告した。これを受けて、十一月二十五日に鴫野《しぎの》（大阪市城東《じょうとう》区）に陣替えを行った。現在の八劔《やつるぎ》神社が景勝の本陣跡とされている。同じく佐竹隊は大和川《やまと》をはさんで対岸の今福《いまふく》（大阪市城東区）に陣を布《し》いた。

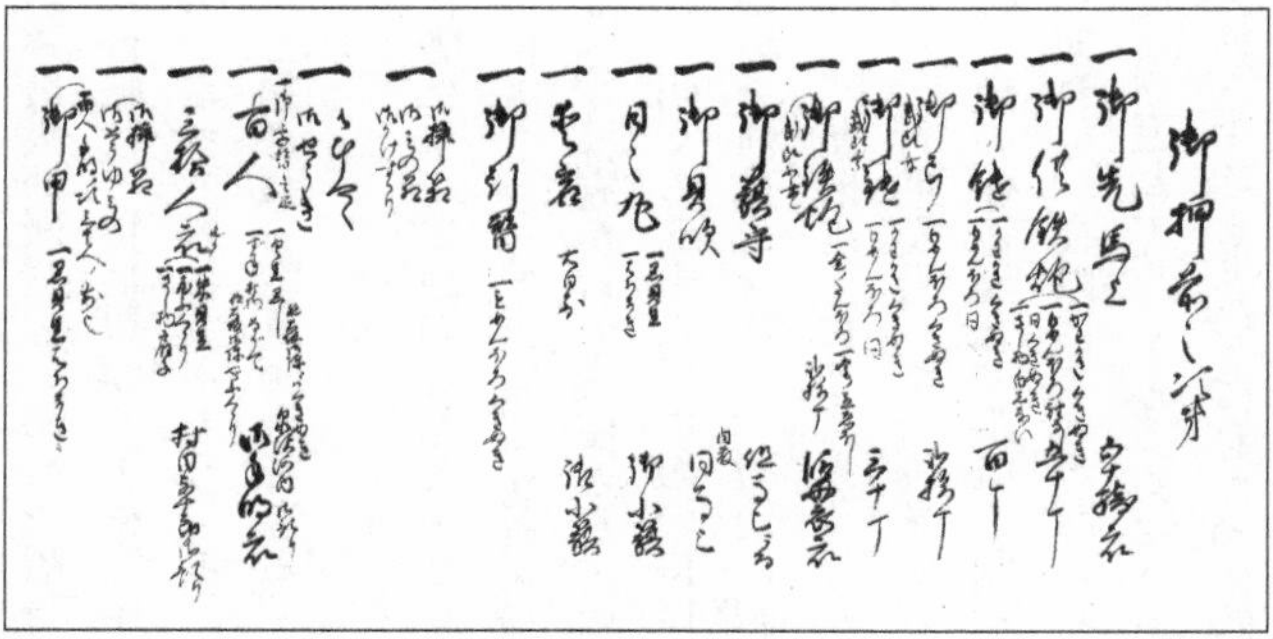

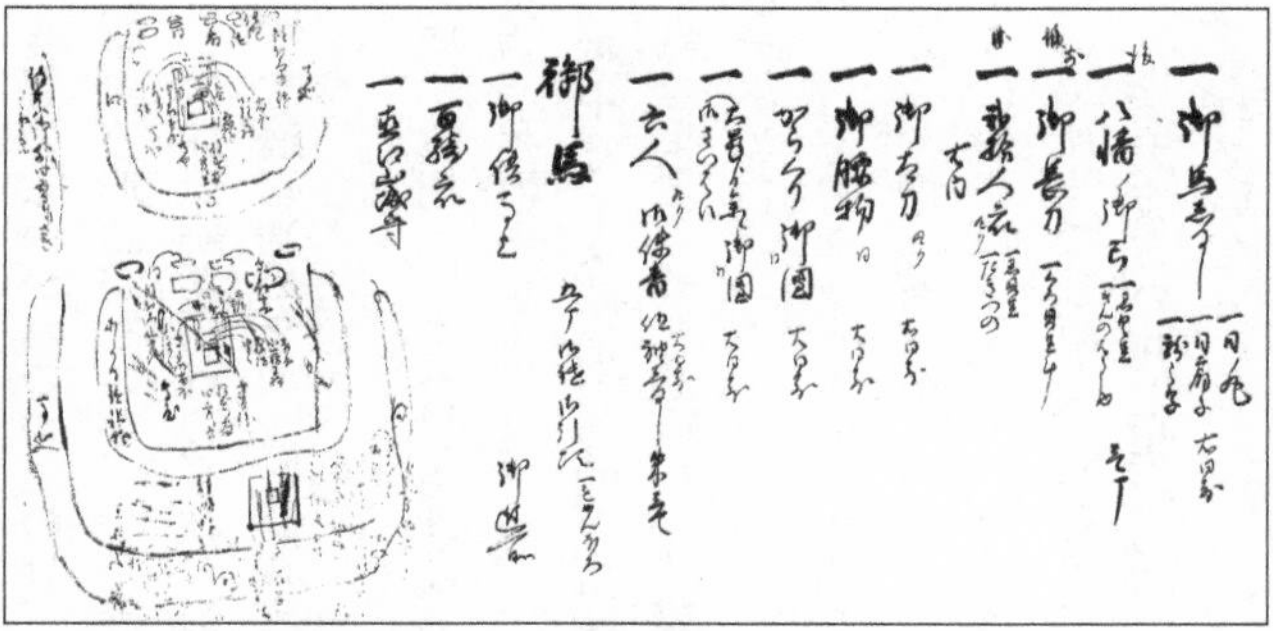

上杉家押前次第（米沢市上杉博物館所蔵）
（上）御先馬上の五十騎衆を先頭に、鉄炮・鑓・弓などの各部隊、軍旗・道具持ちが続く。
（下）大将を示す御馬印として「日ノ丸」「日扇子」「龍之字」とある。景勝がいる位置は「御馬」と表記されている。また、本隊最後尾に「直江山城守」とある。

冬の陣最大の激戦といわれた鴫野・今福の戦いがおこったのは、翌二十六日のことである。この合戦は、特に景勝や上杉家中に関する逸話が多いが、また確実な記録が残っている点でも特筆されるものであろう。それは、直江兼続が国許の平林正恒に送った「上杉家大坂御陣留」と題される戦闘報告である。以下、適宜補足を加えながら、この報告に基づいて記述する。

上杉勢はすでに敵の攻撃をふせぐ堀切、竹把《たけたば》（竹を束ねて縄で縛った防具）をもって仕寄場（敵城へ接近するための攻撃・防御用構築物）を構築していた。

そこへ、幕府からの検使として屋代越中守、安藤治右衛門、伊藤右馬允（異説あり）が派遣され、明くる二十六日に敵の持口へ寄せよとの命を通達した。兼続と黒金孫左衛門泰忠は仕寄の場を前進させる旨、検使に諒解《りょうかい》を求めた。

しかし、敵陣近くに仕寄を設けたので、敵陣地からの射撃が激しくなった。上杉方は堀切を構築し、竹把をもって矢弾を防ぎながら対峙《たいじ》を続ける。

兼続は敵の仕寄場との距離を測るように命じた。そこで、黒金は村越志摩と志駄修理亮の両名を連れて、夜陰にまぎれ敵の竹把の場所まで接近し、自陣との距離を測ったところ、一町六反（約百七十メートル）あまりあった。大坂方の井上頼次の陣（鴫野砦《とりで》）は、竹把が幅五十間（約九十メートル）にわたって設けられていた。

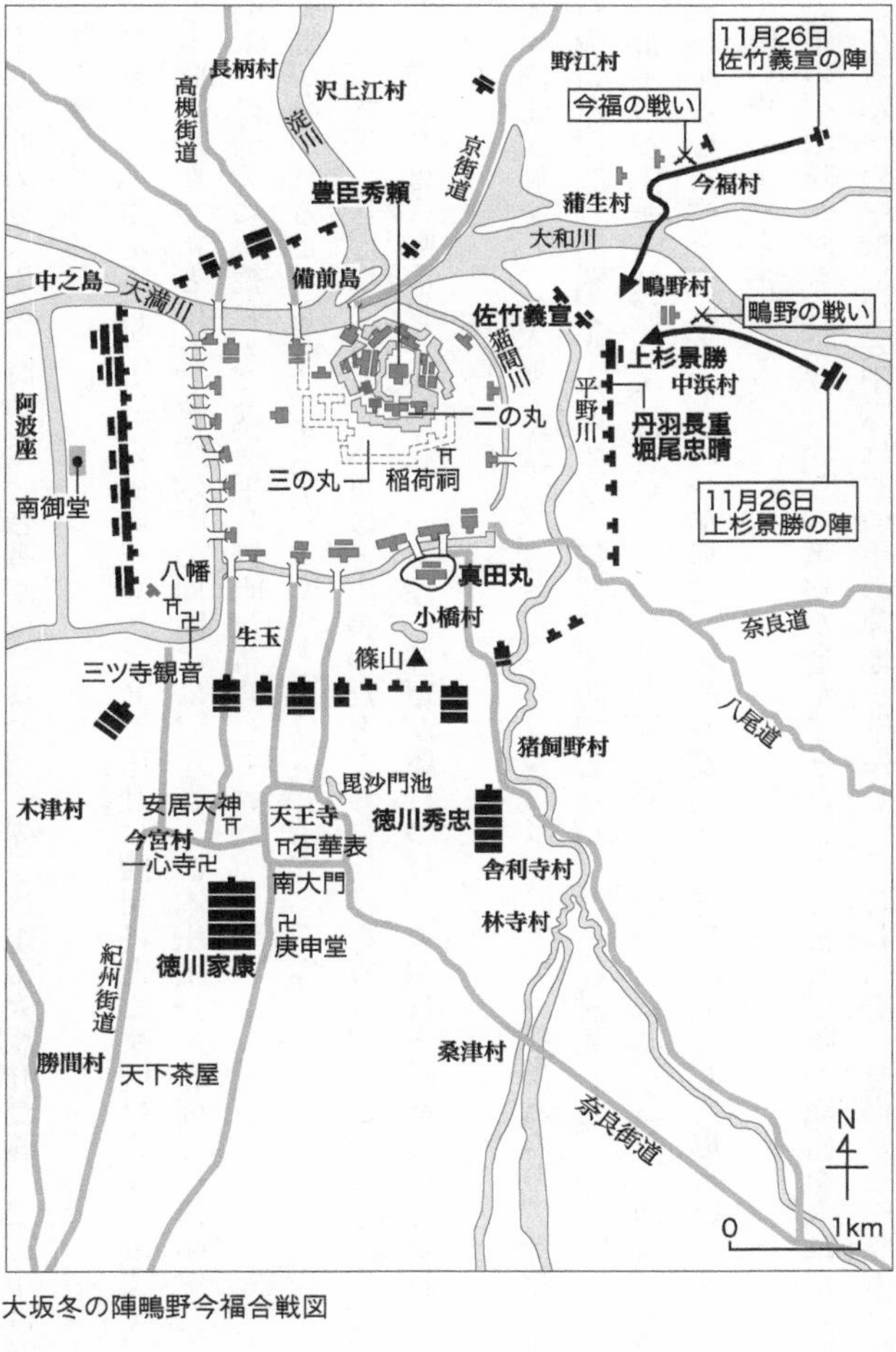

大坂冬の陣鴫野今福合戦図

二十六日卯《う》の刻（午前六時前後）、合戦がはじまった。先手は須田大炊介《おおいのすけ》長義、二の手は安田上総介能元である。

上杉景勝は「紺地ニ日之丸」の御旗を立てさせ、床几《しょうぎ》に腰掛けたまま明け方より晩まで、少しも動かなかったという。景勝本陣の周囲には、左備えに本庄重長、右備えに百騎衆・五十騎衆、後備えに兼続および嫡男平八景明が布陣していた。

戦端が開かれると、「直江一手の内、御先手へ大勢繰り出し」た。

一方、大坂方は虎口《こぐち》より五、六町ほど出張ったところで仕寄を設け、ここから猛射撃を加えた。城からは大野《おおの》治長《はるなが》・渡辺《わたなべ》糺《ただす》ら一万余の援軍が駆けつけ、人数は上杉勢の倍に膨れ上がっていた。

先手同士が衝突し、「大坂方大軍故、真黒に成りて懸り候」という状況となり、兼続の配下石坂新左衛門は組衆二十人あまりを指揮して防戦したが、ついに討死した。

二番手の安田能元は兼続へ使者をたて、「武者鑓《やり》に成さるべし」と進言した。同時に本陣の景勝からも横槍を入れるよう命令が飛び、兼続も安田へ「先手が混乱した場合は、二の手にて喰《く》い止めよ」と指示した。

先手の須田隊がおされ気味になり、敵勢が進んできたところを安田隊が横槍を入れた。城方がひるんだのを機に、安田隊は二の手の陣地を確保した。これに勢いを得た須田隊も反撃に転じた。

隊将須田長義は大坂方の母衣武者竹田兵庫と槍をあわせ、竹田の首をとった。この戦闘で須田も負傷した。

竹俣三十郎は鉄炮隊を下知して敵勢を追い崩し、須田隊は緒戦の勝利を飾った。

先手に加わった兼続の手の者も、針生市之丞、蓼沼長左衛門、莅戸《のぞき》九郎兵衛らが戦死し、上泉主水、西山刑部丞《ぎょうぶのじょう》、宮崎孫左衛門、香坂新左衛門ら八十余人が負傷した。玉造《たまつくり》口付近でも戦闘があり、こちらでは鉄炮頭大俣八左衛門、同彦六、甥《おい》彦三郎が一所に討死している。

同じ頃、大和川をはさんで対岸の今福砦でも戦闘がはじまっていた。佐竹義宣勢は後藤又《ごとうまた》兵衛《べえ》・木村重成《きむらしげなり》ら大坂方の猛攻に苦戦し、家老渋江内膳《しぶえないぜん》が戦死していた。

直江兼続は佐竹勢の敗色が濃いのを見て、「横矢を入れよ」と命じた。ただちに黒金泰忠家来山口久右衛門が命じられて、軍勢の渡河に適した場所を確認するべく瀬踏みを行った。上杉勢は佐竹救援のため、大和川の渡河を開始する。

渡河を終えた水原常陸介親憲は旗下の猪苗代衆蓬田逸兵衛・立岩内膳らに下知して、横矢を入れ、続いて鉄炮を激しく撃たせた。七十歳の老将水原の軍勢を自在に進退させる指揮ぶりが、「馴《な》れたる雀の子を呼ぶが如し」と評されたのはこの時のことである。大坂の陣における水原の戦いぶりは、さまざまな逸話として編纂《へんさん》物に採られている。なお、家康がこの時の働きについて述懐していたことを、兼続が実際に伝え聞いており（後述）、その活躍は事実とみてよいであろう。

上杉勢の加勢に力を得た佐竹勢も反撃に転じ、大坂方は総崩れとなって退却した。

「諸勢之内、此方一之御手柄」

朝からくりひろげられた戦闘は申《さる》の刻（午後四時前後）に及んだ。上杉勢は、竹田兵庫、的場三郎兵衛、穴澤鉄可斎、宮沢主殿らの首級をあげている。これらの首級は家康・秀忠の本陣へ送られた。使者となった黒金泰忠は御前へ召し出され、持参した首は御実検に入れられ面目をほどこしたと「上杉家大坂御陣留」は記している。秀忠からは景勝へ銀百貫目を贈られ、「大坂御取量諸勢之内、此方一之御手柄」であると本多正信をもって伝えさせている。

この折の景勝の豪胆さを示す逸話は、さまざまな軍書に採られている。鴫野の合戦たけなわの頃、使番の久世三四郎《くぜさんしろう》がやって来て、後陣の堀尾忠晴《ほりおただはる》隊と交代するように、と伝えた。しかし、景勝は久世の言を聞かず、「今朝よりはげしくいくさをして取り仕切っているところを、余人に譲るわけにはいかない」と拒絶した。また、丹羽長重が上杉陣の様子をうかがったところ、紺地日の丸と「毘」字の旗二本、浅黄の扇の馬印を押し立て、景勝は物具《もののぐ》（武装）もせず青竹を杖《つえ》にして床几に座し、左右に控えた兵たちは鑓を横たえひざまずき、前方を見据えたまま、しずまりかえっていたという（『常山紀談』）。

最近、「大坂冬の陣図屛風」の再現プロジェクトにおいて、上杉勢とおぼしき一群が確認されている。大和川の右岸に展開する一隊に「扇」の旗印が描かれているところから、これが今福砦を攻撃する佐竹勢とみられる。そうであるならば、対岸の一隊が上杉勢ではないか、と目されるのである。

兼続はさっそく江戸にいる千坂高信、米沢留守居の平林正恒に戦勝を報じた。

兼続の書状にも「大坂御取り巻き候諸勢の内、此方一の御手柄の由」とある。兼続の書状と、実際に戦闘を検分した使者からの報告を受け、平林正恒は米沢留守居の者たちに対して、戦勝報告を行った（「上杉編年文書」）。

戦いの後、巡検にやってきた家康と秀忠が上杉の陣中を見舞った折、陣所をきれいに清掃させた上で、「大将軍仕寄御巡見の古実（慣わし）」として総鉄炮を釣瓶《つるべ》撃ちに城へ放たせた。家康は感心し、鴫野合戦の功をねぎらった。景勝は「童《わらべ》の喧嘩《けんか》みたいなもので、別に骨折りというほどのことではございません」と答えたという（『武辺咄聞書』）。

上杉・佐竹の合戦は諸家でも記録されている。豊前小倉城主細川忠利《ただとし》は国許にいる父忠興に戦場の様子を書き送った。忠興は「景勝・佐竹はり番の様子申し越され候。佐竹油断と存じ候事」と記している。苦戦した佐竹勢に対し、「佐竹油断」と手厳しい。

鳴野・今福の戦いは大坂冬の陣最大の激戦となった。もっとも、大坂城南方の攻防（真田《さなだ》丸《まる》の戦い）のほうが、真田信繁（幸村）の華々しい活躍によって人口に膾炙《かいしゃ》しているようだ。この真田丸を攻撃した寄せ手には、加賀前田勢があり、かつての直江勝吉すなわち本多政重が加わっていた。

三、元和偃武と移りゆく世界

大坂落城

城方との講和が成立したのは、慶長十九年（一六一四）十二月十九日である。秀頼・淀殿の母子の身上、豊臣家の所領は旧来のまま、城内に召し抱えた牢人衆もお咎《とが》め無しであった。しかし、大坂城は堀を埋め立てることになった。

上杉勢は順次、国許へ兵を帰還させるべく、本多正信へ通行手形の発行を依頼した。

慶長二十年正月十七日には、前年の鳴野表の戦功により、須田長義、水原親憲、黒金泰忠の三名が徳川秀忠から感状を賜った。須田に与えられた感状には、「被疵、剰遂高名之條（疵《きず》をこうむった上に高名をあげた）」と記されている。須田には来国俊《らいくにとし》の刀と御服二が褒美として与えられた。翌年、須田は四十歳という若さで亡くなるが、この時の負傷が元であると考えられる。

水原は「花見同然の合戦であったのに、上様から感状をいただいた」と大笑いしたという逸話が伝えられている。水原は黄金二十枚と御服二を賜った。

また、黒金に与えられた感状には、「直江山城守令漏達之通」という文言がみられ、兼続の口添えがあったらしい。黒金は御服二と御羽織一を賜った。

一方、須田隊が崩れるのを支え、反撃のきっかけをつくった安田能元には、上聞に漏れたため、感状が下されなかった。しかし、安田は「自分は公方《くぼう》に奉公しているわけではない」と、羨《うらや》ましがりもしなかったという。家康は上杉諸将の働きを「謙信弓箭《きゅうせん》の遺風」と称賛したが、当の猛将たちにも彼らなりの矜持《きょうじ》があったようだ。

上杉勢とともに大和川堤防沿いの砦争奪戦で奮闘した佐竹家も、五名の家臣が感状を貰《もら》っている。

論功行賞が終わった後、二月中には秀忠はじめ諸大名は国許へ戻り、景勝も江戸を経由して米沢へ帰国した。

しかし、間もなく京都から大坂表不穏の動きを伝えてきた。

幕命を受けた景勝は、四月十日に兵を率いて米沢を発し、下旬には大坂に着陣した。しかしながら、上杉勢は八幡に陣を定め、直接戦闘に参加することはなかった。この時の上杉勢に与えられた任務は京都の守備にあったといわれている。

大坂城をめぐる攻防が中心となった前年の冬の陣の折とは異なり、五月六日・七日の両日に道明寺《どうみょうじ》方面、若江《わかえ》・八尾《やお》方面、天王寺《てんのうじ》方面で野戦が展開された。城方は緒戦において善戦したものの、最終的には敗退し、木村重成、後藤又兵衛、真田信繁らが戦死している。

五月八日に大坂城は炎上し、豊臣秀頼とその母淀殿らは自害して果てた。家康・秀忠と諸将が伏見へ凱旋《がいせん》すると、上杉勢も入京した。

景勝が江戸邸を経て米沢に帰国したのは、六月中旬のことである。

この頃、直江兼続嫡男平八景明は病床にあった。幕府は曲直瀬《まなせ》玄朔《げんさく》（二代目道三《どうさん》）を遣わして療治にあたらせたが、その甲斐《かい》もなく七月十二日、景明は二十一歳の生涯をとじた。幕府は香奠《こうでん》として銀子十枚を贈った。

七月十三日、慶長は元和とあらたまった。この年の十一月、景勝が幕府から府中領および八王子筋に御鷹場を賜ったことはすでにふれた。景勝の意を請けて直江兼続は江戸家老千坂高信をして、本多正純、土井《どい》利勝《としかつ》、安藤重信《あんどうしげのぶ》のもとへ参じて謝辞を述べた。

大御所家康の死

元和二年（一六一六）正月、徳川家康は駿府で病床に臥《ふ》し、二月一日には、将軍秀忠が駿府へ赴いた。

　上杉景勝は二月二十四日に米沢を発ち、三月二日に江戸桜田邸に入っている。間もなく、本多正信からの連絡を受け、景勝、直江兼続の主従は駿府へ赴いた。諸家の見舞いの使者などで駿府は混雑を極めており、宿所が空いていない状況だったため、上杉主従は手前の江尻《えじり》に宿泊した。三月六日のことである。

　兼続はただちに本多正純に連絡をとり、その斡旋《あっせん》に頼って、翌七日、景勝は病床の家康に拝謁することができた。

　家康は、景勝に大坂冬の陣における上杉勢の手柄について語ったという。とりわけ水原親憲率いる鉄炮衆の戦いぶりは、家康にとって印象が強かったらしい。控えていた兼続は、その様子を秋元但馬守から聞かされた。兼続は国許の水原親憲に対し、「貴所事をも、節々《せつせつ》仰せ出され候由」と、書面で伝えている（「兼続書状留」）。

　三月八日、兼続は本多正信と本多政重に礼状をしたためている。

　本多政重も使者を宿所に遣わし、景勝、兼続をねぎらった。政重は兄正純に働きかけ、上杉主従に対する便宜を図るべく奔走したのである。懐かしさと、変わることのない上杉家に対する厚誼《こうぎ》に、兼続は「何様《いかさま》、逗留中、貴面を以て積もる義申し承るべく候」と返書している。江尻宿か駿府のいずれかで、景勝、兼続と本多政重は久々の再会を果たしたのだろうか。

家康の病状はその後一進一退を繰り返し、四月十七日、ついに逝去した。享年七十五であった。

家康の死を見届けた景勝は、江戸を発ち、五月十三日に米沢に戻った。

この時の景勝の帰国に際しては、ひとつの逸話が伝えられている。

米沢城下南郊の白旗松原にさしかかると、出迎えの人数が待っていた。その中に大坂鴫野の合戦で鉄炮隊を率いた老将水原（杉原《すいばら》）親憲の姿もあった。景勝が声をかけた時にはすでに返事もなかったという。水原の死は、白旗松原であったとも板谷峠であったとも伝わる。

大坂冬の陣で活躍した水原親憲の死は、今に残る記録を集めるとたしかにこの折のことらしい。所用のため江戸に残っていた直江兼続のもとに米沢の平林正恒から書状が届き、景勝が十三日に帰城したこと、水原親憲が中風を患っていることなどが記されていた。

五月二十一日、兼続は「自分も本日、江戸を出立する。しからば、水原常陸が中風にてはや死去した由、是非もないことだ」と平林正恒に返書している。

六月七日に本多正信の死去が江戸留守居千坂高信によって伝えられた。本多正信は上杉家のために種々骨を折ってくれた恩人であった。直江兼続も正信の息子政重を一時養子にしてから、親密な関係が続いていた。

家康、本多正信の死は、上杉家と幕府との関係を含めて、ひとつの節目となった。

直江兼続死す

元和五年、徳川秀忠の将軍上洛供奉《ぐぶ》のため、上杉主従は三月に米沢を発向、五月八日に江戸を発ち、上洛の途についた。六月一日、上洛中の諸大名は、伏見城に登城し、その翌日、福島正則の所領を没収し、陸奥津軽に移すという処置が発表され、天下に激震が走った。

この時、直江兼続は土井利勝に呼び出され、福島家中が抵抗した際には鎮圧に力を貸してもらいたいと依頼された。鉄炮の玉薬の調達は上杉家に任せると言われて、宿所に戻った兼続は家中を前に「このような御用に立つとは過分である。そのために近年、鉄炮を鍛錬し、今度も荷物に鉄炮をはさみ上洛してまいったのだ」と、申し聞かせた。というより、自画自賛した。さらに兼続は、大津《おおつ》の馬借から馬を調達すればすぐにでも馬上の兵数を揃えることはたやすいことである（「大津馬借を買取、一日のうち二も馬上をつくり候事ハ、やすき儀」）と考えた。そして、普段から家中に鉄炮をもたせていることをますます自慢したという（「鉄炮一巻之事」）。

福島正則は関ヶ原合戦における戦功にともない、安芸四十九万石に封じられていたが、居城の無断修復を咎められ、正則本人が江戸在府中に処分が下され、なすすべもなく広島城を明け渡した。

当初は、福島正則が津軽に減転封、現領主津軽氏が川中島に移封というのが幕府の方針であった。しかし、津軽氏の請願によって、同家の川中島移封は沙汰止《さたや》みとなり、あらためて福島氏が川中島へ移されることになった。

結局、上杉の鉄炮の出番はなかったが、直江兼続にとっては十分面目をほどこしたといったところだろうか。

この頃には、すでに兼続の体は病におかされていた。米沢、江戸、京都ふたたび江戸という長い移動が、衰えていた兼続の体力気力を消耗させてしまったようである。

景勝とともに江戸へ戻った兼続は、下屋敷（鱗屋敷）で病床に身を横たえていた。景勝は兼続のために良医良薬八方手を尽くしたが、その甲斐もなく十二月十九日に死去した。享年六十。陪臣でありながら幕閣とも親交のあった兼続の死に、幕府は銀五十枚を贈って弔意を表した。

嫡子景明に先立たれた後は、もはや養子の話もすべて断り、直江家は兼続の死をもって絶家となった。上杉家の苦しい台所事情を考えたならば、直江家が禄《ろく》を返上すれば藩全体が助かるはずであった。婿養子であった兼続は、まさしく直江家の血筋であるおせんの方の了解も得て、この決断を下したのであろう。

遺骸《いがい》は高野山におさめ、米沢の徳昌寺に墓が建てられた。法名は達三全智。のちに徳昌寺は林泉寺との寺院統制の地位を争って敗れ、越後へ移った。この時、直江兼続の墓は林泉寺に移されたという。現在の墓石は置賜地方によくみられる万年塔である。その下には旧墓石が胞蔵されており、「于時元和六年庚申二月七日」と刻銘されている。通説にしたがえば、これが徳昌寺時代の兼続墓の一部ということになる。

しかし近年紹介された、元和六年八月に海山元珠によって書かれた「達三」一幅（米沢市上杉博物館所蔵）には、兼続が亡くなると、当初から林泉寺に葬ったと記されており、徳昌寺は出てこない。それより後の「寛永八年分限帳」には徳昌寺の名があるから、この時まで同寺は米沢藩領に存在していたことになる。徳昌寺への最初の埋葬、および林泉寺改葬の経緯についてはなお検討の余地があろう。

海山元珠は妙心寺の僧で、直江兼続らが帰依した南化玄興の弟子である。景勝の正室菊姫の葬儀にも関わったといわれる。海山元珠が示した「達三」には、詩文武の三つの才に秀でていることをあらわしたものといった意味が記されている。時期的には享保《きょうほう》三年（一七一八）の百年忌の時と考えられているが、英猷院殿《えいひいんでん》という院殿号が追謚《ついし》された。

直江兼続については、景勝の代に出頭人として登場し、他家からは「上杉家の悉皆人」とまで評される存在となった。現代でも一般的な人気や知名度としては景勝を凌《しの》ぐであろう。一方、江戸時代の軍記物や逸話集においては、奸臣《かんしん》として描かれることもあった。

実際の兼続は、主家や景勝に尽くす姿勢は生涯変わらなかった。上杉領、ひいては現代の米沢の基盤をつくった人物と評価されている。文化面においても、漢籍の蒐集や活字による出版事業と多才ぶりを発揮し、その活動は江戸幕府周辺にも認知されていた。後の米沢藩の藩校興譲館《こうじょうかん》の蔵書は、兼続が蒐集した漢籍群が元になったと伝えられ、それらの中には、宋《そう》版『史記』(国立歴史民俗博物館所蔵)のように、現在、国宝に指定されているものもある。

上杉家の執政として、直江専制とも呼ばれる特異な地位にあった兼続であるが、表舞台への登場の契機となったのは、やはり景勝が豊臣政権へ臣従したことであろう。外交担当として交渉の窓口となった兼続の重用は、豊臣政権すなわち秀吉の要請によるものであった。それは、徳川氏による政権になっても同様であり、幕閣との交渉は兼続が一手に担っていたといっても過言ではない。

四、景勝最後の軍役「最上御勢遣」

ふたり喜平次

元和七年(一六二一)正月二十三日明け方、尾張《おわり》徳川家の新邸より出火、上杉桜田邸も類焼した。火元となった尾張徳川邸は「鼠穴屋敷」と呼ばれ、江戸城半蔵門《はんぞうもん》内に位置していた。

火勢は郭内を南へ燃えひろがり、堀を越えて桜田門外の大名屋敷へ延焼したと考えられる。

この被害は上杉家のみならず、伊達政宗、毛利秀就、島津家久《いえひさ》、鍋島勝茂《なべしまかつしげ》、真田信之《のぶゆき》、戸《と》沢政盛《ざわまさもり》、森忠政、南部利直、秋田《あきた》実季《さねすえ》、成田《なりた》氏宗《うじむね》、大田原《おおたわら》晴清《はるきよ》、大関《おおぜき》高増《たかます》、溝口善勝《よしかつ》、浅野長重《ながしげ》、寺沢《てらざわ》広高《ひろたか》、池田《いけだ》忠雄《ただかつ》、仙石《せんごく》忠政《ただまさ》の諸屋敷におよんだ。火事は一昼夜続き、ようやくおさまった（『徳川実紀』）。尾張徳川家では、将軍家の御成のため新邸を建築中であったが、この火災のために延引となった。

米沢にも江戸留守居役千坂伊豆守より急報が届けられた。幸い、下屋敷（鱗屋敷）は類焼をまぬがれていた。

二月一日付けで息子へ書き送った景勝書状の宛名は「喜平次殿」となっている。いつ頃、千徳から喜平次に変わったのかはっきりしないが、元和年間に入ってからであろうか。

景勝は喜平次の無事を喜び、「鱗屋敷はいろいろ不自由があろうが、まずはそこに居るのがよいだろう。後室（直江兼続室）にもそう伝えるように」と書状を書き送った。この景勝書状には「いろこやしき」の文字がみえ、当時から鱗屋敷という呼称が上杉家内でも通用していたことを示している。ここには、直江兼続の後室おせんの方が住んでいた。おせんの方は、喜平次の母がわりでもあり、奥向のことを差配させていたため、景勝は自身の意向を息子から伝えさせたのであろう。

二月四日、景勝は、将軍家から銀子の下賜があったことを聞き、老中土井利勝へ礼状を送った。

二月七日には幕府老中より、今度の火事により参勤の際、不自由となるであろうから延引するように、という将軍の言葉が伝えられた。さらに銀子三百貫目が下賜されるとともに、昨年来の江戸城堀普請が当年についても免除されることになった。この時、被害に遭った諸大名にはそれぞれ合力として銀子が下賜されており、伊達家では銀子五百貫、嫡男忠宗《ただむね》分として二百貫を貰っている。

景勝は、喜平次にとって下屋敷は不便であろうと案じていたが、六月一日には「座敷出来」し、喜平次はこれに移り住んだ。正月以来、半年ぶりの帰還であった。まだ屋敷全体の普請は続いていたが、喜平次が居住する空間は早めに再建を終えたらしい。

上杉桜田邸は八月上旬に普請が終わり、それにあわせて景勝は八月十五日に米沢を発ち、二十二日に江戸に到着した。

景勝が宛名に「喜平次殿」と書くようになってからの父子の関係をみていこう。

景勝が千徳を喜平次と改めさせた正確な時期は不明であるが、直江兼続の名が登場する書状はすべて「千徳殿」となっている。

閏十二月朔日《ついたち》の日付がある景勝書状は元和六年（一六二〇）に比定され、直江没後のものとなる。将軍秀忠が鉄炮でしとめた白鳥を景勝が拝領したこと、同じく喜平次が雁を拝領したことについて、老中土井利勝へ礼状をしたためた、という内容である。つまり、元和六年の時点で、すでに喜平次は江戸城へ出仕していたことになる。

この翌年、前述した桜田邸の罹災《りさい》があり、年次が確定している数通の景勝書状は宛名「喜平次」で定着している。改名は年の末あるいは年頭になされることが多いから、ひとまず元和四年末頃から城への初出仕を迎えた元和五年のはじめに、千徳から喜平次に改めた、と推定しておく。

年未詳五月十一日付けの書状で、景勝は喜平次に説諭している。江戸城で能が演じられた際、喜平次が病と称して出仕しなかったことを咎めた内容である。景勝が気にした点は、幕閣の土井利勝らが御内意を伝えたにもかかわらず、喜平次がそれをことわった点にあった。しかも、それがたびたびのことだったようである。

「いつまで煩いなどと申して、出仕せずに居るのだ。この様子は石見所よりここもとへ再々伝えられている。たびたび煩っていますという理由で、御城での御能の時に出仕しないとは笑止である」（『上杉』一〇四〇）

江戸にいる喜平次の様子は傅役《もりやく》の松木石見貞吉が知らせてよこしている。景勝は、息子が仮病をつかって出仕しないのだと考えていたようである。そこで、江戸家老千坂高信を老中土井利勝のもとへ遣わし、「(土井に対して)懇比《ねんごろ》ニ申候へ由」とある。少しわかりにくいがその後、「今後は大炊殿《おおい》(土井利勝)から御内意があったら、御能の場に出るようにせよ。御城にての事は大炊殿の仰せられるままにいたせ」とあるので、おそらく景勝は家老千坂を通じて、土井利勝に息子を何とか出仕させるのでお願いしますと伝えたのであろう。

江戸城内にはいくつもの能舞台があり、出仕した諸大名の社交場ともなっていた。年若い喜平次はおそらくそうした場が苦手だったのかもしれない。しかし、江戸城への出仕は単に将軍家への忠誠を示すばかりではない。幕閣や他家との交流を通じて、幕府の意向を事前に知る機会ともなっていた。出仕を怠れば、上杉家はそうした動きに乗り遅れ、後手に回ってしまうことも考えられた。

景勝は単に出不精の息子を叱っていたわけではなく、上杉家の次代当主としての自覚を求めていたのである。

景勝の荒療治は功を奏したらしく、その後、喜平次が江戸城へ出仕している様子を聞き安《あん》堵《ど》している。

「それ以後、何もたよりをしなかった。此方《こちら》は変わったことはないので安心せよ。さて、先日その方が御城へ出仕いたしたと聞き、喜ばしく思っている。毎月朔日・十五日はいつものように御城へ罷《まか》り出よ。わからないことがあれば、何事も大炊殿へ問い合わせなさい。御城

で色々拝領したようだな。こちらから大炊殿に礼状を送るので、その方は心配せずともよい」(『上杉』一〇四一)

今度は以前の厳しい語調とはうって変わって、息子を気づかうような内容である。景勝が息子と同じ年頃であった時は、叔父《おじ》謙信にしたがって戦場に赴くこともあり、あるいは上田衆に出陣の命令を下すこともおこなっていた。時代は変わり、次世代の大名やその子弟たちは新しい戦いの場に身をおくことになった。上杉家もまたしかり、である。

景勝が喜平次に幕閣のうちでも土井利勝を頼るように伝えているが、慶長年間には本多正信に諸事指南を依頼するところがあった。先に正信の次男左兵衛政重(直江勝吉)を招いたのも、幕府との関係を重視した結果であろう。しかし、元和二年に正信は主君家康の後を追うように死去した。息子の上野介《こうずけのすけ》正純が引き続き枢要の地位にあったが、慶長末年より土井利勝、安藤重信らが台頭していた。正純は将軍秀忠のもとで政務を担当していたが、どちらかというと家康から付けられたいわばお目付け役のような立場にあった。しかも、家康や父正信が没した後は、秀忠やその側近たちとの間に確執が生じていた。

上杉家も幕府との交渉には、土井利勝や安藤重信ら秀忠側近を通すことがめだつようになってくる。幕閣の世代交代を景勝も感じ取っており、息子喜平次の指南に土井利勝を恃《たの》んだのは、そうした事情が背景にあったのだろう。

最上家改易と諸城の接収

将軍徳川秀忠は、家康没後、諸大名統制をすすめていく。異母弟松平忠輝の配流を皮切りに、元和五年には広島城主福島正則を改易とした。また、越前北ノ庄城主で甥の松平忠直が江戸参府を怠っているという問題が浮上する。秀忠は、根気強く忠直の参府を待っていたが、その間、諸大名の帰国を認めなかった。忠直問題の影響と考えられる。景勝もまた、元和七年八月に出府して以来、江戸桜田邸に在った。この状況については、小倉城主細川忠利が「東国の諸大名はいずれも江戸で越年した」と記している。東国大名の帰国は差し止められていたのである。松平忠直の問題が、忠直の隠居、豊後への配流となって決着するのは、元和九年二月のことになる。

忠直問題が燻《くすぶ》っている中、上杉領に接する最上家で御家騒動が進行している。出羽最上家で騒ぎがおきているという風聞はすでにひろまっており、元和六年には、幕府が目付を派遣していた。最上氏は、関ヶ原合戦で家康方につき、上杉家と対峙した。上杉勢に領域深く攻め込まれたが、粘り強い抗戦と関ヶ原の勝報のおかげで息を吹き返し、庄内の上杉領を制圧した。戦後、五十七万石という大封を得て出羽随一の大名となった。

ところが、慶長十九年（一六一四）に最上義光が没した後、嗣子家親が元和三年に急死してしまった。現当主は家親の子家信（義俊）であったが、いまだ十六歳の若年であった。家中統制ができないばかりか、家信自身の素行も問題視されていた。そのため、当初から幕府の干渉を受けていた。最上家中は、義光の四男山野辺義忠を家信にかえて当主に推す動きもあり、動揺していた。元和八年になって幕府への訴えがあり、それを機に最上家の保全が難しいと判断され、改易処分が下ったのである。

八月二十一日、幕府は東北の諸大名に最上領の諸城接収を命じた。下命があったのは、伊達政宗、上杉景勝、佐竹義宣、蒲生忠郷、相馬利胤《そうまとしたね》らである。

ただし、相馬利胤を除く大名自身の出陣は認められなかった。松平忠直の問題以来、帰国を許可されていなかったのである。

上杉家が担当したのは、長谷堂城、上山城、山野辺城、八沼城、高玉城などであった。いずれも慶長五年の最上攻めの際に激しい戦場となった舞台である。

この時、景勝は家中への指示を自ら下している。そのうちの一通は直江兼続とは相婿の関係になる志駄修理亮義秀（妻が直江大和守養女）へのものである。

急いで申し伝える。最上領へ出兵いたすため、そちらの人数をことごとく集めて派遣する。直江配下の与板衆も皆々出立させるように、早々に申し付けよ。長尾権四郎、新津内記、芋川縫殿の三人に人数を付けて出兵させるので、そのことを心得ておくように。直勤足軽・鉄炮者よき様に集めて出立させよ。ただし、その方は用事を申し付けるため出陣は無用である。兵数は千五百との仰せである。

八月廿一日　　　　　　　　　　景勝

志駄修理殿

（『御年譜』）

同日、景勝は長尾権四郎景広、新津《にいつ》内記助秀祐に宛て同様の命令書を発し、武主《ものぬし》に任じた。また、黒金孫左衛門泰忠には、最上領への派兵に随行し、上使本多正純・永井《ながい》直勝《なおかつ》の御用を申し付けた。

景勝の書状が米沢に届いたのは八月二十五日のことであった。重臣たちは協議の上、九月一日の御出勢を決定し、諸事調度、人夫の徴発を代官たちに触れた。上杉家中でも最上家の騒動は聞き及んでおり、隣国ということで非常時にはまず台命が下るだろう、と予測はしていた。そのため、さしたる混乱もなく、二十五日夜には景勝の命に応じた人数書付を作成、江戸へ回送した。

実際の出陣は九月二日であった。米沢藩ではこれを「最上御勢遣《もがみごせいづかい》」と呼称する。武主は、長尾権四郎、新津内記助、芋川縫殿、色部修理亮、志駄修理亮支配の直江家旧臣などで、これを総押として黒金泰忠が統轄した。黒金は大坂冬の陣で奮戦し、将軍秀忠から感状を受けたひとりである。すでに主だった歴戦の諸将たちはほとんど鬼籍に入っていた。

最上領へ進発した上杉家の陣容は「志駄修理支配ノ直江者引列ス。鉄炮五百八挺、内四百十五挺ハ足軽ナリ。鑓五百挺、内三百七十挺ハ足軽ナリ。小旗ハ腰差共ニ三十一本ナリ。手明者百二十人」というものだった（『御年譜』）。上杉全軍の装備としては、とりわけ鉄炮の数が多いのが特長である。

上杉家では千五百九十一名を山形へ派遣したが、「直江が者共皆々相立つべく候」と景勝が指示しているとおり、上杉家でも慶長五年の最上攻めを強く意識していたのではないだろうか。

上杉勢は、九月六日に受け持ちの諸城を接収、七日に上使本多正純、永井直勝、目付の嶋弥左衛門、石川三右衛門に引き渡した。

最上領の諸城接収にあたって、幕府から本多正純、永井直勝が派遣された。ところが、本多らが上使として出羽へ向かったその後を、幕命を帯びた伊丹康勝、高木正次が追いかけ、十月一日、本多正純に突然領地召し上げの沙汰が下されるという事態となった。本多正純の処分は「奉公ぶりがよろしくない」というよくわからない理由である。これは要するに、秀忠体制から排除されたということであろう。本多正純は宇都宮十五万五千石を没収され、秋田佐竹氏にお預けとなった。十五年後、配流先である出羽横手《よこて》で死去する。

本多正純失脚後も、最上領に派遣されていた諸家軍勢の駐留は続いている。十月十四日、長尾景広らは幕府目付の立会のもと、山辺城の破却をおこなっている。この時、最上領内に存続していた諸城のうち、山辺城、清水城、金山城、長谷堂城、楯岡城、大山城、高擶《たかだま》城、小国《おぐに》城、松根城が破却されたという。最上領には元和元年の一国一城令が適用されていなかったようである。

上杉家同様に最上表へ三千の兵を出していた伊達家では、江戸にある当主政宗が生母東の方（最上義光の妹、保春院《ほしゆんいん》）を山形城より引き取る旨を幕閣に願い出ていた。老中土井利勝は少しも気遣いは無用であると回答し、政宗はその旨を国許の宿老茂庭綱元《もにわつなもと》に知らせた。その書状中で政宗は「出羽守（義光）色々悪逆の沙汰つもり、子供兄弟衆あまた腹を切らせ、家中の者共表裏の儀」ゆえに、このような事態に至ったことは是非もないことだ、という感慨をもらしている（「貞山公治家記録」）。

五、景勝の遺命

従四位下弾正少弼定勝誕生

最上氏改易にともなう諸城接収が済むと、景勝は幕府に帰国の暇《いとま》を願い出て許された。すでに本多正純の処分は十月五日に公表されていた。本多正純の始末をつけた徳川秀忠は、ようやく諸大名の帰国を許可したのである。十月九日、景勝は登城して御礼を述べ、十五日に江戸を発った。米沢に到着したのは二十二日であった。これが、景勝最後の在国となる。

米沢に帰着した景勝は、二の丸で病に臥せている姉（上条宜順後室）を見舞った。その翌日、上条氏は亡くなった。法名は仙洞院殿離三心契大姉という。上条氏は、上条宜順に嫁いだが、夫の出奔後は上杉家にとどまっていた。姉弟の生母（謙信姉、長尾政景室）と同じ院殿号であるが、こちらのほうは仙洞院殿知三道早大姉である。上条氏は、「上条大方」とも呼ばれ、本書冒頭に紹介した「越後長尾殿之次第」に付属している「福聚山楞厳禅寺大檀那御回向ノ次第」の末尾に「右者施主上条大方様　自卯至酉七畢」と記されている。景勝が初上洛した天正十四年は丙戌《ひのえいぬ》にあたる。それから逆算して、御館の乱が終息した天正七年己《つちのと》卯《う》から同十三年の乙酉《きのととり》までの七年にわたって、上条大方が施主として先祖の回向をした、ということであろう。また、彼女や景勝にとっての両親である「長尾政景夫妻画像」（米沢市・常慶院蔵）を描かせたのは、上条大方とする説もある。

二月十三日、江戸では、喜平次が登城し、将軍秀忠に対面した。そして、元服を命じられ、弾正少弼《だんじょうしょうひつ》定勝と名乗ることになった。同時に、従四位下侍従に叙任されることが決まった。ただし、前髪を落としたのは翌元和九年（一六二三）の秋のことである。定勝の叙任についでは幕府から京都所司代板倉重宗《いたくらしげむね》のもとへ通達された。板倉は幕府老中の折紙を武家伝奏に見せた。これを請けて口宣案が作成され、上杉家の使者高津貞恒に渡された。高津は板倉宛の景勝書状も持参していたようである。

二月二十六日、板倉は景勝に宛て、「お手紙拝見いたしました。上杉弾正少弼殿、四位侍従の宣旨・口宣を御使者に渡しました。今回の四位侍従の件、めでたく存じます。貴方様《あなた》にも誠に御満足の様子と察し奉ります。宣旨・口宣の御礼についても、先例にならいとどこおりなく済みましたので安心してください」と、返書した（『上杉』九二七）。

付け加えておくと、板倉重宗の継室は近江膳所城主戸田氏鉄の娘であるが、彼女ははじめ直江兼続嫡男平八景明に嫁いだ。夫と死別した後、実家に戻り、板倉重宗に再嫁したのである。幕閣が景勝に書状を出す際には宛名を「米沢中納言殿」とするのが通例だが、この板倉書状は「景勝様」としている。前述のような縁を板倉が感じていたのかもしれない。

定勝の家督は、江戸家老千坂伊豆守高信によって、米沢にも知らされた。景勝はさっそく将軍家への御礼として、志駄助十郎を使者にたてた。

三月一日、定勝は正式に従四位下侍従に叙任された。将軍秀忠から景勝に「（定勝の）弾正少弼任官について使者を遣わされ、殊《こと》に蠟燭《ろうそく》千挺《ちょう》を贈られうれしく思います」と御内書が発せられた。上杉家を次代に渡すという、景勝にとって最後にして最大の懸案はこれで片づいたことになる。

景勝の遺言

三月九日、景勝は米沢城二の丸寺院の法音寺《ほうおんじ》および極楽寺に宛て、三通の遺言状を自らしたためた。

一、申置儀
先年高野山へ参候時、眞言ニ罷出候間、其段被成可被下由、奥院へ申入候間、其方も能化衆も其段御心得尤候事、
一、道し之義、法音寺へ、妙觀院ハ、餘年寄にて自由罷出間敷候間、申候事、
一、當七日とむらいの事、こゝもとさしきにて、其心得三日計大はんにやおきゝ、御堂ノさしきニ、つくへ置、だらにおよミくれへく候事、
一、月毎、年ことハ廿人計にて、一朝だらによミ可給候、
一、三年きニも又年きことも、とりたてたる事必無用、四十人か五十人にて法花經よミ

尤候、
一、やかて、御堂右ノさしきにて、よミ尤候、
一、惣別　喜平次申候共、五十人ニ過たる事申共、はりふセ、此段申、必〃無用ニ候、
とても〱うけ取間敷候事、
一、とむらいのやうハ、何と　にあいたるやうあるへく候、法音寺・極楽へ相まかせ候
事、
一、則能〃此段かツてん尤候事、
元和九年
三月九日　景勝（花押）
法音寺
極楽寺

（『上杉』一〇四七）

遺言状は九ヶ条、二枚にわたる長いものである。これを景勝自身の話し言葉に見立てて、大意をとってみよう。

「以下は遺言である。先年高野山へ参詣《さんけい》した際、真言宗に帰依した。奥之院へも申し入れて

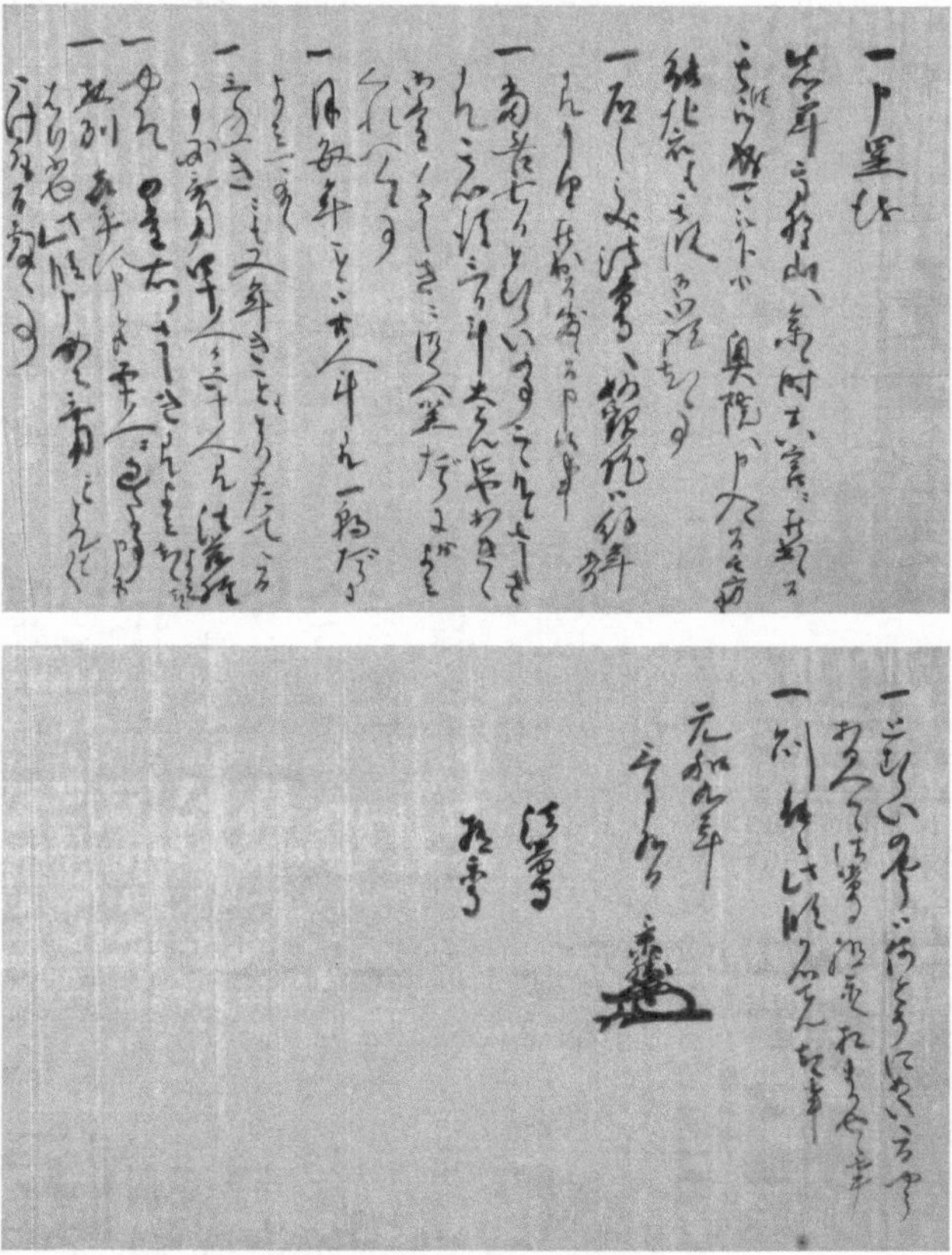

法音寺・極楽寺宛上杉景勝遺言状（米沢市上杉博物館所蔵）

あるので、貴僧も他の能化衆《のうけしゅう》（謙信御堂に奉仕する僧侶《そうりょ》）もそう心得るように。導師については法音寺に頼む。妙観院には、余が老いてしまい、出向くこともままならないので、伝えてほしい。初七日についてはこの座敷にて三日ほど大般若経《だいはんにゃきょう》を、そして御堂の座敷に経机を置き、陀羅尼《だらに》（マントラ）を読むこと。月毎、年毎の法要には僧侶二十人ばかりで陀羅尼を読むべきこと。三年忌、その後の年忌法要にあたっては、特別なことはまったく無用である。僧侶四十人か五十人で法華経《ほけきょう》をよむ程度でよい。また、御堂の右の座敷にても読んでほしい。僧侶五十人を超えることは無用のため、たとえ喜平次（定勝）が口を出しても、わしがこのように申していたと説き伏せよ。そんな状況はとてもゆるすことはできない。法音寺と極楽寺に任せるから、この事はよくよく承知してもらいたい」

あとの二通はごく短いものである。「以前申」ではじまるため、九日以降、亡くなるまでの間に書かれたものであろう。

いせん申五十人之年きハ、二日計、

かけかつ

名おは宗心と可心得候、以上、

（『上杉』一〇四八）

一、こゝもとき中過、則高野山へ出家為登、あれにて七日ノとむらいの事、
一、奥院ニ四十九院の事、
是ハ伊豆ニも可申候、
一、ふうきいんへ両人ニよく〳〵可申届候、以上、
より
（『上杉』一〇四九）

景勝は僧侶五十人ばかりを集めての年忌法要は二日とさだめ、自ら法名を宗心とした。宗心は養父謙信が若い頃に一時期名乗った名である。さらに、忌明けとなったら、出家を高野山へ遣わし、七日間の弔いをすること、奥之院ならびに四十九院に関しては江戸の千坂伊豆にも知らせておくこと、「ふうきいん（寶亀院）」へは法音寺・極楽寺より申し届けておくように、と指示した。

寶亀院は、高野山の子院の一で、龍光院《りゅうこういん》清融のことを指すという。清融は、高野山の記録では直江山城守庶子とされるが、おせんの方とその前夫直江信綱の子ではないかと推測されている。直江信綱の素性には諸説あるが、一説には上田長尾の一族長尾平太景貞の子とされ

る（「上杉将士略系譜」）。なお「上田長尾殿之次第」に照らすと、長尾伊勢守景貞という景勝にとって母方の従兄弟《いとこ》にあたる人物がある。天正九年（一五八一）、信綱が奇禍《きか》に遭って落命した後、清融は僧となり、高野山に入った。寶亀院に入ったのは元和五年のことであった。景勝が寶亀院に依頼したのは、こうした人的つながりがあったためと考えられる。

景勝の死

三月二十日、米沢城内において、景勝は六十九歳を一期としてこの世を去った。二の丸寺院の能化衆は御堂で祈禱《きとう》を続けていたが、景勝はすでに食物はおろか水分さえも満足に摂《と》れなくなっていた。訃報《ふほう》はすぐに江戸の定勝のもとへ注進された。

導師は景勝が遺言で指示したとおり、法音寺の能海法印がつとめた。一説に、法名は当初、高巖院殿前黄門空山宗心大居士とされたが、嵯峨大学宮（嵯峨御所《さがごしょ》大覚寺か）からあらためて法名を授かり、覚上院殿権大僧都宗心法印と諡《おくりな》されたという（「三公外史」）。

景勝の葬儀は三月二十八日、「城西ノ郊原」で営まれたと『御年譜』は記す。景勝乗馬の左右を本庄充長、中条盛直、御龕《みずし》（厨子）の左右を色部光長、安田俊広、御天蓋将を平田能範がつとめた。

現在の上杉家御廟所の西方、吹屋敷《ぶきやしき》地区に「えんめん寺跡」と呼ばれた場所がある。江戸時代に延命寺という寺があったところで、景勝がここで火葬されたとするいいつたえがある。延命寺が建立されたのは景勝没後のことであろう。同寺は後に御廟所前に移転され、弘化《こうか》三年（一八四六）の「御城下並原々屋敷割帳」には御廟所の手前に「延命寺」が描かれているのが確認できる。さらに、明治を迎えて米沢城二の丸から法音寺が移転してくると、延命寺は記録から消える。

景勝御霊屋（上杉家御廟所）
右奥は謙信御霊屋。

景勝は歴代藩主としてはじめて御廟所に葬られたため、現在の御霊屋《おたまや》は一番古い。建立されたのは、元和九年（一六二三）八月であるという。江戸時代、御廟所は藩主ごとに拝殿を有し、石灯籠《どうろう》にはさまれた参道を有する形状であった。しかし、明治に入って米沢城本丸御堂から、謙信の遺骸《いがい》が納められた甕《かめ》棺《かん》が移転することになったため、中央部を拡幅し、奥に謙信廟が設けられた。その際、石灯籠は謙信廟の土台部分や敷石に転用された。現在、景勝廟は謙信廟を正面に見て左手前に位置している。また、景勝の御台所頭高野孫兵衛茂時、御手明中村甚助忠弘の二名が殉死した。

高野茂時は、春日山御厨《みくりや》衆で志駄義秀の同心衆であった。殉死にあたって組頭の志駄にその意思を告げていたらしい。景勝の葬儀二日前、志駄は高野に対し、一通の書状を書き送っている(『御年譜』)。

「その方が御屋形様に御供申し上げたいという決意は、是非もないことだ。二人の子供は我等が面倒をみるので心配には及ばない。この件は後室様(直江兼続室おせん)へ申し上げるつもりだから、きっと定勝様の御耳にも入ることであろう。千坂伊豆殿にもあなたの決心を伝えたが、伊豆殿も是非に及ばざる儀と申していた」

もうひとりの殉死者中村忠弘は、その父が長尾政景に仕えた上田衆であった。御手明のほか御堂番を兼ねており、景勝が御堂を訪れた際、しばしば声をかけていたという。高野、中村の忠死は藩内で長く語り伝えられ、景勝の節目の法要にあたって殉死の事実が再確認され、その子孫たちに加増があったり、中には永代大小姓に累進する者を出すなどの恩恵をもたらした。高野茂時、中村忠弘両名の墓は法音寺にあり、主君のそばで眠っている。

父景勝の死の知らせは、三月二十五日までには江戸の定勝のもとに届いていた。さっそく定勝は幕府へ届け出ると、将軍秀忠より弔慰の使者として土井利勝が桜田の上杉屋敷に遣わされた。

定勝が初入部を果たしたのは、景勝が亡くなった約一ヶ月後の四月十三日であった。先頃、定勝叙位御礼の使者として上洛していた高津貞恒も定勝の「従四位下」の位記、「侍従」の口宣を持参して、米沢に帰着した。御堂において父景勝の四七日《ししちにち》の法要を済ませた定勝は、葬送の場にも足をはこんだ。そして、林泉寺の生母四辻氏（桂岩院殿）の墓所に詣《もう》でた。四辻氏の墓は後に定勝によって極楽寺に移されている。

四月二十日、定勝は景勝の遺骨を高野山へ送るべく、法音寺能海法印に登山を命じた。現在、高野山奥之院参道沿いに上杉謙信廟がある。かつては御霊屋は二棟あった。「高野山奥院上杉家代代墓所法名書付」によれば、東之御霊屋が景勝のもの、西之御霊屋が謙信のものであったという。しかし、江戸時代に落雷によって一棟（景勝廟だったと考えられる）が損壊してしまった。以後、現在残った御霊屋は、謙信・景勝廟ということになっている。また、かつて景勝の御霊屋があった辺りには、近代になって景勝の供養塔が建てられている。

〈第五章のまとめ〉

晩年の景勝は、後継者の定勝が未《いま》だ若く、隠居が許されなかった。直江兼続をはじめ、老臣たちが次々と逝くなか、最後の仕事が待っていた。

①大坂の陣　冬の陣では最大の激戦となった鴫野・今福の戦いで城方を撃破し、佐竹勢の救援もした。

②最上家の改易　家康、そして直江兼続も没した。戦国の気風が消えゆく時期、諸大名の改易が続く。

③そして定勝へ　景勝の最後の仕事は、息子・定勝へと上杉家を確実に受け継がせることであった。この仕事を見届けつつ、景勝はその生涯を閉じた。

景勝は関ヶ原の「敗者」であり、また性格的にも社交的でなかった。しかし、息子・定勝は大名としてひとり立ちを果たし、広い交友関係を持つようになった。謙信、そして景勝のごとき「孤高」の時代は終わったのであった。

終章
その後の上杉家

高野山景勝廟
江戸時代に景勝の御霊屋が落雷で破損し、近代に五輪塔が再建された。
木の向こうに謙信廟（国指定重要文化財）がみえる。

はじめての親戚、はじめての友達

本稿がいまだ形をなしていなかった時、編集者がこんな問いかけをしてきた。

「上杉景勝は、懇意だった大名や公卿《くぎょう》はいるんでしょうか」

家同士の儀礼的な交流というよりは、友達、に近い意味で言われたのだろう。

上杉謙信を出した越後府中長尾氏は、謙信の兄晴景が早くに政治的に隠退して亡くなった。謙信に実子はなく、何人かいた養子を中心とした閨閥《けいばつ》もほぼ上杉家中にとどまった。越後国外の他大名や国衆との婚姻政策もほとんど見られなかった。御館の乱の折、同盟を締結した武田氏から景勝は菊姫を妻に迎えたが、ほどなく武田氏は滅亡してしまった。

豊臣政権に臣従した景勝は、東国仕置の名目を得て、伊達・葦名・南部諸氏の抗争に介入し、その過程で諸大名とも交わった。また、公家社会や畿内《きない》近国の寺社ともつながりを持った。しかし、公私にわたって親しかった存在はいないような気がする。

たとえば伊達政宗のように、細川忠興、藤堂高虎、立花宗茂といった大名たちと親しく私信を交わすような交友関係は見られない。

景勝自身、人が多いところを嫌い、江戸城中では、屛風《びょうぶ》を立てその中に座すことが許可されていたという逸話もある。これは、徳川家が関東管領の流れを汲《く》む景勝を敬い、特別待遇を与えていたというが、あまり社交的ではなかったのかもしれない。

関ヶ原以後、上方においても、それまでに交流があった公卿や寺社とのやりとりも確認できなくなり、上杉家の外交はさらになりをひそめることになる。ただし、史料上の制約によってそうした行動が記録されていない、確認されていない可能性もある。米沢藩の公式記録である『上杉家御年譜』の景勝の部分は、米沢時代以降、幕府とのやりとりが中心となっており、編纂《へんさん》方針による限界を感じさせるのである。

しかしながら、関ヶ原以後の上杉家の交友関係は、やはり限定されていたと言わざるを得ない。それは、家康とその周辺から強要されたものではなく、景勝自身が上杉家のおかれた難しい立場を踏まえ、意識していたと考えられる。たとえば、慶長九年（一六〇四）に本多政重を上杉家へ迎えようとした時、景勝が政重への連絡が遅れたことを「今、当家は万事遠慮している状況です（今程家中之躰、万事遠慮故）」と説明している。また、慶長十二年に出した掟書《おきてがき》には「他の家中と交流し、参会することは一切してはならない」という一条があった。

景勝には息子の嫁取りについて思案する時間は残されていなかった。景勝の没後、幕命によって定勝の妻となったのは、肥前鍋島勝茂の娘市姫であった。それまで上杉家とは交渉があった家ではない。

鍋島家も複雑なお家事情を抱えていた。もともと鍋島家は、五州二島の太守とうたわれた九州の戦国大名龍造寺氏《りゅうぞうじ》の家臣であった。慶長七年、龍造寺家の当主が江戸屋敷で妻を殺害し、自らも切腹する事件がおきた。これによって、龍造寺本宗家が断絶した。それ以前から鍋島家は実質的に龍造寺の家政をしきってきたのであるが、幕府のすすめもあって藩主の座についたのである。

当時の鍋島家も主家の龍造寺一族や家中との婚姻がもっぱらで、他の大名家との婚姻は積極的な展開をみせていなかった。両家に大名間の付き合いがない点に、幕府は目をつけたのかもしれない。そういう意味では、上杉家にとって鍋島家は江戸時代、最初にできた親戚《しんせき》であった。ちなみに定勝と鍋島勝茂娘との間に生まれた虎姫は、佐賀藩二代藩主光茂《みつしげ》に嫁ぎ、三代藩主綱茂《つなしげ》を産む。景勝の曾孫《そうそん》にあたる。

仮病をつかって江戸登城を怠り、景勝から叱られた定勝は、父とは正反対に、江戸城内での交友の輪をひろげていく。「(定勝)公無上の御懇友佐竹修理大夫殿、蒲生下野守殿、南部山城守殿」(「三重年表」)と記録されている。いずれも定勝とは同年代の大名だった。とりわけ隣国会津藩主蒲生下野守忠郷とは「仲睦《むつ》まじくお会いすると、お互いに手と手をつないで雁《かり》たちが空を飛んでいくような様子であった」と記されている。景勝の死とともに「万事遠慮」の時は終わりをつげたのである。

家の歴史をしるす

上杉定勝は米沢藩において家伝文書の整理を最初に行った当主であった。その一環として「上杉定勝自筆古案集」という冊子をまとめている。内容は謙信、景勝らの書状を中心に、戦国期初頭から江戸時代にいたる二百五十通の文書を選んで自ら書写したものである。それは、文書の書写を通して父祖の活躍を再確認していく作業でもあったろう。

米沢では、上杉謙信を家祖とし、景勝を藩祖とする見方がある。景勝を初代藩主として、江戸時代を通じて一度の転封も経験することなく十三代を経て、明治維新を迎える。

三代綱勝《つなかつ》が急逝した際、御家断絶の危機に見舞われた。しかし、時の老中保科正之《ほしなまさゆき》が「上杉家は古き家であるから取り潰《つぶ》してはならない」という判断を示したことで、高家吉良義央《きらよしひさ》の子三郎（綱憲《つなのり》）が末期養子として認められ、御家存続がゆるされたのである。そのかわり、藩領のうち陸奥国伊達・信夫郡が収公され、出羽国置賜郡十五万石に半減した。

四代綱憲の時に、家史編纂事業が本格化し、元禄九年（一六九六）、最初の「謙信公御年譜」がまとめられた。同書は節目の年忌法要に合わせて、歴代藩主が藩士たちに講義する用途に用いられ、家祖や藩への忠誠心を涵養《かんよう》する手本となったのである。ここで、景勝を藩祖とせず、謙信から開始したことは、後の景勝の知名度に多少影響しているであろう。

景勝の年譜である「景勝公御年譜」三十巻がまとめられたのは、元禄十六年のことであった。

米沢藩の編纂による「上杉家御年譜」の家祖謙信の巻は、軍記物の影響を色濃く受けているという評価がある。しかし、「景勝公御年譜」にいたっては史料の精選がすすみ、史実としての確度も割合高くなってくる。その結果、「景勝公御年譜」の分量は謙信のそれをはるかに凌駕《りょうが》するものとなった。ただし、豊臣秀吉に臣従した後は、秀吉政権や江戸幕府との関係性に重点が置かれ、景勝個人のパーソナリティは希薄なものとなっている。いわば私人としての景勝像がなりをひそめているのである。

歴代藩主は、家督を継承して初入部すると、まず本丸の御堂に参詣《さんけい》するのがきまりであった。さらに、初入部後、最初の正月十三日には、御堂において「御武具召初」という儀式が執行された。新藩主は、謙信が使用した甲冑《かっちゅう》を着用し、偉大なる家祖と一体化する意味を持つのである。

米沢藩は、百二十万石時代の家臣をほぼそのまま召し抱えていたと言われる。米沢へ入った際には約六千、その家族も含めて三万ほどの人数であった。格式も従来どおり維持していたため、財政的に苦しく、八代藩主重定《しげさだ》の時には領地を幕府に返上しようとしたほどである。九代藩主が有名な治憲《はるのり》（鷹山《ようざん》）で、縁戚であった日向高鍋《たかなべ》藩秋月《あきづき》家からの養子である。治憲の藩政改革がはじまり、治広《はるひろ》、斉定《なりさだ》へと引き継がれ、やがて藩財政は黒字転換する。

幕末、米沢藩は仙台《せんだい》藩とともに奥羽越列藩同盟の盟主となり、会津《あいづ》藩救済に動いた。だが、新政府軍についた縁戚の安芸浅野家、同じく土佐山内家から降伏を勧められ、これに応じた。

維新後、米沢城は破却され、御堂に安置された謙信の遺骸は、歴代藩主が眠る御廟所に移転された。また、城跡に創建された上杉《うえすぎ》神社の祭神となって今日に至っている。

上杉神社に隣接する松岬《まつがさき》神社には、明治期に上杉鷹山が祭神となっていた。大正十一年（一九二二）、景勝に正三位が贈られ、翌大正十二年四月、景勝が松岬神社に合祀《ごうし》されることになった。この時、上杉家から景勝所用の太刀「助宗」が贈られ社宝となっている。さらに昭和に入って、直江兼続、細井平洲《ほそいへいしゅう》、竹俣當綱《まさつな》、莅戸善政《のぞきよしまさ》が合祀され、鷹山・景勝と合わせて六柱が座している。

おわりに——景勝という男の存在感

上杉景勝の事績を米沢藩がまとめた「景勝公御年譜」慶長六年八月十六日条に、

「今度、会津を転じ米沢に移る。武命の衰運今に於《お》いては驚くべきに非《あら》ず」

とある。関ヶ原で西軍が敗れた結果、上洛《じょうらく》謝罪して会津百二十万石から米沢三十万石に減封という処分を受けた景勝が、宿舎に戻り、家老の直江山城守兼続にこのように告げたという。

景勝は誰のせいにもせず、家臣たちに移封準備をさせ、後は黙っているのである。

残念ながらこれは編纂《へんさん》史料の地の文であり、書状などでは伝わっていないのだが、端的で明快、潔すぎて、「景勝さん、あんた、ハードボイルド!?」というのが第一印象であった。

現代において、上杉景勝の知名度は、上杉謙信や直江兼続にくらべて低いと言わざるを得ない。戦国武将ランキングなどをやると、まず景勝は圏外、よしんばランキング入りしたとしても、両者より下位である。人気武将の謙信はともかく、家臣である兼続にさえ及ばない。

要因のひとつに、米沢藩において藩祖である景勝を神格化するような動きがみられなかったことがあげられると思う。米沢藩が選択したのは、謙信であった。江戸時代、貧窮にあえぐ米沢藩では、身代を大幅に減らしてしまった景勝を称揚しにくかったのであろう。

上杉家では、江戸時代中期に「景勝公御年譜」「三公外史」などが編纂されていたが、いずれも一般に流布するような種類のものではなかった。

しかし、景勝がまったくかえりみられない存在だったというわけではない。江戸時代には軍書類において上杉を題材としたものは数多く編纂され、その一部は板行によって広く読まれた。その中には、景勝の時代を扱ったものも多く伝来している。また、人形浄瑠璃《じょうるり》や歌舞伎の演目「本朝廿四孝」では、「景勝下駄《げた》の段」という見せ場のひとつに登場する作品もある。

徳川幕府が瓦解《がかい》するや、それまでの反動から徳川家に抗した人々が脚光を浴びることになった。そこで、景勝より先に一般にひろまったのが、重臣の直江兼続である。「直江状」という京都の僧侶《そうりょ》に宛てた書状を、家康への挑戦状と解釈し、それが新時代には広く受け入れられたのであろう。

まるで地方から中央へ挑戦するかのような兼続のイメージは、「郷土の英雄」の位置を占めるにも格好の存在だったのかもしれない。そして、兼続が評価されるほど、主君である景勝は後景に退いていった。明治四十三年に福本日南《ふくもとにちなん》の『直江山城守』、大正六年に布施《ふせ》秀治《しゅうじ》の『上杉謙信傳』など一般向けの評伝が登場したが、景勝に関する本格的な評伝は、戦後になって児玉彰三郎《こだましょうざぶろう》による『上杉景勝』が、しかも著者の急逝後にその遺稿が私家版という形で世に出たに過ぎなかった。

二〇一一年に旧著『上杉景虎―謙信後継を狙った反主流派の盟主―』（宮帯出版社）のあとがきで、「上杉謙信、上杉景勝、それぞれの伝記をいつかは書いてみたい」と記したが、それから七年後に『上杉謙信　「義の武将」の激情と苦悩』を星海社から出させていただいた。

そして、『上杉景虎』から十年が経ち、景勝のほうも何とか形にすることができた。

『上杉謙信』では、主人公の名乗りを章立てとして構成した。謙信はその生涯で何度か名前を変えている。その契機が彼の生涯の画期となるのではないか、という考えからであった。

一方、上杉景勝は戦国大名に端を発し、豊臣政権への臣従時期を経て、やがて徳川政権の下、近世大名へと転身した。戦国大名として生涯を終えた謙信とは明確に異なる点である。

景勝が六十歳で大坂冬の陣に出陣した当時、領国を排他的・一円的に支配した旧戦国大名の当主は徳川家康、伊達政宗ぐらいだった。有為転変の世を生き抜いた景勝であったが、先祖伝来の地・越後を去らざるを得ず、新天地でも減封という憂き目に遭い、正室・側室に相次いで先立たれた。感傷や鬱屈《うっくつ》や諦観《ていかん》があったかもしれないが、史料上ではそうした心情の吐露をうかがうことはできない。そうした最後の戦国大名世代が、戦国、織豊、江戸と時代の転換期を生き抜いた姿を描く、という観点で、ご覧のような章立てになったものである。

従来、上杉景勝は御館の乱と関ヶ原合戦前後のみ取り上げられることが多かった。しかし、本書ではその六十九年の生涯について、なるべく比重を均一にして叙述するように心がけた。全国規模の争乱も含めた関ヶ原合戦の掘り下げは、やはり景勝評伝という主題からそれてしまう感じがするため、あくまで奥羽地域での視点にかぎった。また、御館の乱については旧著『上杉景虎』を併せてお読みいただければと思う。

本書をお読みいただき、イメージにとらわれず、史料からうかがえる姿に「景勝、けっこう喋《しゃべ》りそう」「可愛いところもあるな」と思っていただければ著者としてもうれしい。

近年、大河ドラマでも上杉景勝が重要な役どころで登場するようになり、少し風向きがかわってきたかな、という感じがしている。また、米沢市上杉博物館では開館以来、景勝に関する企画展が二度（二〇〇六年、二〇一六年）開催されている。

そして、二〇二三年は景勝の没後四百年にあたる。節目の時を迎えて、実像に迫る研究が活発になり、やがて再評価の機運がやってくれば、と期待している。

最後になりましたが、株式会社KADOKAWAの井上直哉氏、前著『上杉謙信』に続いてお声がけいただいた志学社の平林緑萌《ひらばやしもえぎ》氏、そのほかご教示および史料借受でお世話になった方々、諸機関に感謝申し上げます。ありがとうございました。

二〇二一年五月十日

今福　匡

主要参考文献

史料・古記録・自治体史等

高橋義彦編『越佐史料』巻四〜六　私家版　一九二八〜一九三一
『越佐史料稿本』(『新潟県立歴史博物館研究紀要』一五・一七〜一九号)二〇一四〜二〇一八
『(大日本古文書)上杉家文書』一〜三(復刻)　東京大学出版会　二〇〇一
『(大日本古文書)吉川家文書』二(復刻)　東京大学出版会　一九九七
『歴代古案』第一〜五　続群書類従完成会　一九九三〜二〇〇二
『別本歴代古案』第一〜三　八木書店　二〇〇八〜二〇一一
『上杉家御書集成』Ⅰ〜Ⅱ　上越市史専門委員会中世史部会　二〇〇一〜二〇〇二
『戰國遺文　真田氏編』第一〜二巻　黒田基樹・平山優・丸島和洋・山中さゆり・米澤愛編　東京堂出版　二〇一八〜二〇一九
『越後文書宝翰集　毛利安田氏文書』矢田俊文・新潟県立歴史博物館編　二〇〇九
『越後文書宝翰集　色部氏文書』Ⅲ　矢田俊文・新潟県立歴史博物館編　二〇一九
『(増補續史料大成)晴右記・晴豊記』竹内理三編　臨川書店　一九六七
『(史料纂集)兼見卿記』第五〜六　橋本政宣・岸本眞実・金子拓・遠藤珠紀校訂　八木書店　二〇一六〜二〇一七

『(大日本古記録)梅津政景日記』第一~五　岩波書店　一九五三~一九五九
『十六・七世紀イエズス会日本報告集』第Ⅰ期第3巻　松田毅一監訳　同朋舎　一九八八
『(異国叢書)ドン・ロドリゴ日本見聞録　ビスカイノ金銀島探検報告』村上直次郎訳註　雄松堂出版　二〇〇五
『上杉文書』(マイクロフィルム)　市立米沢図書館編　雄松堂フィルム出版　一九六九
「輝元公上洛日記」(国立国会図書館デジタルコレクション)　一八九二
『新潟県史』資料編3~5中世一~三　新潟県　一九八二~一九八四
『新潟県史』通史編2中世　新潟県　一九八七
『上越市史』別編1上杉氏文書集一　上越市　二〇〇三
『上越市史』別編2上杉氏文書集二　上越市　二〇〇四
『上越市史』通史編2中世　上越市　二〇〇四
『越後入廣瀬村編年史』　入廣瀬村　一九七九
『六日町史』資料編第一巻　先史・古代・中世　南魚沼市教育委員会　二〇一六
『六日町史』通史編第一巻　自然・先史・古代・中世　南魚沼市教育委員会　二〇一九
『新修七尾市史』7七尾城編　七尾市　二〇〇六
『福井県史』資料編2　福井県　一九八六
『仙台市史』資料編10~12　仙台市　一九九四~二〇〇五
『群馬県史』資料編7中世3編年史料2　群馬県　一九八六

『鹿児島県史料』旧記雑録後編三　鹿児島県　一九八三
『会津坂下町史』Ⅱ文化編　会津坂下町　一九七六
『山形県史』資料篇第3新編鶴城叢書上　山形県　一九六〇
『山形県史』資料篇第5鶏肋編上　山形県　一九六一
『鶴岡市史』資料篇荘内史料集一〜三　鶴岡市　一九七七〜二〇〇四
『米沢市史』近世編1　米沢市　一九九一
『米沢市史編集資料』二号　米沢市史編さん委員会　一九八〇
『上杉氏分限帳』矢田俊文・福原圭一・片桐昭彦編　高志書院　二〇〇八
『甲陽軍鑑』上中下　磯貝正義・服部治則校注　人物往来社　一九六五〜一九六六
『信長公記』奥野高広・岩沢愿彦校注　角川書店　一九六九
『越後史集　上杉三代軍記集成』天・地・人　黒川真道編　聚海書林　一九八三
『武辺咄聞書』菊池真一編　和泉書院　一九九〇
『常山紀談』上中下　湯浅常山著・森銑三校訂　岩波書店　一九三八〜一九四〇
『上杉家御年譜一〈謙信公〉』米沢温故会編纂　原書房　一九八八
『上杉家御年譜二〈景勝公1〉』米沢温故会編纂　原書房　一九八八
『上杉家御年譜三〈景勝公2〉』米沢温故会編纂　原書房　一九八八
『上杉家御年譜四〈定勝公〉』米沢温故会編纂　原書房　一九八八
『謙信公御書集・覚上公御書集』東京大学文学部蔵　臨川書店　一九九九

論文

阿部哲人「上杉景勝の揚北衆掌握と直江兼続」(『新潟史学』六三号　二〇一〇)
阿部哲人「慶長五年の戦局における上杉景勝」(『歴史』一一七号　二〇一一)
阿部哲人「北の関ヶ原合戦と上杉家の思惑」(東北歴史文化講座レジュメ　二〇一九)
石崎建治「本能寺の変と上杉景勝」(『日本歴史』六八五号　二〇〇五)
片桐昭彦「上杉謙信の家督継承と家格秩序の創出」(『上越市史研究』一〇号　二〇〇四)
片桐昭彦「春日社越後御師と上杉氏・直江氏―「大宮家文書」所収文書の紹介―」(『新潟史学』七五号　二〇一七)
櫻井真理子「上杉景虎の政治的位置―越相同盟から御館の乱まで―」(『武田氏研究』二八号　二〇〇三)
佐藤啓「「関ヶ原」前夜、上杉景勝書状の再検討～『真田家文書』との対比を中心に～」(『福島史学研究』第九十六号　二〇一八)
高橋明「会津若松城主上杉景勝の戦い」乾・坤(『福大史学』八〇・八一号　二〇〇九～二〇一〇)
前嶋敏・村井祐樹・福原圭一「山形県南陽市御殿守所蔵文書」(『新潟県立歴史博物館研究紀要』二一号　二〇二〇)
矢部健太郎「東国「惣無事」政策の展開と家康・景勝―「私戦」の禁止と「公戦」の遂行」(『日本史研究』五〇九号　二〇〇五)

山本隆志・皆川義孝「高野山清浄心院蔵「越後国供養帳」」(『上越市史研究』九号　二〇〇四)
山本隆志「高野山清浄心院「越後過去名簿」(写本)」(『新潟県立歴史博物館研究紀要』九号　二〇〇八)
今福匡「『早虎』署名の謙信書状について」(『歴史研究』五〇二号　二〇〇三)
今福匡「関ヶ原合戦前後の上杉氏と情報伝達—情報伝達経路と「上方散々」の解釈—」(『十六世紀史論叢』創刊号　二〇一三①)
今福匡「越後長尾氏と上杉謙信の閨閥—『越後長尾殿之次第』の検討を通して—」(『戦国・織豊期の諸問題』二〇一八)

著作・論集

飯田素州『越後加地氏　新発田氏の系譜』新潟日報事業社　二〇〇五
池享・矢田俊文編『定本上杉謙信』高志書院　二〇〇〇
池享・矢田俊文編『増補改訂版上杉氏年表　為景 謙信 景勝』高志書院　二〇〇七
石渡洋平『上杉謙信(シリーズ・実像に迫る)』戎光祥出版　二〇一七
伊藤清郎『最上義光』吉川弘文館　二〇一六
大家健『図説中世の越後—春日山城と上杉番城—』野島出版　一九九七
片桐昭彦『戦国期発給文書の研究　印判・感状・制札と権力』高志書院　二〇〇五
金子拓『記憶の歴史学　史料に見る戦国』講談社　二〇一一
木村徳衛『直江兼續傳』私家版　一九四四

木村康裕『戦国期越後上杉氏の研究』岩田書院　二〇一二
黒田基樹『戦国大名　政策・統治・戦争』平凡社　二〇一四
黒田基樹編『北条氏年表　宗瑞 氏綱 氏康 氏政 氏直』高志書院　二〇一三
公益財団法人　福島県文化振興財団編『直江兼続と関ヶ原』戎光祥出版　二〇一四
児玉彰三郎『上杉景勝』児玉彰三郎氏遺著刊行会　一九七九
齋藤慎一『戦国時代の終焉「北条の夢」と秀吉の天下統一』中央公論新社　二〇〇五
佐伯哲也『戦国の北陸動乱と城郭』戎光祥出版　二〇一七
戦国史研究会編『戦国時代の大名と国衆　支配・従属・自立のメカニズム』戎光祥出版　二〇一八
高橋充編『東北近世の胎動』吉川弘文館　二〇一六
竹井英文『織豊政権と東国社会「惣無事令」論を越えて』吉川弘文館　二〇一二
武田氏研究会編『武田氏年表　信虎 信玄 勝頼』高志書院　二〇一〇
谷口央編『関ヶ原合戦の深層』高志書院　二〇一四
中澤克昭・河西克造編『甲信越の名城を歩く　長野編』吉川弘文館　二〇一八
日本史史料研究会監修・白峰旬編著『関ヶ原大乱、本当の勝者』朝日新聞出版　二〇二〇
藩政史研究会編『藩制成立史の綜合研究　米沢藩』吉川弘文館　一九六三
平山優『武田遺領をめぐる動乱と秀吉の野望』戎光祥出版　二〇一一
平山優『増補改訂版天正壬午の乱　本能寺の変と東国戦国史』戎光祥出版　二〇一五
平山優『武田氏滅亡』ＫＡＤＯＫＡＷＡ　二〇一七

福原圭一・水澤幸一編『甲信越の名城を歩く　新潟編』吉川弘文館　二〇一六
福原圭一・前嶋敏編『上杉謙信』高志書院　二〇一七
藤井譲治『徳川家康』吉川弘文館　二〇二〇
光成準治『毛利輝元』ミネルヴァ書房　二〇一六
光成準治『関ヶ原前夜　西軍大名たちの戦い』KADOKAWA　二〇一八
矢田俊文編『直江兼続』高志書院　二〇〇九
矢部健太郎『関白秀次の切腹』KADOKAWA　二〇一六
山本博文『天下人の一級史料　秀吉文書の真実』柏書房　二〇〇九
山本博文『徳川秀忠』吉川弘文館　二〇二〇
渡邊三省『本庄氏と色部氏』村上郷土研究グループ　一九八七
渡邊三省『正伝直江兼続　別篇関ヶ原戦縦横』恒文社　一九九九
今福匡『直江兼続』新人物往来社　二〇〇八
今福匡『上杉景虎―謙信後継を狙った反主流派の盟主―』宮帯出版社　二〇一一
今福匡『神になった戦国大名―上杉謙信の神格化と秘密祭祀―』洋泉社　二〇一三②
今福匡『上杉謙信　「義の武将」の激情と苦悩』星海社　二〇一八

図録・報告書等

『五大老―豊臣政権の運命を託された男たち―』大阪城天守閣　二〇〇三

『上杉謙信』米沢市上杉博物館　二〇〇五
『上杉景勝　転換の時代を生き抜いた人生』米沢市上杉博物館　二〇〇六
『直江兼続』米沢市上杉博物館　二〇〇七
『図説　直江兼続　人と時代』天地人博２００９実行委員会・米沢上杉文化振興財団　二〇一〇
『戦国のメモリー　合戦図屏風と上杉の記録と』米沢市上杉博物館　二〇一三
『信濃武士の決断～信長・秀吉・家康の時代～』長野県立歴史館　二〇一四
『米沢中納言上杉景勝』米沢市上杉博物館　二〇一六
『上杉家の名刀と三十五腰』米沢市上杉博物館・埼玉県立歴史と民俗の博物館・佐野美術館　二〇一七
『家康の名参謀　本多正信』安城市歴史博物館　二〇一七
『古文書コレクションの源流探検―反町十郎、反町茂雄、木島誠三、木島櫻谷、そして…』慶應義塾図書館　二〇一七
『直江兼続―兼続と新時代を切り開いた人たち―』米沢市上杉博物館　二〇一八
『麒麟がくる』大阪歴史博物館・岐阜市歴史博物館　二〇二〇

今福　匡（いまふく・ただし）
1964年、神奈川県生まれ。米沢温故会会員、戦国史研究会会員。歴史ライター。関心テーマは越後上杉氏、および米沢藩とその周辺。著書に『直江兼続』（新人物往来社）、『上杉景虎』『真田より活躍した男　毛利勝永』（宮帯出版社）、『神になった戦国大名』（洋泉社）『前田慶次と歩く戦国の旅』（歴史新書ｙ）、『上杉謙信』（星海社新書）など。

「東国《とうごく》の雄《ゆう》」上杉景勝《うえすぎかげかつ》
謙信《けんしん》の後継者《こうけいしゃ》、屈《くつ》すれども滅《ほろ》びず

今福《いまふく》　匡《ただし》

2021年7月10日　初版発行
2024年10月20日　3版発行

◆◇◇

発行者　山下直久
発　行　株式会社KADOKAWA
〒102-8177　東京都千代田区富士見2-13-3
電話　0570-002-301（ナビダイヤル）

編集協力　志学社
装 丁 者　緒方修一（ラーフイン・ワークショップ）
ロゴデザイン　good design company
オビデザイン　Zapp!　白金正之
印 刷 所　株式会社KADOKAWA
製 本 所　株式会社KADOKAWA

角川新書

ISBN978-4-04-082352-2 C0221